홀로코스트 '이후'를 살다

종교 간 대화와
정치적 분쟁의 틈에서

미야타 미쓰오
(宮田光雄) 지음

박은영·양현혜 옮김

*Living beyond the Holocaust:
Between inter religious
discourse and political conflict*

한울
아카데미

이 도서의 국립중앙도서관 출판시도서목록(CIP)은 서지정보유통지원시스템 홈페이지(http://seoji.nl.go.kr)와 국가
자료공동목록시스템(http://www.nl.go.kr/kolisnet)에서 이용하실 수 있습니다. (CIP제어번호 : CIP2013025259)

ホロコースト〈以後〉を生きる

宗教間對話と政治的紛爭のはざまで

宮田光雄

岩波書店

HOROKOSUTO "IGO" O IKIRU:
SHUKYOKAN TAIWA TO SEIJITEKI FUNSO NO HAZAMA DE
by Mitsuo Miyata

ⓒ 2009 by Mitsuo Miyata

First Published 2009 by Iwanami Shoten, Publishers, Tokyo.
This Korean language edition published 2013
by Hanul Publishing Group, Paju
by arrangement with the proprietor c/o Iwanami Shoten, Publishers, Tokyo.

이 책의 한국어판 저작권은 Iwanami Shoten, Publishers와의 독점 계약으로
도서출판 한울에 있습니다.
저작권법에 의해 보호를 받는 저작물이므로
무단 전재와 무단 복제를 금합니다.

들어가며

홀로코스트란 무엇인가

'홀로코스트'라는 말은 원래 유대교에서 신에게 바치는 희생=번제를 의미하는 용어입니다. 그러나 지금은 일반적으로 나치 독일에 의한 유대인 대량학살을 가리키는 말로 사용되고 있습니다. 그것은 강제수용소 가스실에서 불태워진 유대인들의 희생을 상기시킵니다. 이로 인해 '홀로코스트'라는 용어는, 유대인과 나치 사이에 어떠한 형태로든 종교적인 대응과 연결이 있었다는 인상을 줍니다. 그것은 비록 사이비일지언정, 나치의 '사제적(祭司的)'인 역할을 인정하는 것처럼 보입니다. 게다가 오늘날에는 이러한 용어가 유대인 자신에 의해서도 어느 정도 받아들여지고 있습니다. 이 점은 언뜻 이해하기 어려운 점이기도 합니다.

수백만의 유대인 학살에 대해 말할 때, 이렇게 강한 종교적 함축을 가진 말을 사용하는 것은, …… 모독이다. 신과 인간을 모독하는 것이다(ベテルイム, 1992).

유대인의 정체성을 완전히 파괴하려 했던 이 엄청난 사건에 대해 '홀로코스트'라는 말을 사용하는 것은, 경솔하고 무지해 보입니다. 그러나 사실은 정반대입니다. 그것은 정말로 신중한 고려 끝에 선택된 용어였습니다. '홀로코스트' 사건을 현대를 살아가는 우리의 의식에 각인시키기 위해 진력했던 인물 자신이, 이 말이 의미하는 뉘앙스를 충분히 자각한 상태에서 사용한 것입니다. 이 인물은 다름 아닌 엘리 비젤(Elie Wiesel)이었습니다. 1980년대 중반의 국제적 회합에서 그는 이렇게 말했습니다.

'홀로코스트'라는 말을 제2차 세계대전하의 사건을 가리키는 용어로 사용하기 시작한 것은, ─ 대단히 부끄럽지만 ─ 나였음을 고백하지 않을 수 없습니다. 얼마나 이것을 유감스럽게 생각하고 있는지 여러분에게 설명할 수조차 없을 정도입니다. 내가 그 용어를 사용하기 시작한 것은 1960년대 초였습니다 (Schwencke, 1987).

비젤은 당시 "이 전쟁의 뭔가 상식의 범주를 벗어난 정황을 나타내는 말을 찾아 헤매고 있었습니다"라고 말한 것입니다. 다시 말해 "그것은 단순한 포그롬(pogrom: 유대인 박해)도 아니었고, 단순한 군사적 행동도 아니었으며, 단순한 반유대주의의 절대화도 아니었습니다". 더욱이 그 자신이 "깊이 유대교에, 성서에, 예언자들에 뿌리를 내리고 있었기 때문에 적절하고 유일한 말은 곧 '번제'라고 생각했던 것입니다. 그것은 불과 관련이 있습니다. 그것은 완전한 봉헌물, 희생의 전체성과 관계되어 있습니다. 그래서 나는 '홀로코스트'라는 말을 사용하기 시작했습니다. 그러나 그 말이 이처럼 값싼 유행어가 되어버린 오늘날, 나로서는 더 이상 그 용어를 사용할 수 없게 되었습니다"라고(Schwencke, 1987).

비젤은 온전히 자각한 상태에서 이 '홀로코스트'라는 말을 종교적인 희생과 연결 지어, 그것도 특정한 '아케다(Akedah)' — 창세기 22장에서 아브라함이 이삭을 제물로 바치려 했던 일 — 의 장면을 연상하면서 사용하고 있습니다. 비젤에 의하면 '아케다'는 유대인 역사에서 가장 많은 의미를 함축하고 있는 이야기입니다. 포그롬이나 십자군에서 나치의 학살에 이르기까지 유대 전체의 역사는, 이 이야기를 통해 이해될 수 있다는 것입니다.

이렇게 보면 비젤이 홀로코스트(번제)로서의 '아케다'를 염두에 두면서 나치의 홀로코스트를 규정한 동기는 분명합니다. 거기에는 이 비극의 특수성을 유대인의 비극으로 받아들임과 동시에, 그럼으로써 신과의 관계를 새롭게 다시 묻고자 하는 동기가 작용하고 있었던 것입니다.

홀로코스트라는 말은 할리우드 TV드라마 〈홀로코스트〉의 방영을 계기로 세계적으로 알려지게 되었습니다. 또한 클로드 란츠만(Claude Lanzmann)의 영화 〈쇼아(Shoah)〉(1985)의 상영운동을 통해 일본에도 정착되었습니다. 이 영화는 나치 독일의 유대인 멸절정책의 희생자 중에서 가까스로 살아남은 사람들의 증언을 중심으로 제작된, 9시간을 넘는 감동적인 다큐멘터리입니다.

처음 내일(來日)했을 때 란츠만 감독은 인터뷰에서 〈쇼아〉의 제작의도를 다음과 같이 말했습니다. 전 세계의 그 누구에게도 알려지지 않은 채, 절대적인 고립무원의 상태에서 살해된 희생자들을 이 영화를 통해 소생시켜서, "우리 모두가 저들과 함께 다시 한 번(따라서 저들의 입장에서는 최초의 죽음의 여행과는 다른 두 번째의) 죽음으로의 여행을 하는 것"입니다(《世界》 1995년 8월호 참조). 이것은 제2차 세계대전 이후의 비젤의 작품활동 및 평론활동과도 통하는 점이 있습니다.

홀로코스트라는 말을 오늘날 널리 알려진 의미로 처음 사용했던 이가 비젤이었는가 아닌가는, 어떤 의미에서 이차적인 문제입니다. 이 말이 오늘날 알려지게 되는 데 결정적으로 영향을 미쳤던 이가 바로 비젤이었기 때문입니다. 비평가 중에는 '홀로코스트'와 비젤과의 관계를 콜럼버스의 아메리카 발견에 비유하는 사람도 있습니다. 즉, 엄밀한 의미에서 최초였는가 아닌가는 문제가 되지 않습니다. '홀로코스트'라는 용어를 세계사의 지도 위에 그려 넣었던 이가 비젤입니다(Münz, 1995).

최근 들어 점차 '홀로코스트'라는 개념의 성서적 유래와 종교적인 함의가 자각됨에 따라, 이 말을 사용하는 것에 대한 비판도 강하게 일고 있습니다. 그 결과 '홀로코스트'를 히브리어의 '쇼아'로 치환하려는 움직임도 있는 것 같습니다. '쇼아'는 바르샤바 게토에 거주하던 유대인들의 목격 증언집에 등장하는 단어로, 1940년 말의 유대인 대량 학살을 표현하는 말입니다. '쇼아'라는 용어로 치환하려는 사람들은, 이 말에 '홀로코스트'가 가진 종교적 함축이 없기 때문에 더 바람직한 용어라고 설명합니다. 그러나 '쇼아'라는 말에도 죄와 벌, 신의 심판과 같은 성서적인 배경이 자리 잡고 있다는 지적이 나오고 있습니다.

어쨌든, 이하에서는 '홀로코스트'라는 말을 사용하는 것으로 합시다. 이 말은 오늘날에도 여전히 나치 시대의 유대인 학살을 나타내는 용어로서 유대교 내외를 불문하고 광범위하게 정착되어 있기 때문입니다(芝健介, 2008).

차례

들어가며_홀로코스트란 무엇인가 · 5

I. 홀로코스트를 넘어서

1. 홀로코스트 '이전' 13
   (1) 유대인의 수수께끼-유대인은 신의 존재를 증명하는가 · · · · · · · · · 13
   (2) 수수께끼 풀이의 시도-율법 준수와 메시아 대망 · · · · · · · · · · · 19

2. 홀로코스트의 한복판에서-순교와 저항 사이 30
   (1) 아우슈비츠에서 기도는 드려졌는가 · · · · · · · · · · · · · · · · 30
   (2) 아우슈비츠에서 신은 어디에 있었는가 · · · · · · · · · · · · · · · 36

3. 홀로코스트 '이후' 47
   (1) 역사적 죄책을 거슬러 올라가다 · · · · · · · · · · · · · · · · · · 48
   (2) 기독교와 유대교의 대화 · 59

II. 성서 이야기 다시 읽기 - 영향사의 시점에서

4. 새로운 여행-아브라함 이야기 73
   (1) 아브라함의 여행-창세기 · 75
   (2) 땅을 여행하는 자-신약성서 · 86
   (3) 이브라힘의 여행-코란 · 90

5. 희생—모리아 산에서 아우슈비츠까지 100
　　(1) 이삭의 공희—모리아 산의 사건 · · · · · · · · · · · · · · · 101
　　(2) '신앙의 원형'—신약성서에서 현대 정신분석까지 · · · · · · · 113
　　(3) '이삭의 결박'—랍비 전승에서 아우슈비츠까지 · · · · · · · · 125

6. 출애굽—'선민의식'의 빛과 그림자 137
　　(1) 이스라엘 해방의 이야기 · · · · · · · · · · · · · · · · · · · 137
　　(2) 해방사 속의 '출애굽' · 151
　　(3) '선민의식'의 빛과 그림자 · · · · · · · · · · · · · · · · · · 161

III. 홀로코스트가 묻는 것

7. 아우슈비츠의 원체험으로부터 179
　　(1) 엘리 비젤의 『밤』을 읽다 · · · · · · · · · · · · · · · · · · 179
　　(2) 신의 침묵에 대한 질문 · · · · · · · · · · · · · · · · · · · 191

8. 에클레시아와 시나고그 206
　　(1) 에클레시아와 시나고그 · · · · · · · · · · · · · · · · · · · 206
　　(2) 여러 종교 간의 '대화의 촉구' · · · · · · · · · · · · · · · · 211

9. 예언자들의 예언의 빛 아래 219
　　(1) 이스라엘 건국과 홀로코스트 · · · · · · · · · · · · · · · · 219
　　(2) '샬롬'의 희망에 살다 · 237

　　지은이 후기 · 247
　　옮긴이 후기 · 254
　　참고문헌 · 259

I. 홀로코스트를 넘어서

비르케나우 강제수용소
'죽음의 문' 앞에 선 저자

홀로코스트 '이전'

(1) 유대인의 수수께끼 – 유대인은 신의 존재를 증명하는가

불가사의한 유대인

어떠한 국토도 없고 민족적 존재도 이제는 없으며 세계 곳곳에 널리 산재하는, 눈에도 띄지 않는 이 작은 백성이, 그럼에도 스스로의 종교를 유지하고 자기 자신을 보전하며, 이스라엘로서 있고 유대인으로서 있으며, 하나의 백성으로 있었다는 것, 국토를 갖지 못한 채 2,000년에 걸쳐 존재해왔다는 것, 그것은 하나의 절대적인 수수께끼이다. 이러한 이미 눈에 보이는 사실로부터, 여기에는 어떤 근원적으로 다른 힘이 움직이고 있다는 것을 깨닫게 된다. 바로 여기에서 사람들은 역사적 우연 이상의 힘이 움직이고 있음을 인식한다(교황 베네딕트 16세).

유대인과 유대인의 역사에는 어떤 불가해한 비의(秘義)가 따라다니고 있습니다. 역사해석에서 신의 존재를 고려하기 꺼려하는 일반 역사가조차도 그것을 느끼고 있는 것 같습니다. 즉, 유대인의 존재에는 시간과 함께 모든 것이 덧없이 흘러간다는 역사 법칙이 타당하지 않게 보이도록 만드는 힘이 있으며, 그것은 정말 합리적으로 설명하기 어려운 독특한 현상입니다.

이러한 유대인의 운명을 둘러싼 유명한 일화가 전해집니다. 잘 알려져 있듯이 프로이센의 프리드리히 대왕은 시니컬한 계몽주의자 볼테르의 친구로, 모든 종교에 대해 경외심을 갖지 않았다는 점에서는 회의주의자인 자신의 친구와 같았습니다. 그 프리드리히 대왕이 어느 날 시의(侍醫)인 치머만(Zimmermann)을 향해 비꼬는 듯한 말투로 질문했습니다. "가능하다면, 신이 존재한다는 증거를 하나 보여다오". 치머만은 질문에 곧장 간결하게 답변합니다. "폐하, 그것은 유대인입니다".

신의 존재를 증명하는 것은 고대 이래 다양한 논리로 시도되어 왔습니다. 우주론적 증명, 존재론적 증명, 목적론적 증명 등등. 거기에는 이런 방법으로 신의 실재성을 밝혀낼 수 있다는, 인간의 이성에 대한 신뢰가 내포되어 있었습니다. 그러나 독일 계몽주의의 선구자 중 한 사람이었던 철학자 칸트는 그의 유명한 『순수이성비판』에서 그때까지 이루어졌던 이러한 형이상학적인 신의 존재증명법이 모두 성립하지 않음을 분명히 했습니다. 프리드리히 대왕에게 제시되었던 답은, 이른바 철학과 사상의 역사를 통해 전해져 왔던 모든 형이상학적 증명에 앞서는 강력한 신의 존재증명, 즉 유대인의 존재라는 지적이었던 것입니다.

이 일화가 말하고 있는 증명은 오늘날에는 이미 낡아버린 것일까요?

현대 개신교 최고의 신학자 카를 바르트(Karl Barth)는 자신의 교의학 강의에서 기회가 있을 때마다 이 프리드리히 대왕의 일화를 이야기하고는 했습니다. 실제로 그는 1938년에 출판된 『교회교의학(敎會敎義學)』(제1권 제2분책)에서 당시 나치 독일이 인종론에 기반을 둔 국가체제하에서 강행 중이었던 반유대주의를 지적하면서, 이 문제를 논하고 있습니다. 바르트는 "다른 여러 민족의 한복판에 있는 유대 민족의 존재 속에 신 자신에 의해 나타난, 유일하게 자연스러운 신의 존재증명"이 있다고 잘라 말하고 있습니다. "여기에는 세계사의 한 조각이 가장 직접적으로 성서적 계시와 신의 증언을 하고 있는 것이다". 그리고 이 결정적 사실을 반유대주의자들은 물론, 자유주의 사상가들도 간과하고 있다고 말입니다.

이러한 놀라운 지구성(持久性)을 유대인이 얻을 수 있었던 것은 무엇 때문이었을까요? 세기에서 세기로 시대는 이동하고, 엄청난 민족이 출현하여 눈부시게 번영하다 다시 소멸해갔습니다. 그러나 유대인만은 그러한 여러 민족의 흥망성쇠가 반복되는 역사 법칙 밖에 서왔습니다. 그들은 여러 민족이라는 큰 바다 위에 떨어진 한 방울의 기름과 같이 떠돌았지만 결코 사라지지 않았던 것입니다.

위협과 유혹

이 명백한 사실은 우리가 유대인의 역사를 살펴볼 때 한층 분명해집니다. 유대인의 역사에서는, 유대 민족을 둘러싸고 있던 환경이 마치 그들의 몰락과 해체를 재촉하는 것처럼 보이는 위험한 상황과 시대가 많았습니다. 저들이 직면했던 그러한 위협과 유혹의 대표적인 예를 몇 가지 살펴봅시다(メッガー, 1984).

첫 번째는 가나안 종교와의 만남입니다. 이스라엘 민족은 '출애굽' 이후 긴 시간 광야를 방황하다 마침내 오늘날 팔레스타인이라 불리는 땅에 정주하게 됩니다. 그러나 그들은 거기에서 가나안의 토착종교와 만나게 됩니다. 바알 예배는 열광적인 자연종교였습니다. 음주와 가무, 그리고 성혼(聖婚)은 신들과의 일체화를 위해 가장 많이 행해지는 의례였습니다. 구약성서의 역사서나 예언서를 읽으면, 이 풍만하고 감각적인 자연종교가 새로운 이주민들을 얼마나 강렬하고 매혹적으로 유혹했는지 알 수 있습니다. 더욱이 왕국 건설 이후에는 페니키아 왕녀들과의 결혼으로 풍요의 여신 아슈타르테 숭배까지 이스라엘 왕궁에 반입되었습니다. 유대 민족은 디오니소스적인 특징을 가진 토착종교의 범람에 압도되는 듯 보였습니다. 그러나 결국 멸망해 없어지지는 않았습니다.

국가가 건설된 뒤에도 이스라엘은 지속적인 안정성을 확보하지 못했습니다. 결국 두 번째 시련이 찾아왔습니다. 기원전 6세기에 바빌론 제국에 의한 예루살렘 파괴와 유대왕국의 멸망은 이스라엘 정치사에 심각한 전환을 가져왔습니다. 그들은 정치적 독립을 잃고 오리엔트의 세계 제국(帝國)의 지배 하에 놓입니다. 바빌론 유수(幽囚)는 이스라엘 백성의 응집력을 시험한 혹독한 시련이었습니다. 의지할 만한 신전도 없고 고국에서도 멀리 떨어진 무력한 무리로서 우월한 승리자의 손에 넘겨진 것입니다. 그들은 두 개의 큰 강에 에워싸인 메소포타미아에서 별들을 숭배하는 종교에 포위되었습니다. 그야말로 뿔뿔이 해체될 모든 조건이 마련되었던 것입니다.

실제로 아시리아나 바빌론, 나아가 페르시아 등 차례차례 융성했던 제국의 지배자들은 정복한 민족들을 멋대로 강제 이주시켜, 그들을 서서히 흡수·해체하는 정책을 취했습니다. 그러나 이스라엘에 한해서 이 정책은 성공하지 못했습니다. 포로가 된 백성은 이 시련의 시대를 통과하며 약체화되기는커녕 오히려 한층 강해져, 그들의 역사적 사명의 원점으로 귀환할 수 있었습니다.

특별히 까다로웠던 세 번째 시련으로는 마카베오 전쟁 시대를 들 수 있습니다. 그리스에 혜성과 같이 등장한 알렉산드로스 대왕은 오리엔트 세계를 누비며 영광스럽게 빛났지만, 이내 소멸했습니다. 군사적 승리가 남겼던 결과보다 훨씬 컸던 것은 이 사건으로 태어난 문화적·종교적 영향이었습니다. 그리스 정신과 오리엔트적 감성이 서로 융합되어 헬레니즘이라는 새로운 통일된 문명이 지중해 세계로 확대되었던 것입니다.

시리아나 소아시아, 메소포타미아 등 알렉산드로스의 후계자들에게 분할되었던 각 지역에서는 대왕의 문화유산인 이 새로운 사조가 범람했습니다. 오직 한 곳에서만 집요한 저항에 부딪혔습니다. 바로 유대인이었습니다. 시리아의 안티오코스 에피파네스(Antiochos Epiphanes) 왕은 이 작은 백성을 깔보고 군사력를 기반으로 그리스풍의 도시 건설이나 종교의례를 강제했습니다. 그러나 결국 관철할 수 없었습니다. 그는 유대인들에게 민족적·종교적인 자유를 인정하지 않을 수 없었습니다.

이보다 더 주목할 것은 로마제국 아래에서의 발전입니다. 당시 여러 민족이나 종교 간의 혼합은 놀랄 만할 정도였습니다. 황제 아우구스투스에 의한 '로마의 평화' 아래, 이 세계 제국은 시민권 부여에 대해서도, 또한 종교의례에 대해서도 대단히 관용적이었습니다. 유대인들도 이 시대에는 그리스어를 습득하여, 구약성서를 이 세계 공용언어로 번역했습니다. 또한 알렉산드리아에서는 필론(Philon)이라는 이름으로 알려진 유대인 학자가 유대 사상과 그리스 사상의 접합을 시도하기도 했습니다. 그러나 이러한 일반적인 종교적 혼합시대에도 유대인들은 여전히 자신들의 고유성을 지켜냈습니다.

이상 언급한 대표적 예는 대략 1,000년의 기간에 걸쳐 일어났습니다. 1,000년이라는 세월은 한 민족의 역사에 대단히 무거운 의미를 가지는 것입니다. 유대인의 불가사의함에 대해 한번 곰곰이 고민해볼 필요가 있다는 생각을 불러일으키기에 충분할 것입니다.

서기 70년 로마군에 의한 예루살렘 함락 이후 민족의 분열과 해체를 야기하려는 힘은 한층 강하게 움직입니다. 바빌론 유수에서 시작되었던 유대인의 이산(離散)은 이제 대규모로 확대되어갑니다. 그들은 세계 각지에서 그들 기류지의 언어를 몸에 익힙니다. 하지만 동시에 그들은 가는 곳마다 미움받고 박해받으며 쫓겨나는 운명에 처해집니다. 예를 들면, 중세 유럽에서 유대인들은 게토(유대인 거주구)에 갇혀 외부 세계와의 접촉을 차단당했습니다. 그것은 흡사 유대인이 이 세계에 존재하지 않는 듯한 인상을 주기 위해서였고, 또한 그들이 종교적 영향을 줄 가능성을 일절 배제하기 위해서였습니다.

반유대주의는 결코 근대에 생겨난 현상이 아니었습니다. 그것은 유대인과 함께 오랫동안, 몇 천 년에 걸쳐서 그들의 존재를 따라다녔던 것입니다. 이 뿌리 깊은 반유대주의는 다양한 변종을 동반하고는 했습니다. 오래전 '신을 죽인' 백성 유대인에 대한 기독교회나 교부들의 적의에서 시작된 그것은 이윽고 세속화되어 유럽 정신사의 그림자 부분을 형성하기에 이르렀습니다. 여기에 이후 유대인의 경제적 능력에 대한 질투가 더해져 내셔널리즘의 대두와 함께 인종론에 기반을 둔 사회적 차별로 확대되어 갔습니다. 나치 독일의 반유대주의는 오랜 역사를 통해 집적된 이러한 편견을 거대한 국가권력을 이용해 한층 첨예화한 것이라고 할 수 있습니다(ポリアコフ, 2005).

그러나 이러한 포그롬이나 잔인한 섬멸계획을 가지고도 이 민족이 여전히 계속 존재했다는 사실을 바꾸기에는 역부족이었습니다.

(2) 수수께끼 풀이의 시도 - 율법 준수와 메시아 대망

수수께끼 풀이의 시도

유대인의 역사에 얽힌 이 수수께끼를 풀기 위해 여러 가지 해석이 시도되었습니다.

그 첫 번째로 인종이라는 시점에서 접근이 이루어졌던 것은 19세기 이래의 동향에서 보면 아주 당연한 일이었습니다.

예를 들면 유대인을 멸시한 히틀러조차도 그의 알려지지 않은 저서 『제2의 책(Zweites Buch)』(1928)에서 유대인이 "지상의 모든 민족과 구별되는 특이한 본질적 고유성"을 가졌음을 인정했습니다. 그의 말에는 정치적 불안이 아닌 무엇인가가 느껴집니다. 실제로 히틀러의 관점으로 볼 때 유대인이 '인종적으로 순수'하다는 것은 특히 그를 불안하게 만드는 사실이었습니다. 주지하듯이 이 순수성이야말로 게르만 인종의 세계 지배라는 그의 궁극적 목표의 결정적인 전제조건이었기 때문입니다.

확실히 유대인이 뛰어난 생명력을 가진 민족이라는 점은 의심할 여지가 없습니다. 그러나 오랜 세월에 걸친 이 민족의 역사적 지구력을 설명하기 위해서는 이러한 인종론적 해석만으로는 불충분합니다. 예를 들면 고대 이스라엘 민족의 주위에 있었던 아모리인이나 모아브인, 아말렉인이나 아람인들이 모두 몰락하고 소멸해버렸던 것은 어째서인가. 또한 나치즘이 말하는 '고귀한 북유럽적 혈통'을 가지고 있었을 터인 게르만 종족이 민족 대이동의 격동 속에서 민족으로서의 자신을 지켜내지 못했던 것은 어째서인가. 이에 반해 이산(離散)의 유대인이 지상의 다양한 민족과 혼혈하면서도 여전히 지속적으로 존재하고 있는 것은 어째서인가. 우리는 이 민족의 비의에 가득 찬 운명을 설명하기 위해 한층 깊이 문제에 파고들어야 합니다.

이 문제는 유대인의 역사를 관통하는 신의 문제와 직결되어 있습니다. 그들은 아주 일찍부터 다른 어떤 곳에서도 볼 수 없는 강렬함으로 신의 현실성과 진지하게 대결해왔던 것입니다. 주변 세계의 종교는 다양한 신상을 숭배하며 우주적인 힘을 자기 것으로 하려고 노력했습니다. 이에 반해 이스라엘의 신은 인간이 자기 것으로 하여 조작할 수 있는 이 세상적인 힘과는 전혀 다릅니다. 야훼는 말씀으로 이스라엘을 불러내고 역사를 이끄는 자유로운 주로서 이해되고 있기 때문입니다. 특히 이스라엘의 예언자는 전 세계의 종교를 통틀어 봐도 비슷한 예를 찾기 어려운 유대교만의 특징이라고 할 수 있습니다. 예언자들은 이스라엘 민족이 절망한 나머지, 혹은 유혹에 져서 몰락해가는 위기의 심연에서 거듭거듭 되돌아오라고 경고합니다.

> 너희들은 "우리도 다른 여러 민족들처럼, 세계 각지의 종족들처럼 나무와 돌을 섬기자"라고 하지만, 너희가 마음속으로 생각하고 있는 일은 결코 실현되지 않을 것이다.
>
> (에스겔서 20:32)

여기에서 예언자 에스겔은 신의 말씀을 통해 경고하고 있습니다. 이는 포로가 된 백성이 바빌론에서 실제로 직면하고 있었던, 이교문화에 동화되려는 유혹에 저항하는 것이었습니다. 이러한 예언자의 발언은 결코 그들 자신이 신에 대해 사색한 결과를 말하는 것이 아니었습니다. 그들은 종종 자기 자신의 의지와는 정반대로 신에게 강제되어 '신의 말씀'을 말해야 했기 때문입니다. 예를 들면, 예언자 예레미야의 다음과 같은 고백이 대표적입니다.

주여, 당신이 나를 이끄시고

나는 이끌림을 받아

당신에게 붙잡혔습니다.

당신의 승리입니다.

……

주의 이름을 입에 올리지 않고

더 이상 그 이름으로 말하지 않겠다고 생각해도

주의 말씀은, 나의 마음속 뼛속에 갇혀

불과 같이 타오릅니다.

억누르려고 하다가

나는 완전히 지쳐버렸습니다.

내가 졌습니다.

(예레미야서 20:7~9)

일반적으로 민족종교는 국가의 정치적 운명과 함께 일어서기도 하고 넘어지기도 합니다. 그러나 이러한 이스라엘 국가의 비극적 전변(轉變)을 넘어 유대인이 타향에서 포로가 된 가운데에서도, 야훼를 유일하고 독특한 세계 신으로 보는 신앙이 확립되었던 것입니다. 이것은 놀라운 역사적 역설입니다. 예언자의 입을 통해 신의 보편적 주권성에 대한 자기 중언이 반복되고 있는 것입니다. 예를 들어 이사야서를 봅시다.

나는 신, 다른 이는 없다.

나는 신이고, 나와 같은 이는 없다.

(이사야서 46:9)

그것은 "영원히 계시는 신/ 땅 끝까지 이르는 모든 것을 만드신 주"(이사야서 40:9), 이 세상의 모든 피조물을 뛰어넘은 초월자인 것입니다.

이러한 신이 많은 백성 가운데에서 이스라엘이라는 눈에 띄지 않는 약소한 백성을 ― 심지어 종종 반항하기를 멈추지 않는 강고한 백성을 ― 선택한 것은 어째서인가. 그것은 종교개혁자 장 칼뱅이 말한 것처럼 신의 완전한 주권적 자유를 드러내기 위한 것이었는가. 아니면 오히려 신의 일방적인 은혜의 의지를 한층 잘 보이기 위해서였는가. 출애굽기에서 신은 이렇게 선언합니다.

> 나는 주이다. …… 나는 너희들을 나의 백성으로 삼고, 너희들의 신이 된다.
>
> (출애굽기 6:6~7)

어쨌든 간에 유대 민족의 역사에 얽힌 비의가 그 신과의 관계에 있음은 간과할 수 없는 사실입니다.

율법 준수와 메시아 대망

그렇다면 한 걸음 더 나아가 유대 민족이 종종 직면했던 해체의 위기에서 그들을 지켰던 것은 구체적으로 무엇이었을까요. 가장 중요한 요인으로서 율법 준수와 메시아 대망(待望)을 언급할 수 있습니다(Kellermann, 1971).

기원전 6세기 예루살렘의 함락으로 유대인들은 야훼 신앙과 관계된 세 가지를 잃어버렸습니다. 신전 제의(祭儀)에서의 야훼 숭배, 다윗 왕조에게 주어진 정치적·종교적 약속, 마지막으로 그들에게 약속되었던 국토입니다. 이스라엘 백성은 커다란 신앙의 위기에 빠집니다. 그러나 포로 생활을 통해 새로운 형식의 신앙에 눈뜨게 됩니다. 이제 율법이 야훼의 현림(現臨)

을 담보하는 것이 되었습니다.

이스라엘 백성은 시나고그(유대교 회당)를 세우고 기도와 찬미의 노래와 성서낭독이라는 의례를 지키게 됩니다. 이제 제사 계급을 대신하여 율법 교사가 등장합니다. 이방인에 대한 야훼 신앙의 배타성이 강조되고, 할례나 안식일 준수, 식사나 정결 규정을 존중하는 것이 신의 백성 여부를 결정하는 중요한 기준이 된 것입니다. 타민족의 정복과 억압 아래 놓였던 동안에도 율법을 지키는 것은 유대인에게 자기의 종교적 아이덴티티와 지배자에 대한 저항의 표시가 되었습니다.

더욱이 페르시아 왕 키루스 2세에 의해 바빌론 포로 생활에서 귀환하여 예루살렘 신전을 재건한 이후에도 서기 66~74년에 걸친 로마제국에 대한 유대의 독립 봉기까지 그들의 투쟁이 계속되었습니다. 이 투쟁에서 패한 결과 유대인은 그들이 거주하고 있던 중심적 영역을 잃었을 뿐 아니라 대규모의 이산을 경험하게 됩니다. 그러나 그것은 '구전(口傳)' 토라(유대교의 율법)의 형성이라는 전통의 틀 안에서 새롭게 유대교를 재생하기 위해 집중된 신학적 노력을 야기했습니다.

예를 들면 20세기의 대표적인 유대교 신학자 중 한 사람은 토라와 유대인의 밀접한 관계에 대해 다음과 같이 말하고 있습니다. "오랜 속담에 의하면 이스라엘은 토라를 위해 존재했다고 한다. 그러나 토라 또한 이 지상에서 이것을 지키는 인간에 의해서만 존재 가능하다. 만일 지상에서 유대 민족이 끊어졌다면, 토라 역시 그 모습을 감추었을 것이다". 따라서 "유대인이 존재하고 있다는 사실 그 자체가 중요했다. 그들의 의무에 끝이 없듯이 그들이 존재하는 의의에도 다함이 없다. 결코 타협하지 않는 공동체로서 존속하는 것, 이 세상에 있으면서도 세상과는 다른 존재로 있는 것, 그것이 유대인의 임무이고, 그들은 몇 세기 동안 비길 바 없는 성실함과 불굴의 용기를 가지고 이를 완수해왔다. …… 유대인은 자기에게 충실함으로써 신이 진실하신 분임을 체험했던 것이다"(Baeck, 1998).

율법과 함께 유대인의 운명을 한층 강하게 규정해온 것은 메시아 도래에 대한 대망입니다. 메시아 이념은 고대 이래 유대인의 자기 이해에서 중요한 내적 가치였습니다.

기독교적 메시아니즘은 굳이 분류하면 개인적, 나아가 피안적 구원의 색채를 강하게 가진 데 비해, 유대교적 메시아니즘에는 세계사 한복판에 놓인 민족의 운명에 그 악센트가 놓여 있습니다. 그 구체적인 형태는 여러 가지이나, 이 희망과 동경에는 유대 민족을 궁지에 몰아넣었던 긴 고난의 역사가 반영되어 있습니다.

민중 의식 속에서는 메시아의 시대에 대한 다양한 공상적·초자연적인 이미지가 따라다닙니다. 그것은 유대인 개인 내지는 유대인 전체에 실제로 결여되어 있는 것에 대한 심리적 보상을 나타냅니다. 하지만 이렇게 비현실적인 요소가 다분히 포함된 메시아니즘적 유토피아에도, '역사적 리얼리즘'이라 부를 수 있는 중핵적 요소가 자리 잡고 있었음을 간과할 수 없습니다(Katz, 1993).

메시아는 유대 민족의 이상적인 지배자상을 상징합니다. 그것이 다윗의 혈통에서 유래한 '왕'의 모습을 한 사람이든, 종말론적인 '대사제(大祭司)' 또는 '예언자'의 모습을 한 사람이든 간에 말입니다. 여기에는 다니엘서에 근거한, 하늘에서 내려오는 '사람의 아들'에 대한 간절한 기다림도 포함될 것입니다. 어찌 되었든 간에, 메시아에게 일정한 형태의 '신성한 정치적 역할'(P. 라피데)이 요구된다는 점은 확실합니다. 거기에는 이방인 지배로부터의 이스라엘 해방, 이산된 백성의 시온으로의 귀환, 율법에 따른 바른 예배,

정의와 평화를 목표로 한 생활의 창조 등에 대한 강한 바람이 있었습니다.

기독교가 이 메시아를 이미 도래한 것으로 선교하기 시작했을 때, 유대인들은 그들을 구원하고 해방할 메시아에 대한 절망적인 동경의 불을 지폈습니다. 메시아를 자칭하는 광신자가 거듭 출현하여 유대인의 민족주의적 자부심을 타오르게 했습니다. 이러한 사람들에게 이끌려 유대인들은 세 번(70년, 115년, 135년)에 걸쳐 로마제국에 대한 반항을 시도합니다. 열광적이었지만 그릇된 희망을 쫓아 가망이 없는 해방투쟁에서 엄청난 피를 흘렸던 것입니다.

그러나 예루살렘 함락 이후에도 신에게 기름부음을 받은 메시아임을 자처하며 행동했던 종교적·정치적 반항자들은 유대 역사 속에서 결코 적지 않았습니다. 메시아 신앙을 포기하는 것은 유대교를 포기하는 것이고, 이는 유대교를 떠나 그들을 에워싸고 있던 기독교나 이슬람교에 흡수되는 것을 의미했기 때문입니다.

메시아 신앙에 의지한 호전적인 투쟁이 좌절된 후, 열기가 가라앉은 비(非)도취적인 시대가 이어집니다. 그러나 메시아 대망은 그 후에도, 특히 동유럽의 유대인 사이에서 뿌리 깊게 지속되었습니다. 디아스포라(이산) 생활은 정치적인 힘의 상실과 경제활동의 제한이라는 현실적인 제약하에 놓여 있었습니다. 그러나 그럴수록 점점 종교적 전통을 고집하고 성서 텍스트를 문자 그대로 이해하는 경향이 강화되었습니다. 성서나 탈무드, 나아가 카발라(Kabbalah) 텍스트 가운데에는 반드시 해독해야 하는 메시지나 비의가 숨겨져 있다고 믿었던 것입니다. 종말의 날의 도래와 구원을 확신하는 백성들은 암호화된 성스러운 문서에서 예정된 그날을 발견하기를 열망했습니다.

메시아상의 변질

그러나 이 와중에 메시아상은 점차 개인적인 성격이 옅어지면서 새로운 특징을 갖춘 형태로 변화합니다. 이 과정은 크게 두 가지 방향을 취해왔습니다(Köberle, 1972).

그 첫 번째 방향은 도래할 메시아를 더 이상 구체적인 역사적 인격으로서 바라지 않게 된 것입니다. 그 대신 이른바 메시아적으로 각인된 '구원의 때'를 기다리게 되었습니다. 구원은 한 사람의 구세주에 의해 도래하는 것이 아니라 이 세상의 구원에 대해 책임감을 느끼는 다수의 선한 뜻을 가진 사람들에 의해 실현됩니다. 소위 메시아 대망의 세속화라고 말해도 좋을 것입니다. 많은 저명한 유대인들이 다양한 인도적 복지활동을 위해 국제연맹이나 평화주의를 열심히 지지해온 것은 잘 알려져 있습니다.

근대의 사회주의 운동에 가담했던 사람 중에서 유대인이 상대적으로 많았다는 역사적 사실은 유대교적 메시아니즘과 사회주의의 결합의 배후에 공통적 지향이 있었다는 점을 드러내고 있습니다. 즉, 억압되고 권리를 빼앗긴 사람들을 이 지상에서 구원한다는 동기입니다. 인류의 더욱더 좋은 미래를 목표로 하는 비슷한 형태의 전위적인 운동과 유대인이 연결되어 있었던 것에도 마찬가지의 친화관계가 확인됩니다. 자주 지적되어왔듯이 무신론을 표방하는 마르크스주의 역시 지상에서 우애와 정의와 세계평화를 수립하자는 호소 가운데 그러한 메시아니즘적 희망을 드러내고 있습니다.

초기 시오니즘의 리더들은 조상으로부터 물려받은 종교적 전통에 얽매이지 않았습니다. 그들의 사회주의적 유토피아 구상은 마르크스의 후계자들과 같은 원천에서 유래하는 것이었습니다. 그러나 그들이 그 이상의 기점을 고대 유대인의 고국, 즉 오랜 시간 기다리고 소망해왔던 메시아적 미래의 무대로 고집했던 것은, 그들 역시 자신들의 종교적 전통에 충실했다는 점을 증명합니다. 초기 시오니스트들은 공정한 사회의 건설을 위한 자신들의 투쟁을 이스라엘 예언자의 유산을 계승하는 것이라고 언명했습니다. 여기에는 분명히 형태를 바꾼 메시아니즘적 저음이 강하게 울려 퍼지고 있습니다.

유대인의 시민적 '해방' 이후 19세기 말 독일에서는 반유대주의가 대두하고, 러시아에서는 유대인에 대한 피비린내 나는 포그롬이 발생했습니다. 그와 동시에 시오니즘 운동은 동유럽과 서유럽 일부의 유대인 사회에서 그들을 딜레마에서 해방시킬 탈출구로 새롭게 인식되었습니다. 이 계획을 실현하기 위해 지불된 방대한 희생이나 헌신, 그 역사적 필연성에 대한 이상할 정도의 신념은 '메시아니즘적 전통의 변주'(J. 카츠)에 의거하고 있었다고 말해도 좋을 것입니다.

이러한 가운데 인격적 메시아상에서 메시아적 시대로의 전환을 대표하는 사상가가 독특한 시오니즘을 주창했던 유대교 철학자 마르틴 부버(Martin Buber)입니다. 구세주가 역사의 어느 미래에 올 것을 기대하는 게 아니라, 메시아적 시대를 자신의 힘으로 — 선의의 존재와 선의의 행동을 통해 — 불러와야 한다는 것이 그의 믿음이었습니다. 예를 들면 그는 이사야의 예언에 대해 언급하면서 단적으로 이렇게 말하고 있습니다.

> 메시아는 실현하는 자, 곧 신의 대리자로서 받은 임무를 실현하는 인간이고, 그를 통해서 신의 인도 아래 이스라엘의 새로운 질서가 실현된다. 그것은 동시에 신의 인도에 의해 세계 여러 민족의 새로운 질서가 실현되기 시작함을 의미한다. 신의 의지에 의한 인간사회의 새로운 질서는 인간의 힘과 인간의 책임에 의해 확립되지 않으면 안 된다(ブーバー, 1968a).

여기에는 부버가 그의 집안에서 익혔던 하시디즘(Hasidism)의 헌신적 희생 사상의 영향도 적지 않았습니다.

무엇보다 부버는 제1차 세계대전 후부터 죽을 때까지(1918~1965) 시오니즘 주류파의 팔레스타인 정책이 잘못되었다는 비판을 멈추지 않았습니다. 그는 아랍 사람들이 팔레스타인에 머물 '불가양(不可讓)의 권리'를 가지고 있음을 주장하며, 두 민족이 충돌하는 비극을 아랍=유대의 이민족공존국가론을 통해 종식시켜야 한다고 생각했기 때문입니다. 여기에는 유대인도 아랍인도 평등한 정치적 · 사회적 권리를 가진 국가 시민이고 다수파 혹은 소수파라는 구별이 있어서는 안 된다는 전제가 깔려 있습니다. 그는 이스라엘 건국 후에도 기본적으로 이러한 생각을 바꾸지 않고 오리엔트의 일체화 가운데 시오니즘을 결합해가는 '연합' 사상을 견지했습니다. 중동전쟁의 과정 전체에 대해 일관적으로 비판적 자세를 견지했던 것입니다(ブーバー, 2006).

이 사이에도 정통주의적 유대교는 인격적 메시아의 교의를 내세우면서 근대적 입장의 사람들과 논쟁을 반복합니다. 19세기 중반에는 랍비 히르슈 칼리셔(Hirsch Kalischer)와 같이 인격적 메시아라는 신앙적 입장에 서면서도 메시아 도래의 날짜를 구원사의 저 먼 시점에까지 연장시키고, 그 사이에 고국 팔레스타인에 유대인이 결집하는 것이야말로 곧장 착수해야 하는 민족적 과제라고 주장하는 논리도 나타납니다.

그러나 이미 비슷한 시기에 대표적인 유대교 역사가 하인리히 그레츠(Heinrich H. Graetz)는 이사야의 예언에서 언급되고 있는 메시아적 사명의 체현자는 개별적 인격이 아니라 유대 민족이라는 논문을 발표하고 있었습니다. 이것은 메시아 대망의 또 하나의 방향으로서 현재에도 유력한 것입니다. 앞서 인용했던 레오 벡(Leo Baeck)은 다음과 같이 명언하고 있습니다.

신에게 선택되었다는 것은 유대 민족 전체가 예언자로서 부름받았다는 것으로 생각될 수 있다. 그것은 그들 자신을 초월한 사명에 대한 신앙이다. 즉, 유대 민족은 다른 민족들을 위해 선택받은 것이다. 이스라엘의 모든 백성은 주의 사자, 즉 메시아, 즉 그 종교를 세계의 모든 나라를 위해 지키고 세계의 모든 백성에게 빛을 비추어야 하는 신의 종인 것이다.

여기에서는 제2 이사야서의 말이 인용되고 있습니다. 이사야서 53장의 유명한 '고난의 종'에 대한 예언은 결코 우연이 아니었던 것입니다. 실제로 유대인들은 그 후의 역사 속에서 박해와 고난에 견디면서 '고난의 종'의 운명을 민족 그 자체의 메시아적 사명으로서 파악해왔기 때문입니다.

2

홀로코스트의 한복판에서
순교와 저항 사이

(1) 아우슈비츠에서 기도는 드려졌는가

이러한 가운데 아우슈비츠라는 이름에서 연상할 수 있는 무시무시한 홀로코스트 사건은 저들 유대인의 비의와 어떤 관련을 맺고 있을까요?

이미 제2 이사야서는 바빌론의 포로가 된 백성에게 예언하며 이렇게 말하고 있습니다. '보라, 나는 불로써 너를 연단하나 은으로서는 아니다. 나는 고난의 풀무에서 너를 시험한다'(이사야서 48:10)라고.

홀로코스트의 도가니 속에서 유대인의 아이덴티티는 관철되었을까요.

기도의 가능성

아우슈비츠에서의 사건을 두고 사람들이 자주 입에 담았던 질문은 '아우슈비츠 이후, 여전히 시를 짓는 것이 가능할까?'(Th. W. 아도르노)였습니다. 나아가 여기에는 '아우슈비츠 이후, 다시 기도하는 것이 가능할까?'(M. 마호베츠)라는 한층 심각한 물음이 더해지기도 했습니다. 강제수용소, 특히 아우슈비츠와 같이 가스실을 갖춘 섬멸수용소에서 정말로 '기도'가 드려졌던 것일까요.

분명히 거기에는 신에게 드려지는 유대인의 기도가 있었습니다. 강제수용소는 죽음과 불안과 절망, 기아와 질병이 지배하는 세계로, 그와 같은 배경의 독특한 각인을 가진 '기도'가 드려지고 있었습니다. 그러나 강제수용소에서 실제로 드려진 '기도'를 둘러싸고 유대인 자신들 사이에서도 차이가 있었음을 간과해서는 안 될 것입니다. 즉, 전통적인 종교 문화를 강하게 몸에 익히고 있었던 경건한 동유럽 유대인들과 이미 오랫동안 근대사회에 동화되어왔던 서유럽 유대인들은 서로 다른 반응을 보였습니다.

예를 들면 빈 출생의 평론가 장 아메리(Jean Améry)는 벨기에로 망명하여 레지스탕스에 참가하다 아우슈비츠와 부헨발트(Buchenwald) 수용소에 수용되었을 때의 체험을 기록하고 있습니다. 그 자신은 체포되었을 때 "어떠한 신앙과도, 정치적 신념과도 무관한 이른바 불가지론자"로, 영국군에 의해 해방되어 "이 지옥에서 나왔을 때에도 여전히 불가지론자에 머물러 있었다". 그럼에도 그는 수용소 안에서 신앙을 가진 사람의 행동과 태도에 "몇 번씩이나 경탄의 눈길을 보내지 않을 수 없었다"라고 기록하고 있습니다. "신앙의 동지가 되고 싶다고는 바라지 않았다. 하지만 그들과 같이 확고하고 태연하며 강하게 있고 싶다고 바랐던 것이다. …… 즉, 가장 넓은 의미의 신앙인은 그 신앙이 형이상적이고 내재적이며, 바로 그렇기 때문에 스스로를 초월할 수 있는 것이다. 그들은 자신의 개성에 사로잡히지 않는다. 정신적인 연속성이라는 것에 연결되어 있으며, 그 연결은 어디에서건, 설령 아우슈비츠에서조차도 끊어지지 않았다". "회의(懷疑)를 좋아하는 보통 지식인은 자기의 문학의, 혹은 철학의, 혹은 예술의 신들에게 헛되이 매달리고 있을 뿐인데 말이다"라고(アメリー, 1984).

신앙을 가진 유대인들이 수용소에 수용되었을 때, 종교적 계명을 지키는 일을 멈추지 않으면 안 되었습니다. 일상생활 구석구석까지 나치 친위대원의 감시를 받으며 강제노동을 하는 가운데 안식일이나 축일, 식사규정을 지키는 것은 불가능했을 것입니다. 기도하는 것도 정해진 시각이 아닌 이른 아침이나 심야에 신속히 해야 했습니다. 덧붙여 기도를 위한 성구상자를 비롯해 기도서나 그 외 의례에 필요한 것들은 모두 몰수되었습니다.

이런 상황에서 자연스럽게 기도 텍스트나 성서 본문을 기억해서 기록하는 일이 시도되었습니다. 원칙적으로 이러한 것을 이용하는 공동 기도가 개인적인 기도보다 우선되었던 모양입니다. 수용소에 갇힌 사람들은 대체로 혼자 있을 시간이 없었고, 모든 행동을 거의 공동으로 행하도록 강제되고 있었기 때문이기도 합니다. 덧붙여 유대인들의 의례에는 사제나 랍비가 꼭 입회해야 할 필요가 없다는 점도 이러한 공동 예배를 용이하게 했습니다.

이처럼 강제수용소에서 유대교의 종교성을 지켜내는 것은 단지 개인의 행동에 머무르지 않았습니다. 그것은 사회적 교제를 가능하게 하고 이른바 집단적 '자기주장'을 나타내는 수단이 되었던 것입니다. 정신의학자 빅토르 프랑클(Viktor E. Frankl)은 그 자신의 수용소 체험기록인 『밤과 안개』에서 수용소의 포로들이 여전히 궁극적으로 "주어진 환경에서 어떻게 행동할지를 정하는, 인간으로서의 최후의 자유"를 가지고 있었다고 증언하고 있습니다. 이 판단이 약간 지나친 보편화라는 평가를 포함하고 있다고 해도 종교적 신념에 근거한 행동의 의미를 잘 파악하고 있었음에는 분명합니다.

'기도'로 상징되는 종교적 행위를 실천함으로써 그들은 참고 견뎌야만 하는 무력한 객체가 아니라 행동하는 주체가 되었고, 살 가치가 없는 인종으로서 수동적으로 선별된 존재가 아니라 스스로 유대인으로서 있을 것을 적극적으로 결단하고 선택한 존재가 되었던 것입니다. 그들이 유대인으로 태어났다는 사실 하나만이 나치의 박해와 살육의 이유였습니다. 그렇게 보면 이러한 유대교에 대한 — 유대인으로서의 정체성에 대한 — 신앙고백은 그야말로 자기의 인격, 인간으로서의 존엄성을 파괴하는 자에 대한 '저항'을 의미하고 있었다고 할 수 있겠습니다.

수용소에서 일상적으로 '기도' 생활을 준수하고자 노력했던 사람은 정통주의를 고집하는 소수의 유대인에 한정되어 있었습니다. 이에 반해 유대교의 축일은 그러한 사람들뿐만 아니라 불가지론자나 무신론적인 유대인들에게도 존중되었던 모양입니다. 그러나 전체적인 숫자로 보면 그들이 소수자였음은 변함없었습니다.

예를 들면 '유월절'은 이스라엘인이 이집트의 노예 신분에서 해방된 것을 기념하는 축일입니다. 이 축일은 많은 유대인들로 하여금 단순히 과거를 추억하게 한 것만이 아니라, 수용소에 갇혀 있는 자신들의 현재 상황을 돌아보게 함으로써 한층 강력한 상징적 의미를 가졌습니다. 그것은 수용소로부터의 해방이라는 동기에 기반을 두고 있었을 뿐 아니라 해방 후에 약속된 나라 이스라엘에 대한 희망과도 결부되었습니다. 특히 이것은 시오니즘을 신봉하는 유대인들 사이에서 종종 발견되었습니다.

1944년 가을, 미텔바우-도라(Mittelbau-Dora) 수용소에서의 사건입니다. 그것은 '욤 키푸르(Yom Kippour: 속죄의 날)'의 축일 전야의 일이었습니다. 이날은 1년 동안 저질렀던 죄를 신께 속죄하는 날입니다.

막사 문이 거칠게 열리고 평소 공포의 대상이었던 수용소 소장이 들어왔습니다. 그는 이날이 축일 전야에 해당한다는 것, 이 제의가 유대인에게 무엇을 의미하는지를 잘 알고 있었습니다. 소장은 유대인들에게 쾌활한 유대 노래 한 곡을 부르라고 명령합니다. 막사 안은 죽음과 같은 정적이 지배했습니다. 40명 정도의 유대인은 모두 입을 꼭 다물고 있었습니다. 잔인한 소장의 표정에는 초조함과 노여움이 나타났습니다.

돌연 한 사람의 유대인 – 필시 성가대의 지휘자로 여겨지는 – 이 일어나 이렇게 말했습니다. "나는 오직 한 노래만을 알고 있습니다. 그러나 그것은, 아마도 그리 쾌활하게 들리지는 않을 것입니다". "하나 불러봐, 유대인!"이라는 소장의 명령에 대해 그는 '콜 니드레(Kol Nidre: 욤 키푸르의 처음에 부르짖는 전통적인 기도)'를 깊고 따뜻한 목소리로, 자신의 모든 마음을 담아 불렀습니다.

우리는 모두 이 노래가 소장의 마음에 들지 않을 거라고 염려했습니다. 그러나 마치 기적이 일어난 것 같았습니다. 그의 잔인한 얼굴은 점차 온화해졌습니다. 그는 주의 깊게 귀를 기울였고 이 멜로디의 위대한 힘에 깊은 인상을 받은 것처럼 보였습니다. 그는 우리에게 이렇게 말했습니다. "확실히 이것은 유쾌한 노래는 아니나 아름다운 노래다". 이렇게 말하고 그는 일어나 막사에서 나갔습니다. 게다가 그는 우리에게 "잘 자라"라고 말하며, 안심하고 잘 수 있길 바란다는 희망까지도 입에 담았습니다(Schumlewitz, 1987).

이것은 전후 텔아비브에서 간행된, 강제수용소에서 살아남은 자의 목격 증언집에 나온 이야기입니다.

쉐마 이스라엘

유대인들은 아우슈비츠의 가스실에 들어가면서도 여전히 모세 이래 내내로 전해진 '쉐마 이스라엘(Shema Israel: 이스라엘이여, 들으라)'이라는 기도, 신을 찬양하는 기도를 드리기를 멈추지 않았다고 합니다. 정확하게는 "들으라, 이스라엘이여. 우리의 신, 하느님은 유일한 주이다. 너희는 마음을 다하고 혼을 다하고 힘을 다하여 너희 신, 하느님이신 주를 사랑하라"(신명기 6:4)라는 기도입니다. 이것은 아침과 저녁에 드리는 기도의 주요 부분이며, 임종 때 드리는 최후의 신앙고백이기도 했습니다. 실제로 강제수용소에서도 그들은 이 기도를 드리면서 죽어갔습니다.

포로들의 입장에서 봤을 때 아우슈비츠에서 맞이하는 죽음은 일상적인 죽음보다 심신에 훨씬 큰 고통을 주는 것이었습니다. 그뿐 아니라 이러한 죽음은 일체의 의미를 박탈하는 죽음이기도 했습니다. 중세의 십자군이나 이단 심문의 경우, 유대인은 그 신앙고백에 근거하여 순교의 면류관을 손에 넣을 수 있었습니다. 그러나 나치 치하의 유대인들은 순교라고 하는 존엄사의 가능성마저 빼앗겼습니다. 거기에서는 그들의 기독교 세례 유무나 '전향' 등을 묻는 과정조차 없었기 때문입니다.

확실히 인간은 혼자 태어나 혼자 죽습니다. 그럼에도 아우슈비츠에서는 전적으로 비인격화된 대량의 죽음이라는 사건이 발생했으며, 그 죽음은 무덤으로 이어지지도 못하고 대기 속에 이름도 없이 사라져갔습니다. 물론 가스실을 앞에 두고, 또한 가스실 속에서 희생자들이 실제로 어떻게 반응하였는가를 확정적으로 말하는 것은 곤란합니다.

> 하지만 피할 수 없는 죽음에 직면했을 때, 원점이 되는 '쉐마 이스라엘'의 기도가 신앙심 깊은 유대인들에 의해 정말로 자주, 정말로 자발적인 반응으로서 입에 오르지 않았던가. 이 사실은 아우슈비츠의 역사에서 특히 감동적인 증언이라고 할 수 있다. …… 여기에서는, 이 신앙고백이 동시에 순교자의 모토가 되어 있었다(Rahe, 1999).

다른 한편으로 가혹한 수용소라는 조건 속에서 긴 시간 '쉐마 이스라엘'을 입에 올리지 않게 된 사람들이 나왔다고 해도 이상할 것은 없습니다. 이러한 사람들은 '쉐마 이스라엘' 기도를 정말로 망각했던 것이 아닙니다. 다만 그것을 입에 담으려 하지 않았던 것입니다.

엘리 비젤은 경건한 동유럽 유대인의 집안에서 자랐고, 수용소 생활에서도 '기도'에 참여하기 위해 노력하던 사람 중 하나였습니다. 그러나 그 역시 부헨발트에 이송된 후 아버지가 절망 가운데 비참하게 죽어갈 때 죽은 자를 위한 기도 '카디시(Kaddish)'를 입에 담는 것이 불가능했다고 기록하고 있습니다.

저 숨막히는 막사에서, 죽음의 왕국의 한복판에서 '카디시'를 부르거나 했다면, 그것은 최악의 모독이 되었을 것이리라. 그리고 나에게는 모독할 힘조차 없어져 있었다(ヴィーゼル, 1970).

(2) 아우슈비츠에서 신은 어디에 있었는가

이러한 강제수용소에서의 고난에 무슨 의미가 있느냐는 질문은 많은 유대인에게 피할 수 없는 문제였습니다. 그것은, 종말론적인 구원을 갈망하는 유대인들의 기다림에는 역사 내재적인 차원이 포함되어 있었기 때문에 한층 절실했던 것입니다. 이 약속이 수용소에서의 현실에 의해 역사적으로 부정되고 있는 것은 아닌가 하는 의심을 품을 수밖에 없었습니다.

비젤은 최근 출판된 자서전인 『그리고 모든 강은 바다로(All rivers run to the sea: memoirs)』(1995)에서 한 조각 빵의 두껍고 얇음, 거기에 첨가되는 마멀레이드의 유무가 절실했던 수용소 안에서 신학적 내지 형이상학적인 사변에 열중할 여유 같은 것은 없었다고 증언하고 있습니다. 실제로 수용소 안에서 행해졌던 유대인의 개인적·민족적 운명에 대한 반성은 수용소에서의 종교행동과 마찬가지로 기본적으로 단편적인 것에 머물러 있었습니다. 그러나 또한 그것이 심각한 체험이었기 때문에, 거기에서 나온 물음과 단편적인 답변은 한층 더 주목할 만한 가치가 있습니다(Funkenstein, 1995).

전통을 고집하는 유대인들은 고난과 박해에 대한 책임이 최종적으로 스스로 행동할 자유를 가진 이스라엘 자신에게 있다고 말합니다. 유대인이 겪는 고난을 자신들이 범한 죄에 대한 신의 처벌로 보는 것입니다. 자기가 당연히 그것을 받아야 할 몸이라고 확신함으로써 괴로움을 견딜 수 있었던 것입니다.

이스라엘의 죄는 어디에 있는 것인가. 가장 먼저, 개인적 차원에서 신과 율법을 이반하고 '동화(同化)'를 지향한 다수의 유대인에게 비판의 화살이 돌아갔습니다. 일례로 근대를 지향하며 서구사회에 동조하려 했던 유대인들을 들 수 있을 것입니다. 그뿐 아니라 집단적 차원에서 다른 민족과 마찬가지로 주권적 국가를 수립하려 했던 행동도 비난의 대상이 되었습니다. 시오니즘 운동을 신에 의해 유보되어 있는 구원을 인간의 손으로 찬탈한 것으로 간주한 것입니다. 이러한 입장에서는 강제수용소의 체험도 유대인이 역사적으로 많이 당했던 박해와 마찬가지일 뿐 실제적으로는 어떠한 차이도 없었습니다. 그러나 정통주의적인 유대인들이 품고 있었던 이러한 '죄책신학'이 수용소 안에서 다수의 동의를 얻을 수 있었던 것은 아니었습니다.

바르샤바 게토에서

이러한 이른바 "수동적 메시아니즘"(A. 훈켄슈타인)과 구분되는 두 번째 해석은 모든 사건을 신의 계획 안에 있는 것으로 보는, 즉 신앙적으로 파악하는 견해입니다. 이를 통해 인간의 유한한 눈으로는 이해할 수 없을지언정 인생의 모든 것이 무의미하다는 절망감에서는 벗어날 수 있는 것입니다. 신에 대한 한없는 신뢰에 근거하여, 고난은 사랑과 개인적 헌신과 결합되어 궁극적으로 신의 정의 속에 들어간다는 주장입니다. 다시 말해 신의 거룩한 이름을 위해 스스로를 성스러운 제물로 만듦으로써 강요된 고난의 운명에 대해서도 최소한의 존엄성과 의미를 가질 수 있다는 것입니다. 이러한 입장은 순교를 파악하는 유대교의 전통적인 방식과 통하는 것입니다.

어쨌든 수용소에서 죽음에 직면했을 때 '쉐마 이스라엘'을 부르짖거나, 혹은 신의 이름을 성스럽게 하는 다른 행동을 통해 최후의 신앙고백을 하는 것이야말로, 나치의 유대인 박해라는 비극에 대해 스스로 순교적 의미를 부여하는 행위가 되었던 것입니다.

예를 들면 하시디즘파에 속하는 칼로니모스 샤피로(Kalonymos Shapiro)도, 홀로코스트로 희생된 랍비 중 한 사람입니다. 그러나 1939년부터 1943년까지 그가 바르샤바 게토에서 유대교의 안식일이나 축일에 행했던 설교만은 전후에까지 살아남았습니다. 그것은 게토의 잿더미 속에서 발굴되어 "에슈 코딧슈(성스러운 불꽃)"라는 제목으로 1960년에 예루살렘에서 출간되었습니다.

극한적인 고난의 한복판에서 만들어졌던 이 설교는 랍비직, 카발라적, 하시디즘적 모티브의 가르침에 따라 신의 공고(共苦)와 고난의 신학을 전개하고 있습니다. 그의 설교는 홀로코스트에 신이 개입했다는 것을 인정하지 않습니다. 신은 그 얼굴을 감추신 채 몰래 눈물을 흘리시고 있을 뿐입니다. 그러나 신이 가까이 있음을 깨달을 수 없을지라도, 신은 그 백성이 있는 곳에서 현재합니다. 랍비 샤피로는 모든 설교를 통해 고난 가운데 있는 백성을 위로하며, 죽음의 수용소로의 강제이송이 아주 가까이 닥쳤다는 소문을 조금이라도 감당하기 쉽게 하려고 노력했습니다. 신 자신이 강제이송되는 포로 중 한 사람이라고 말했던 것입니다(Boschki, 1994).

그러나 홀로코스트는 과거의 박해와 비교할 때 그 살육의 규모가 엄청났다는 점만으로도 완전히 새로운 특징을 보이고 있습니다. 이 시련은 유대인에게 새로운 반응을 요구하고 있는 것입니다. 유대교에서는 순교를 위한 순교를 찬미하지 않습니다. 예를 들어 도주하여 몸의 안전을 지키지 않고 기꺼이 순교하는 자를 죄인이라고 여깁니다. 신의 거룩한 이름을 위해 자기의 생명을 희생하는 것이 허용되는 것은 우상숭배나 살인이나 간음을 강요당할 경우에만 한정되어 있습니다. 바르샤바 게토에서의 봉기와 저항은 유대인이 자신들의 생명을 지키기 위해 취했던 새로운 반응의 대표적인 예라고 할 수 있습니다.

아아, 우리도! 우리도 할 수 있다, 그래, 저항하고 너희들을 죽이는 것이, 우리도! 우리도!
그러나 우리는 너희들이 이 세상에서 결코 할 수 없는, 그리고 앞으로도 결코 할 수 없을 일도 가능하다—
그것은 이웃을 죽이지 않는 것, 무기도 없이 무익하게 하늘을 우러러보는 한 민족을, 그렇다고 해서 멸망시키지 않는 것이다(カツェネルソン, 1999).

1943년의 게토봉기가 한창일 때 투사들은 카체넬슨(Itskhak Katsenelson)

을 게토에서 데리고 나갑니다. 그 후 프랑스의 수용소에 수용되었던 이 시인은 동방 유대인의 일상어였던 이디시어로 이 노래를 완성했습니다. 그는 1944년 3월에 이 시의 원고를 세 개의 병에 넣어 땅속에 숨긴 후, 동쪽으로 이송되어 아우슈비츠에 도착한 그날 살해되었습니다. 원고는 독일군 철퇴 후 땅속에서 발견되어 마침내 파리에서 햇빛을 보았습니다.

바르샤바 게토에서 시인이 가족이나 친구들의 죽음을 목도하고 아주 가까이 닥친 자기 자신의 죽음에 직면했을 때의 체험을 기록한 일절입니다.

－어떻게 나는 노래할 수 있는가? 어떻게 나의 입을 여는 것이?

나는, 다만 혼자서, 남겨졌기 때문에－

나의 아내와 나의 자녀, 두 명의 자녀는－아아, 이 얼마나 두려운 일!

공포가 나를 엄습한다. …… 울고 있다! 멀리서부터 비통한 목소리가 나에게 들려온다－

'노래하라, 노래해! 가슴이 메어 터져 멍들어버린 너의 목소리를, 소리 높여 외치라

구하라! 구하라, 그분을 하늘 높은 곳에, 구하라, 저기에 아직 그분이 계실지 모르니－

그리고 노래하라, 그분께 …… 노래하라, 그분에게, 최후의 유대인들의 최후의 노래를

그 삶을, 그 죽음을, 무덤도 없고 갈 곳도 알지 못한 채 …… .'

……

'노래하라, 노래해, 최후에 다시 한 번 이 땅 위에 누워라,

너의 머리를 뒤로, 그분의 눈을 응시하라, 무거운 눈을 들어 올려

그리고 노래하라, 최후에 그분에게, 연주하라, 그분에게, 너의 거문고로
유대인은 이제 누구 한 사람 없다, 멸망당해 이제 아무도 없다, 라고.

여기에는 고난의 정당화가 없습니다. 그러나 고난에도 불구하고 '하늘 높은 곳'에 있는 '그분의 눈'을 응시하며 노래하는 것에는 바르샤바 게토에서도 '기도'가 있었음을 드러내고 있습니다. 그것은 성서적인 '그럼에도 불구하고'(시편 73편)라는 신에 대한 역설적인 신앙고백이었던 것입니다.

이 '그럼에도 불구하고'의 역설을 한층 확실히 구현하고 있는 이가 바로 아우슈비츠의 산 증인 엘리 비젤입니다. 그는 "그럼에도 불구하고, 그럼에도 불구하고. 이 '그럼에도 불구하고'야말로 내 작품의 열쇠가 되는 말이다"(Wiesel, 1991)라고 이야기하고 있습니다.

비젤은 어렸을 때 아우슈비츠를 경험했습니다. 자전적 소설 『밤(Night)』의 유명한 일절에서는 두 명의 유대인과 한 명의 유대인 어린아이가 무기 은닉 혐의로 교수형에 처해지는 모습을 그리고 있습니다. 이 처형은 어떠한 소송 절차 없이 점호 광장에 집합했던 포로들의 면전에서 '집행'되었습니다. 체중이 가벼운 어린아이가 매달린 채 반 시간을 괴로워하고 있는 동안 다른 포로들은 그 곁을 행진하며 죽음에 다가가고 있는 자의 고통스러운 모습을 목도할 것을 강요당했습니다.

똑같이 어린아이였던 비젤 – 당시 그는 16살이었습니다 – 은 자신의 뒤에서 한 남자가 반복해서 질문하는 것을 듣습니다. "도대체 신은 어디에 계시는거야". 누구 한 사람도 대답하는 자는 없었습니다. 그러나 비젤은 자기 마음속에서 하나의 소리가 울리는 것을 느끼고 있었습니다.

"어디긴, 여기 계신다―여기, 이 교수대에 매달려 계신다⋯⋯"(ヴィーゼル, 1984).

이 이야기의 핵심은 아우슈비츠가 유대교적 신앙에 근본적인 의문을 제기하고 있다는 점입니다. 그것은 신에 대한 중대한 의문입니다. 철학자의 신이 아닌 아브라함, 이삭, 야곱의 신, 즉 이스라엘 백성과 계약을 맺고 "나의 규례와 법을 지켜라. 이를 행하는 사람은 그로 인해 목숨을 얻을 수 있다"(레위기 18:5)라고 약속한 신에 대한 중대한 의문이었습니다. 강제수용소에서 일상적으로 반복되는 비인간화와 살육의 현실을 본다면 유대인 포로들이 그 종교적인 삶의 방식과 신에 대한 신앙심을 잃어버렸다 해도 놀라운 일은 아닙니다.

전쟁이 끝나고 얼마 지나지 않아 마르틴 부버는 대단히 과격한 말투로 이 근본적인 의문을 표현하고 있습니다.

아우슈비츠 이후 유대교적인 생활은 어떻게 가능한가. 아우슈비츠가 존재했던 시대에 여전히 신과 함께 하는 생활은 가능한가. 아우슈비츠의 생존자들, 즉 가스실의 욥을 향해, 우리는 감히 '주이신 신에게 감사하자, 주는 자비가 깊고 세세토록 풍성한 은혜를 내려주시기 때문에'라고 권하는 것이 가능할까(Buber, 1963).

신의 침묵

오히려 더 놀라운 것은 아우슈비츠와 같은 가혹한 상황에서 그것을 종교적인 카테고리를 통해 파악하고 해석하려 노력했던 신앙적인 소수자가 있었다는 사실이 아닐까요. 저렇게 기록했던 비젤이 그의 신앙을 버렸다면 우리는 한층 이해하기 쉬울 것입니다. 그러나 그는 '신의 죽음'을 이야기하는 신학자들이 자기정당화를 위해 『밤』의 이 장면을 사용하는 것에 대해, 그것은 신을 모독하는 해석이라고 격렬하게 비판했습니다. 그는 앞서 인용한 자서전 제1부(『그리고 모든 강은 바다로』)에서 이렇게 기록했습니다.

『밤』의 일절 - 유대인 남자아이의 교수형 - 은 신성모독적이라고 할 수 있는 해석을 불러일으켰다. '신의 죽음'을 주장하는 이론가들은 내가 논했던 것을 제멋대로 참조하여 그들의 신앙거부를 정당화했다. 그런데 니체가······ "'신'은 죽었다"라고 외칠 수 있었던 것과 달리, 우리 유대인은 그런 일을 할 수 없다. 나는 한 번이라도 나의 '신'에 대한 신앙을 부인했던 적이 없다. 나는 '신'의 정의에 반항하여 일어서거나, '그'의 침묵에, 때로는 '그'의 부재에 반항하여 항의한 적은 있으나 나의 분노는 신앙의 내측에서 터져나왔던 것이지 그 외측에서 나온 것이 아니다······.

결국 아우슈비츠를 만든, 혹은 허락했던 사람들에 대해 나는 결코 항의하기를 멈추지 않을 것이다. 그렇다면 '신'에 대해서도 그런가? '그'에 대해서도? 일찍이 내가 '신'의 침묵에 대해서 스스로 제시했던 여러 가지 질문은 지금도 아직 답변을 받지 못한 채로 있다. 여기에 답변이 있는가 없는가, 나는 알지 못한다. 그뿐만이 아니다. 알 것을 거부하고 있다.

신의 정의와 그 구원에 대한 의지를 몇 백만이라는 사자(死者)의 존재와 어떻게 양립시키는 것이 가능할까—인류의 역사 가운데 나온 신앙에 대한 의문 중 이보다 더 도발적인 물음은 존재하지 않을 것입니다. 홀로코스트를 앞에 두고 이 역사적 신정론(神正論)은 '모든 문제 가운데에서도 최대의 문제'

라고 불리고 있습니다. 신정론에 제기된 이 문제는 홀로코스트 이후 제2세대의 신학자들에 의해 활발히 논의되었습니다(Brocke and Jochum, 1982).

가장 명확하고 급진적인 입장을 표명하고 있는 사람은 미국에 거주하는 유대교 신학자 리처드 루벤스타인(Richard Rubenstein)일 것입니다. 나치의 섬멸수용소에서 최종적으로 신의 죽음이 증명되었다고 단언하고 있기 때문입니다. 홀로코스트라는 '가장 악마적·비인간적인 역사의 균열 속에서조차 신의 섭리를 믿기 위해 전통적인 해석 카테고리를 이용하여 신만이 아는 목적의 깊은 의미를 발견하고자 하는' 시도에 대해, 그는 정면에서 이의를 제기한 것입니다. 또한 그는 지금까지 유대교가 존재하는 데 불가결한 것으로 여겨지던 신이라든가, 선택이라든가, 계약이라든가, 토라와 같은 모든 것들과 결별했습니다.

이 루벤스타인의 무신론은 결코 신학적인 사변에서 나온 것이 아닙니다. 그것은 객관적인 의미에서의 '신의 죽음'에 대해 논하고 있는 것이 아니라, 그로서는 의미조차 파악할 수 없는 사건, 홀로코스트에 의해 받았던 한없는 정신적 타격의 표현이자 깊은 고뇌로부터의 외침이었던 것입니다.

신은 아우슈비츠에서 돌아가셨던 것인가. 아니면 아우슈비츠에서도 그분은 살아 계셨던 것인가. 홀로코스트 이후 신에 대해서는 필시 변증법적으로 — '거기에서 신은 살아 계시지 않았다. 즉, 돌아가신 것이다'라고 하듯이 — 말할 수밖에 없을지도 모릅니다. 이 딜레마로부터의 탈출구를 찾아 '본래 아우슈비츠에서 추궁되어야 할 것은 신이 아니라 인간'이라고 강조하는 의견도 있습니다. 그때 인간은 어디에 있었는가. 공범자로서인가? 방관자로서인가? 반대자로서인가?

확실히 이 문제를 '신정론'의 형태로 추구하고 구원론적 의미를 찾으려는 것은 인간의 책임을 주변에 전가할 위험이 있습니다. 아우슈비츠를 이 세상에 오게 했던 인간의 역사적 책임을 묻는 것이야말로 현실적으로 중요합니다. 그런 의미에서 홀로코스트에 대한 대답은 요컨대 '사고(思考)'가 아니라 행동을 통해서만 발견할 수 있다는 의견도 나오고 있습니다. 실제로 아우슈비츠에서는 인간의 행동에 대한 의문이 논의되고 있습니다.

그러나 그것에 대해 신은 어째서 침묵하고 있었을까. "우리는 이 신학적 물음을 단순히 인간학적인 물음으로 전환할 수 없다"—유대교의 혁신적인 신학자 샬롬 벤코린(Schalom Ben-Chorin)은 『신이 침묵하실 때』(1986)에서 집요하게 묻고 있습니다. 이것은 비젤의 물음이기도 합니다.

이에 대해 벤코린은 기독교인에게 흥미로운 신학적 해답을 제시하고 있습니다. 그것은 이사야 53장의 '고난의 종'을 홀로코스트 속 유대인의 운명에 적용한 것입니다. 그는 인간에게는 거의 이해 불가능한 아우슈비츠 사건 속에서 이 예언자의 말을 인정할 수 있는 것은 아마도 소수의 유대인밖에 없을 것이라고 생각합니다. 그럼에도 긴 세월에 걸쳐 유대 민족이 순교에 대한 용기와 힘을 얻었던 이 해석을 간과해서는 안 된다는 것입니다.

'고난의 종'과 관련하여 기독교는 예수의 수난만을 배타적으로 주장해왔습니다. 그러나 벤코린은 그러한 배타성 내지 유일성을 인정하는 것은 유대교가 다른 많은 순교자를 배신하는 것이라고 말합니다. "우리에게 있어서 신의 종은 단 한 사람이 아니다. 우리는 골고다의 십자가만을 따로 떼어놓고 볼 수 없다. 그것은 오늘, 아우슈비츠와 마이다네크에서 하늘로 올라가고 있던 무시무시한 연기 한복판에 서 있다. 거기에서는 죄 없는 어린아이들이 가스실에서 죽임 당하고 태워져갔다. 그들은 모든 [인류를] 대신해 고난을 짊어졌던 신의 종들인 것이다". 이와 같이 하여 그는 결론을 내립니다. "아우슈비츠는 현대 인류의 골고다이다"라고.

홀로코스트의 신학적 해석을 둘러싸고 고난의 역사를 파악하는 유대교의 전통이 정말로 폭넓은 스펙트럼을 가지고 있음을 알 수 있습니다. 그것은 전통적인 죄책에 대한 신의 처벌 내지 신의 시련(試鍊)이라는 도식에 한정되지 않습니다. 그것은 이사야서의 '고난의 종'의 노래와 결부되어 의인에 의한 속죄의 고난에까지 미치고 있습니다. 더 나아가, 거기에는 그 백성과 고난을 함께 담당한 신이라는 유대교적 전통에 뿌리내린 사고방식이 드러나 있다고 할 수 있습니다.

3 홀로코스트 '이후'

나치즘으로 인해 수백만의 유대인들이 조직적으로 학살당한 일은 유럽사에 한 획을 그은 사건입니다. 오늘날 기독교인과 유대인의 만남 위에는 아우슈비츠의 그림자가 짙게 드리우고 있습니다.

홀로코스트는 그때까지 기독교인이 가지고 있던 유대인에 대한 사고방식과 대응방식에 관한 중대한 반성을 촉구했습니다. 기독교인은 유대교에 대한 몇 세기에 걸친 편견과 차별의 역사를 반성하며 새로운 만남을 통한 재인식, 특히 편견에 의한 틀에 박힌 이미지를 불식할 것을 요구받았던 것입니다. 실제로 이러한 유대교관은 오늘날에 이르기까지 교회와 신학 가운데 크건 작건 그림자를 드리우고 있습니다.

(1) 역사적 죄책을 거슬러 올라가다

'아우슈비츠 이후의 신학'

기독교와 유대교의 관계에 다시금 자기 성찰을 더해 새로운 관계를 구축하려는 '아우슈비츠 이후의 신학'이 논의되기 시작했습니다.

그때 개신교 진영에서는 디트리히 본회퍼(Dietrich Bonhoeffer)의 유산이 중요한 의미를 가지게 되었습니다. 이미 나치 시대 초기에 그가 표명했던 유대인 문제에 대한 태도 결정('유대인을 위해 목소리를 높이는 자만이 그레고리안 성가를 입에 올릴 수 있다')은 고백교회 내부에서도 고립된 의견이었습니다. 나치와의 대결을 주요 테마로 했던 유고(遺稿) 『윤리』, 특히 유대인에 대한 교회의 '죄책고백'의 글, 『옥중서간집』, 그리고 무엇보다도 순교자가 되었던 그의 생애 전체가 홀로코스트 이후 기독교 신학 본연의 자세에 대한 안내판이 되었습니다.

가톨릭 교회의 경우 제2차 바티칸공의회의 「기독교 이외의 제 종교에 대한 교회의 태도에 관한 선언(Nostra Aetate)」(1965)이 중요한 문서입니다. 거기에는 반유대주의의 성립이나 대량살육이라는 대참사에 연루된 기독교 공동의 죄를 묻는 구체적인 언급은 없습니다. 그러나 유대교와의 새로운 대화의 길이 열렸다는 점에서, 이 결의는 획기적인 의미를 가졌습니다.

나치의 유대인 박해의 전환점이 되었던 '제국 수정(水晶)의 밤 사건'(1938) 40주년에 쾰른에서 열린 '아우슈비츠 이후의 신학―종교와 저항'이라는 테마의 심포지엄은 개신교와 가톨릭을 아우르며 유대교와의 대화와 협력을 목표로 진행된 독일 최초의 시도였다는 점에서 주목할 만합니다(Ginzel, 1980).

이러한 연장선상에서 라인란트 주 교회총회가 행한 획기적인 교회총회 결의인 『기독교인과 유대인의 관계 혁신을 위해』(1980)도 큰 반향을 불러일으켰습니다. 이 '신(新)이스라엘 신학'의 중심에 있는 것은 변함없이 신의 백성으로서 선택받은 이스라엘, 이스라엘의 살아 있는 신=예수 그리스도의 아버지 되는 신의 증인으로서의 이스라엘의 사명이라는 통찰입니다. 라인란트 주 교회총회는 유대 민족의 존속, 약속된 국토로의 귀환, 이스라엘의 건국을 '이 백성에 대한 신의 진실함의 증표'로서 승인한 것입니다(Klappert and Starck, 1980).

기독교 신학에서 홀로코스트가 갖는 의의를 묻는 작업에서 도로테 죌레(Dorothee Sölle), 위르겐 몰트만(Jürgen Moltmann), 에버하르트 비트게(Eberhard Bethge), 프리드리히 W. 마르크바르트(Friedrich W. Marquardt) 등 일련의 개신교 조직신학자들이 개척한 업적도 잊어서는 안 될 것입니다. 그러나 여기에서는 대표적인 가톨릭 신학자 요한 B. 메츠(Johann B. Metz)의 글을 인용하도록 하겠습니다. 그는 기독교인이 '아우슈비츠의 희생자와 함께'하지 않고 자신들끼리 신학을 하는 것은 불가능하다고 말했습니다.

> 아우슈비츠에서 살해된 사람들을 위해, 앞으로 이루어질 기독교와 유대교의 통합을 위해 기독교 신학자가 '할 수' 있는 것은 이것밖에 없다. 즉, 아우슈비츠를 똑바로 응시하지 않고는 더 이상 어떠한 신학도 하지 않겠노라고 하는 것이다(Metz, 1980).

1970년대에 들어서 '아우슈비츠 이후의 신학'이 화제가 되기 시작한 이후, 겨우 최근에 이르러 조직신학 차원뿐 아니라 성서신학의 차원에서도 이 문제가 다루어지게 되었습니다. 유대교에 대한 멸시적 태도가 생겨나게 되었던 역사적 원천은 무엇이었는가를 밝혀내기 위해 신약과 구약성서를 다시 읽는 것이 초미의 관심사가 된 것입니다.

말할 것도 없이 구약성서는 기독교 신앙에서 적지 않은 역할을 수행해왔습니다. 그것은 예수에게도 제자들에게도 유일한 '성서'로서 수용되었습니다. 구약성서의 도움을 빌려 원시 기독교의 증인들은 예수 십자가의 의미를 발견하고, 메시아로서의 예수에게 어떻게 복종해야 하는가를 배웠습니다. 기독교가 구약성서에서 분리된다면 복음 그 자체가 얼마나 왜곡되어 버리는가—그것은 히틀러 치하의 독일에서 분명하게 드러났습니다.

신약성서 논쟁 '다시 읽기'

그러나 다른 한편 신약성서에 의하면 예수·원시 교회와 유대교 사이에 격렬한 갈등이 있었던 것도 사실입니다. 거기에는 당시의 유대교에 대한 적지 않은 비난과 비판이 포함되어 있습니다. 문제는 그러한 비판이 이후의 시대에서 보이는 '반유대주의적'인 것과 동일한 것인지 아닌지의 여부를 신중히 검토할 필요가 있다는 점입니다(Stegemann, 1990).

지금까지는 신약성서에 나타난 유대교에 대한 비판적 경향이, 기독교의 많은 성서 해석에서 무비판적으로 계승되어 신약성서 전체의 해석을 위한 단서로 여겨졌습니다. 아직까지도 신약성서의 이러한 비판을 '기독교적·신학적으로 본질적'(W. 월켄스)이라고 언명하는 신약학자도 없지 않습니다. 신약성서의 반유대교적 발언이 기독교 신학에 던지는 문제에 정면에서 답하려는 시도는 지금까지 충분하지 않았습니다.

우선 논의되고 있는 것은 신약성서에 등장하는 각각의 반유대교적 발언이 매번 어떠한 시대적 상황에서 행해졌는가를 보고, 그것들을 원시 기독교사 전체의 틀 안에서 다시 배치하는 것입니다. 신약성서 개개의 텍스트의 배경을 형성하고 있는 원시 기독교회(에클레시아)와 유대교 회당(시나고그)의 역사적 관계는 결코 단순하지 않다는 것에 주의해야 합니다.

신약성서의 반유대교적 비판에는 어린 기독교가 자신의 아이덴티티를 확보하기 위해 유대교에서 자기를 구별하여 분리해가는 과정이 반영되어 있습니다. 유명한 교회사가 아돌프 폰 하르나크(Adolf von Harnack)도 초대 3세기에 걸친 『기독교 선교와 확대』(제4판, 1924)를 서술하며, 초대교회의 이러한 과정을 어머니의 비호를 누려왔던 딸이 그것을 배제하고 자립하려는 모습에 비유한 바 있습니다. 신약학자 클라우스 뱅그스트(Klaus Wengst)는 이 1세기 말에서 2세기 초에 걸친 유대인과 유대인 기독교인의 분리과정을 대체로 다음과 같이 파악하고 있습니다(Kurth and Schmid, 2000).

서기 70년 유대인이 일으켰던 반로마 반란의 진압, 예루살렘 점령과 파괴, 신전 소실은 유대사에서 중대한 변화를 의미합니다. 이 사건 이후 살아남은 유대인에게 여전히 유대교적 생활은 가능했던 것일까요. 이때 최초의 신전 파괴와 바빌론 유수의 경험이 떠올랐고, 그와 함께 신은 신전에 묶여 있지 않고 뿔뿔이 흩어진 백성과 함께하셨다는 신앙이 상기되었습니다. 랍비 요하난 B. 자카이(Johanan B. Zakkai)는 로마 당국의 허가를 얻어 야브네(얌니아)에 새로운 학교를 세웁니다. 그곳에서 70년 이전의 예루살렘의 산헤드린(최고의회)도 실질적으로 다시 홍성하게 됩니다. 그것이 새로운 유대교의 맹아가 되어 오늘날까지의 유대교를 규정하기에 이르렀던 것입니다. 젤로트(열심당)의 지도자들이 마사다 요새에서 집단 자살을 결심했을 때, 벤 자카이가 행했던 이 행위는 급진적인 사람들에게는 유대교적 전통에 대한 '배신'으로 보였을 것입니다.

그러나 비교적 자유로운 유대교적 계보에 선 에리히 프롬(Erich Fromm)은 유명한 『소유냐 존재냐』에서 벤 자카이의 선택을 높이 평가하고 있습니다. 국가나 신전, 사제 계급, 의례 등 모든 것을 잃고 집단으로서의 '그들에게 남겨진 것은 다만 어떤 이상뿐이었다. 아는 것, 배우는 것, 생각하는 것, 그리고 메시아를 기다리는 것'이었다고 말입니다. 프롬은 거기에서 '소유지향적' 문화의 전면적 부정을 감지했던 것입니다.

벤 자카이 치하에서 가장 중요시되었던 것은 신으로부터 부여받은 율법이었습니다. 이 율법과의 결합, 이 율법의 해석을 통해 야브네에서의 유대교 존속이 가능하게 되었던 것입니다. 그 교사들의 많은 수가 바리새파 사람들이었던 점, 바리새파 전통이 계승되었던 점은 결코 우연이 아닙니다. 야브네의 교사들은 전후에 살아남은 자들을 가능한 한 통합하는 일에 힘썼습니다. 개별 유대교 분파 간의 대립은 신전 붕괴 후 점차 그림자를 감추었습니다. 유대교 각파 중에서도 바리새파의 특수한 전통이 당시 형성되고 있던 랍비적 유대교의 공유재산이 되어갔던 것입니다.

그러나 거기에는 통합되는 것을 바라지 않고 독자적인 요구를 내건 그룹도 나옵니다. 그들 중에는 예수를 메시아로 믿고 그것을 결정적인 기준으로 간주하는 사람들도 포함되어 있었습니다. 그들도 또한 — 시나고그의 사람들과 마찬가지로 — 자신들의 지도자나 교사를 가지고 제도적인 안정화를 지향했던 것입니다. 다수파 유대인 측에서 보면 그들은 '이단자'였습니다. 야브네의 산헤드린에서 나온 통일적인 율법 해석과 그에 기반을 둔 여러 법령에는 유대인 기독교도를 배제하는 규정이 더해져 있었기 때문입니다.

즉, 시나고그의 예배를 구성하는 내용의 일부인 유대교의 12기원(birkat haminim)의 개정판에는 '이단'으로서 나사렛인(기독교도)이 특기되어 있었습니다. 이른바 '숨은 기독교인'으로서 시나고그 안에 머무는 것은 불가능하게 되었던 것입니다. 요한복음의 '회당추방'을 둘러싼 기술에서 그러한 당시의 상황을 살짝 엿볼 수 있습니다(요한복음 9:22, 12:42). 유대인 기독교도의 입장에서 그것은 다수파에 의한 종교적·사회적인 차별과 보이콧으로 보일 수밖에 없었겠지요. 사실상 그들은 유대교 회당 밖으로 내쫓겨 독자적인 집회활동을 할 것을 강요당했습니다.

팔레스타인과 시리아 각지에서 발생한 기독교회와 시나고그의 분리는 장기간에 걸친 과정이었던 것으로 추정됩니다. 그럼에도, 예를 들면 요한복음은 '유대인'에 정관사를 붙여 그 전체를 예수에 대한 적대세력으로 묘사하고 있습니다. 그것은 분명히 복음서 기자가 활동했던 당시의 시대환경을 예수 본인의 시대에 투영하여 일반화했던 것이겠지요(Wengst, 1992).

이러한 상황은 마태복음의 기술에 가장 선명하게 반영되어 있습니다. 거기에서는 지금 논했던 대결의 문맥 속에서 유대인 다수파가 일방적으로 부정적으로, 일그러진 형태로 묘사되고 있습니다. 예를 들면 마태복음 23장에는 '율법학자들이나 바리새파 사람들', 즉 바리새파의 랍비들로 대표되는 당시의 유대교에 대한 비판이 집약되어 있습니다.

복음서 기자 마태는 유대인 기독교도의 한 사람으로 분명히 바리새파 유대교와 밀접한 관계에 있었던 것을 알 수 있습니다. 서두에 기록된 "율법학자들이나 바리새파 사람들은 모세의 자리에 앉아 있다"(마태복음 23:2)라는 문구는 그 사실 관계가 고고학적으로도 실증되고 있습니다. 마태의 시대에는 시나고그 안에서 토라의 수납장소 가까이에 대리석 좌석이 만들어져 있었고 거기에 율법학자가 민중을 향해 앉아 있었던 것입니다(ルツ, 1990).

마태는 차례차례 율법학자나 바리새파 사람들의 언동을 문제 삼습니다. 그러나 그 논의 방법이 꼭 공정한 것은 아닙니다. 이미 일관적으로 '율법학자들과 바리새파 사람들'을 정관사를 붙여 호칭하고 있는데, 물론 그들 중에는 — 다른 많은 집단과 마찬가지로 — 선량한 자도 악한 자도 있었음이 확실합니다. 그러나 마태는 시종일관 부정적인 실례를 일반화하여 그들 모두를 되풀이하여 단죄하고 있습니다. 그 일례로 예수가 논적을 비난하는 장면을 마태가 어떻게 묘사했는지 살펴봅시다.

> 그들이 행하는 것을 본받아서는 안 된다. 말만 하고 실행하지 않기 때문이다. 그들은 짊어지기 어려운 무거운 짐을 묶어 다른 사람의 어깨에 지우나 자신은 그것을 움직이기 위해 손가락 하나도 빌려주려 하지 않는다.
>
> (마태복음 23:3~4)

그러나 랍비문헌 중에도 행하는 것이 가르치는 것보다 한층 중요하다고 강조하는 텍스트는 많이 있습니다. 또한 자신은 힘들고 고생스러운 일을 몸소 실천하면서도 지나칠 정도로 엄격하게 지켜지는 율법을 경감하라고 가르친 많은 랍비들이 있었던 것도 알려져 있습니다. 율법학자나 바리새파 사람들에 대한 가장 왜곡된 규정은 그들을 '회칠한 무덤'(마태복음 23:27)에 비유한 예수의 말일 것입니다. 여기에 와서는 더 이상 바리새파의 행동에 대한 구체적인 논증조차 없고 오로지 준열한 비난밖에 남아 있지 않습니다.

이렇게 보면 마태복음 23장은 바리새파나 율법학자에 관한 역사적 자료로서는 완전히 부적절한 것임을 알 수 있습니다. 복음서 기자 마태 자신의 절박한 요구에서 나온 비난이 공정한 견해를 방해하고 있는 것입니다. 신약학자 울리히 루츠(Ulrich Luz)는 마태의 교회와 시나고그 사이에서 발생한 분열이 이러한 논쟁의 역사적 배경이라고 추정하고 있습니다. 마태복음은 이러한 분열에서 생긴 상처를 극복하고 시나고그와의 결합에 대한 미련을 아직 충분히 떨쳐버리지 못한 교회 사람들에게 새로운 방향을 제시하려는 의도에서 쓰였다는 것입니다.

마태의 격렬한 논란은 시나고그로부터의 분리가 아직 그리 먼 과거의 일이 아니었던 현실적인 상황을 드러내고 있습니다. '너희 위선자들에게 재앙이 있을 것이다'라는 여섯 차례나 되풀이되는 비난, 특히 최후의 비난(마태복음 23:27~31)은 율법학자나 바리새파 사람들과의 결합이 이미 완전하게 끊어져버렸다는 점, 그들이 교회의 일차적인 적대자가 되었음을 선언하는 것이겠지요.

이 장을 계속 읽어간다는 것은 이 분리를 확실하게 정착시키는 것을 의미합니다. 마태에 의한 예수의 이러한 심판의 목소리를 들은 이후, 마태복음의 독자들은 예수를 따르는 것과 시나고그에 동정을 가지는 것을 양립시킬 수 없게 됩니다. 마태의 독자는 이러한 예수의 대연설이 끝난 후 예수와 제자들이 한 것처럼 신전에서 나가는 것이 가능해진 것입니다(마태복음 24:1). 이제 신전은 '버려져 황폐하고', '너희들(율법학자나 바리새인들)의 집'(마태복음 23:38)이 되어버렸다는 사후 예언적인 선언이 예수의 입에서 나왔기 때문입니다.

마태는 율법학자나 바리새인들을 신의 심판 아래에 두는 — 그것은 실제로 예루살렘의 파괴라는, 지금에 와서는 확연하게 눈에 보이는 형태로 이루어졌습니다 — 동시에, 교회를 지키는 이데올로기적 방벽을 구축하고 있는 것입니다. 이 벽의 보호 아래 이제 새로운 방향성, 즉 신전에서 나가는 것, 시나고그에서 분리하는 것은 필연적이고 신의 뜻에 맞는 것으로 정당화됩니다.

필시 유대교 회당과의 단절은 당초에는 기독교회가 자신들의 종교집단을 만들어내고자 하는 바람에서 의도한 것은 아니었을 것입니다. 시나고그와의 분리는 유대교 다수파 측의 압박과 소외 때문에, 소수파였던 교회가 본의 아니게 맛보아야 했던 '특수한 배교(背敎)'(U. 루츠)의 비극이었습니다. 무엇보다 루츠는 이미 예수 자신의 언행—특히 그의 자기의식과 유일한 권위를 요구하는 언행 속에 후일 발생할 이 비극적인 분리를 야기하는 폭탄이 감추어져 있었음을 인정합니다.

그러나 다른 한편으로 이러한 배경에서 전개된 유대교에 대한 비난이 별다른 비판 없이 다른 사람들에게 그대로 수용되어 전혀 다른 상황에 적용된다면 치명적인 악영향을 미치게 될 것입니다. 즉, 유대인 다수파에 대해 유대인 소수파 가운데 하나가 제기한 논란이, 이후 소수파로 전락한 유대교에 대해 승리한 다수파, 즉 교회 측에서 제시하는 원칙적인 비판의 발언으로 변하게 된 것입니다.

사실 영향사적으로 봤을 때, 예를 들면 마태복음 23장은 중세 말까지는 상대적으로 거의 미지의 텍스트로, 수사본(手寫本)에 기반을 둔 성서 기사의 영향력도 한정되어 있었던 것 같습니다. 그러다가 활판 인쇄가 시작되었던 16세기 이후 성서가 광범한 독자를 얻게 되면서 기독교적인 바리새파상이 각인되어갑니다. 유럽 각국의 언어에서 '바리새적=위선적'이라는 관용어법이 일반화되기에 이릅니다. 이러한 바리새파의 모습이 현대 유대교의 '조상'으로서 이해되어 근대 이후의 시민적=기독교적 반유대주의와 결합하게 되었던 것입니다.

외재적 요인

초기 기독교의 시대, 이 유대교로부터의 분리에는 이른바 '비신학적'인 외재적 요인도 작동하고 있었습니다. 예를 들면 예수의 생전에 이미 그의 적대자가 되어 있던 예루살렘의 종교적 지도층의 적의를 간과할 수 없을 것입니다. 그들은 예수의 부활 후에도 계속 예수의 제자들의 적대자로 있었습니다. 대제사장이나 사두개파가 예수를 둘러싼 메시아 운동에서 정치적 위험을 감지했다면, 그것은 아마 현실 정치적인 판단에 근거한 것이었겠지요. 그러나 그들이 예수를 로마 관헌의 손에 넘겨 십자가에 못 박혀 죽게 한 죄에 관여했음은 분명합니다(Egger, 1997).

이에 반해 수난 주간의 기사 어디에도 ─ 마가복음에서조차도(마가복음 3:6의 기사에도 불구하고) ─ 로마 관헌에게 예수의 신병이 넘어갔을 때 바리새파가 관여했다고 기록되어 있지 않은(!) 것에 주목해야 합니다.

예수의 재판에서 가장 문제가 되는 '그 피의 책임은 우리와 우리의 자손에게 있다'와 '백성은 모두 대답했다'라는 표현은 마태복음에서만 나오는 것입니다(마태복음 27:25). 그러나 복음서에서 재판을 묘사한 부분을 보면, 산헤드린에서 빌라도의 재판에 이르기까지의 일들이 인적이 드문 심야에서 이른 아침에 걸쳐 이루어진 것으로 쓰여 있습니다. 설령 모여들었던 사람이 유대인 전체가 아니라 군집한 군중에 지나지 않았다 하더라도, 그것은 역사적으로는 있을 수 없는 일입니다.

마태 자신도 물론 이 장면이 역사적인 사실로서의 묘사가 아니라는 점을 자각하고 있었겠지요. 여기에서도 마태는 자신의 현재의 경험 ─ 이스라엘 백성이 예수를 거부하고 있다는 사실 ─ 을 예수 본인의 역사 속으로 가져가, 그것이 이스라엘 백성에게 무엇을 의미하는가를 상징적으로 말하고 있습니다. 27장 25절의 말은 '각색된 교의학'임이 확실합니다(ルツ, 1998).

구약성서에서는 이스라엘 백성의 회개를 요구하는 예언자의 비판을 자주 발견할 수 있는데, 마태의 발언은 이러한 비판의 전통을 따랐다고 볼 수 있을지도 모릅니다(Lapide and Luz, 1979). 여기에서 '신을 죽인 백성'으로서의 유대인의 전체 책임=단독 책임이 신학적으로 정당화되어온 것은 큰 오류라고 말하지 않을 수 없습니다. 그러나 아우구스티누스 이래 이러한 마태의 말은 유대인 전체에 대한 영원한 저주로 해석되었습니다. 루터 또한 그 이후 나타나는 유대인의 고난은 그들 자신이 원한 것이었다는 주장에 호응합니다. 물론 히틀러 자신도 이 대합창과 궤를 함께했습니다.

폴란드의 '총독관구' 총독으로서 제2차 세계대전 후에 전범 재판을 받고 처형되었던 한스 프랑크(Hans M. Frank)의 옥중 회상기『교수대를 눈앞에 두고』를 보면, 1938년의 어느 날 저녁 무렵에 히틀러는 깊은 생각에 빠져 이렇게 말했다고 합니다.

　　복음서 속에서 유대인들은 빌라도를 향해 외치고 있다. '그 피의 책임은 우리와 우리의 자손에게 있다'라고. 나는 필시 이 저주를 집행하지 않으면 안 될 것이다.

마태 자신은 자기의 이른바 예언자로서의 비판이 유대인의 '집단죄책'의 구실이 되고, 이것이 기독교적 반유대주의로 변모해 이후 수없이 많은 이스라엘의 자손들이 피를 흘리는 원인이 될 거라고는 꿈도 꾸지 못했겠지요.

유대교 회당에서 분리한 외재적 요인으로는 또 한 가지, 어린 기독교가 이방인 전도에서 거둔 커다란 성공도 중요합니다.

바울 시대의 유대교는 전도활동에 열심이었습니다. 바리새파 사람들은 한 사람의 개종자를 만들기 위해 '바다와 육지를 두루 다니는'(마태복음 23:15) 것을 꺼리지 않았던 것입니다. 디아스포라의 유대교 회당에 들어온, 소위 '신을 경외하는 사람들'(사도행전 13:16, 26 등)은 그 유력한 대상이었습니다. 그러나 바울의 선교행동에서 드러나는 것처럼, 원시 기독교회는 저들을 유대교에서 떼어놓았던 것입니다. 유대교 측에서 보면 그것은 다른 유대교 분파에 대한 것과는 차원이 다른 강렬한 반발을 야기하지 않을 수 없었던 일입니다. 이러한 1세기 말부터 2세기 초에 걸쳐 발생한 원시 기독교회의 유대교 회당으로부터의 분리·단절은, 그 후 수많은 트라우마를 야기했던 기독교적 반유대주의의 배경을 이루는 사건입니다.

역사적으로 보면 거기에는 다분히 우연적인 요소가 잠재하고 있었던 것도 사실입니다. 어쨌든 교회와 유대교 회당의 분열 후, 기독교 측의 유대인 상은 현실에서 동떨어진 것이 되어, 이데올로기로 채색하기 쉬운 상태가 됩니다. 고대 교회까지만 해도 살아 있었던 논쟁 상대가 눈앞에서 사라짐으로써 신학적 대립은 신약성서에서 취한 '유대교'라든가 '시나고그'라는 추상적인 개념에 의해 규정되고, 그 이미지는 희화화되기에 이르렀던 것입니다.

기독교적 반유대주의로 통하는 길은 이와 같이 신약성서에 묘사된 원시 기독교의 비난과 이로 인한 '오해'(O. 미헬)에 근거해 전개되었던 것입니다. 그것은 예수의 복음 그 자체에 대한 '죄'를 의미하는 것은 아닐까요. 오늘날 기독교와 유대교의 관계를 신학적으로 규정하는 데, 신약성서의 '반유대적' 언급을 즉각적인 규범으로 삼을 수 없다는 것은 확실합니다.

(2) 기독교와 유대교의 대화

오히려 신약성서의 바른 해석을 위해서도 기독교 신학은 구약성서의 유대교적 해석이나 그 전통적 문헌의 해석에서 적극적으로 배울 필요가 있을 것입니다. 이 점과 관련해 유대교 측에서 나온 신약성서 해석을 참조하는 것은 정말로 도움이 됩니다. 이미 앞서 나온 핀야스 라피데(Pinchas Lapide)는 ― 신약성서를 연구하는 유대교 신학자로서 ― 다수의 저작을 통해 기독교적 구약 이해에 잠재한 선입관이나 오해를 수정하는 데 공헌해왔습니다. 이러한 가운데 유대교 측에서 제시하는 예수상에도 주목해야 할 것입니다.

유대교의 예수상

지금까지 오랫동안 유대인은 예수의 생애나 가르침에 대해 거의 침묵했습니다. 중세를 통해 전해 내려온 탈무드에 의하면, 예수를 '민중 선동자', 이스라엘의 '배교자'로 보는 일그러진 예수상이 제시되어왔다고 합니다. 거기에는 특히 비잔틴 제국의 종교정책 이래 강해진 교회와 국가의 탄압과 박해에 처해졌던 유대인들의 상황과 심리가 반영되어 있었다는 것입니다(Maier, 1978). 이와 같은 예수상은 이후의 시대에 유대인이 여전히 예수를 증오하고 있음을 나타내는 '증거'로써 유대인 적대자들에 의해 이용되기도 했습니다.

그러나 최근 일반에게도 알려지게 된, 유대교 신학자에 의한 예수 연구는 전혀 다른 예수상을 제시하고 있습니다. 그것은 예수를 당대의 유대교 문맥 속에 재배치하고, 이를 통해 그를 '유대 민족 속으로 데리고 돌아간다'(S. 벤코린)는 문제의식에 근거한 것이었습니다. 이러한 노력은 금세기에 들어와 레오 벡이나 마르틴 부버 등에게로 이어졌습니다. 대표적으로 데이비드 플루서(David Flusser)의 『유대인 예수』(2000)나 벤코린의 『형제 예수』(제2판, 1969) 등이 잘 알려져 있습니다. 여기에서는 벤코린을 보도록 합시다.

벤코린의 예수는 운명적인 고난으로 점철된 생애를 살았습니다. 그는, 당연하지만, 기독교 교의에서 말하는 것 같은 전 인류의 속죄주인 유일한 의인도 메시아도 아닙니다. 벤코린에게 예수는 오히려 이스라엘 백성과 신의 결합을 증언하는, 유대교 신앙사 가운데에서도 걸출한 인물입니다. 율법을 폐기하는 것이 아니라 율법과 사랑을 신앙으로 결합시키는 '영혼의 혁명'의 대표자인 것입니다. 그것은 '나는 예수를 어릴 적부터 자신의 위대한 형제로 느껴왔다'는 마르틴 부버의 고백과 서로 통하는 것이라 할 수 있습니다.

물론 신약성서 그 자체는 '그리스도론'적 신앙고백만을 유일하고 보편적이며 최종적으로 타당한 것이라고 주장하고 있습니다. '아우슈비츠 이후'의 기독교 신학자 중에는 이러한 신앙이 자리를 잡아감에 따라 등장한 유대교 거부야말로 기독교의 부정적인 면으로, 기독교적 반유대주의의 원천이라고 보는 이도 나오고 있습니다. 예를 들어 로즈메리 류터(Rosemary Ruether)는 신의 나라가 도래하길 기다리며 산 역사적 예수를 재발견해야 한다고 주장합니다. 거기에서는 예수 부활도 종말론적인 최종적 사건이 아니라고 여겨집니다. 요컨대 류터는 예수가 일생에 걸쳐 보여준 메시아로서의 증표를 구원에 대한 희망의 '범례적', '선취적' 실현으로서만 이해하고, 최종적·결정적인 구원의 실현으로는 보지 않는다는 것입니다(Ruether, 1974).

하지만 신약성서의 '그리스도론'은 그것을 반유대주의적 편견의 뿌리로 만들려 하는 지배적 이데올로기와 그대로 동일시할 수 없는 성질의 것입니다. 그것은 인간에 대해 지배권을 휘두르는 신들이나 '주들'로 가득 찬 이 세상에 사는 기독교인에게, 신과 그리스도의 주권에만 복종할 것을 맹세하는 것입니다. 신의 주권에 배타적·절대적으로 결합하기 위해 자신의 신앙을 고백하는 것, 이것이 바로 그리스도론입니다. 이것은 다른 민족이나 종교를 지배하라는 요구가 아닙니다. 그리스도 예수로 말미암아 이 세상적 지배에서 해방된 것을 기뻐하고 감사하며 행하는 신에 대한 찬미인 것입니다. 원시 기독교의 대표적인 그리스도 찬가(빌립보서 2:6~11)에서도, 그리스도에 대한 신앙고백은 '새로운 신'에 대한 신앙고백이 아니라 유일한 신 – '아버지 되는 신' – 의 영광을 찬미하는 것으로 끝나고 있음을 놓쳐서는 안 됩니다(宮田光雄, 1996).

가교로서의 바울

이런 가운데 아우슈비츠 이후 기독교와 유대교 사이에 다리를 놓아주는 것은 사도 바울의 — 특히 만년의 로마서에서의 — 증언이 아닐까요. 바울에게 이스라엘 백성이 예수 그리스도를 믿지 않는 것은 신의 말씀을 성취하는 과정에서 필연적으로 제기된 절박한 대문제였습니다. 아브라함 이래 이 백성에게는 신의 약속이 주어져왔었는데, 그 약속이 성취될 때를 맞아 이스라엘의 백성이 좌절해버렸기 때문입니다. 신의 말씀은 그 효력을 잃어버리고 말았는가(로마서 9:6), 신은 그 백성을 버리신 것인가(로마서 11:1). 바울은 정열적으로 질문을 던집니다.

그는 로마서 9~11장의 장대한 신학적 구상을 통해 이 의문을 일관되게 부정하는 동시에 이스라엘이 변함없이 신에게 사랑받는 백성임을 긍정합니다. 바울은 이방인 전도가 힘차게 진전되는 가운데, 예언자적인 환상을 가지고 다음과 같은 것을 신학적인 기초로 삼았습니다. 즉, 신은 이스라엘 다수파로 하여금 일단 예수 그리스도에 대한 신앙에 마음을 닫게 했다, 그것은 기독교회가 세계 이방의 백성에게 선교할 시간을 주고자 했기 때문이었다(로마서 11:25), 이방인에 대한 전 세계에 걸친 선교활동은 종말의 때가 왔을 때 이스라엘이 결집할 전제 조건이라는 것입니다. 이스라엘은 구원에서 소외되어 있지 않으며, 또한 이방인 세계 가운데 매몰되어 그저 그들 중 하나로 격하되는 것도 아니다, 신의 백성으로서 결집하게 될 이스라엘에 주어진 당초의 약속은 원칙적으로 변하지 않았다는 것입니다.

지금까지는 기독교를 유대교와 대립시키는 형태의 신약성서 해석만이 지배적이었다고 할 수 있습니다. 그러나 지금 로마서 9~11장에 드러난 바울 사상의 유산이야말로 기준이 되어야 하는 것은 아닐까요. 그럼으로써 구약성서의 고유한 발언을 포함하여 성서 전체의 증언에 부합되는 자세를 취할 수 있는 것은 아닐까요.

혁신적인 유대교의 입장에서도 이러한 바울상에 호응하는 새로운 연구가 나오고 있습니다. 벤코린은 바울이 이스라엘과 이방인 사이의 화해를 — 궁극적으로는 유대교 사상에 기반하여 — 만들어내고자 노력했다고 주장하고 있습니다. 그의 『형제 예수』의 경우와 마찬가지로 바울을 유대교에 대한 과격한 반역자로 보는 편견에서 해방되어, 그를 '유대 민족 속으로 데리고 돌아올' 것을 시도하고 있는 것입니다(Ben-Chorin, 1970).

바울의 발언은 '유대인'에 대해서도 새로운 문제를 제기하고 있습니다. 유대 민족의 기억에서 보면, 이른바 유대인의 역사는 로마제국 시대 이래 다양한 형태로 계속되었던 국가적인 탄압과 사회적 차별의 역사였습니다. 세례를 받을 것이냐, 이주할 것이냐? 기독교 개종 후에도 은밀하게 유대교를 신봉하고 있는 것은 아니냐? 종교재판은 화형을 통해 지속적으로 유대인을 위협했습니다.

유대인에 대해 조직적인 대량살육이 행해지고, 강제수용소에서도 '쉐마 이스라엘'이 외쳐지고 있었던 시대에, 그 범죄행위에 반대하여 전력을 다해 저항하지 않았던 기독교회가 이제 와서 새삼스럽게 유대인 전도를 입에 올리는 것은 정말 곤란합니다. 기독교가 저지른 죄의 역사에 대한 수치심이 그것을 자제시키는 이유의 전부는 아닙니다. 거기에는 한층 깊은 신학적 이유도 있습니다.

요한복음에는 유명한 예수의 말씀이 기록되어 있습니다. "나는 길이요 진리요 생명이다. 나를 통하지 않고는 누구도 아버지의 곁에 갈 수 없다"(요한복음 14:6). 유명한 유대교 철학자 프란츠 로젠츠바이크(Franz Rosenzweig)는 이 성구를 언급하며 기독교로 개종했던 그의 종형제 루돌프 에렌베르크

(Rudolf Ehrenberg) 앞으로 보낸 편지에 이렇게 쓰고 있습니다.

그리스도와 그의 교회가 이 세계에서 의미하는 내용에 대해서는 우리는 동일 의견이다. 누구도 그를 통하지 않고 아버지의 곁에 갈 수 없다. 그러나 만일 누군가가 이미 아버지의 곁에 갈 필요가 없는 경우에는 — 그 사람이 이미 아버지의 곁에 있기 때문에 — 별개이다. 이것이 이스라엘 민족의 경우이다(개개인의 유대인에 대해서가 아니라)(Rothschild, 1990).

이스라엘 백성에 대한 신의 진실함과 약속이 무효가 아니라는 점이 존중되는 한, '유대인 전도'를 입에 올리는 것에 대해 대단히 신중하지 않으면 안 되는 것이 당연할 것입니다.

잘 알려져 있듯이 오늘날 에큐메니즘(종교 간 통합)에서도, 또한 기독교와 여러 종교 사이에서도 '선교'와 '대화'의 자세를 둘러싼 논의가 왕성합니다. 그 경우 유대교에 대해서 기독교는 특별한 관계에 있습니다. 양자는 중요한 것을 공유하고 있기 때문입니다. 즉, 양자 모두 동일한 신의 부름을 받았다고 믿고 있습니다. 예수나 제자들, 복음서 기자가 사용한 성서는 유대교의 성서였습니다. 그들은 그것을 새롭게 해석하여 신의 사랑의 의지와 예언의 성취를 읽어냈던 것입니다. 아니, 교회는 지금도 여전히, 예컨대 구약의 시편의 말씀을 기도하고 그 말씀과 자기의 신앙을 일체화시키고 있습니다. 기독교는 이러한 관계를 다른 종교와는 가질 수 없습니다.

기독교와 유대교 사이에 있는 것은 "수많은 부분적 국면에서, 근본적인 신앙고백에서, 이미 서로 이어진 자들 사이의 광의의 '에큐메니컬한 대화'다"(Ott, 1973)라는 말도 나오고 있습니다.

물론 타종교와 대화하는 경우와 마찬가지로, 여기에서도 '대화' 그 자체는 적극적인 의미를 가지고 있습니다. 그것을 통해 종래의 자기 입장을 바꾸는 동시에, 서로의 신앙생활을 풍부하게 하는 기회를 얻을 수 있을 것입니다.

예를 들면 로마서 9~11장에 대한 새로운 통찰은 개신교에서 가장 중심적인 신앙 의인(義認: 신이 인간을 의인이라고 인정하는 것)이라는 교리를 한층 심화시키는 근거라고 해석하는 것도 가능합니다. 즉, 신의 약속의 진리는 인간의 행위에 의해 유지되는 것이 아니라 약속한 자 가운데 그 근거를 두고 있습니다. 이스라엘은 ― 그리스도로부터의 이반(離反)에도 불구하고 ― 그런 중에도 신의 약속에 의해 지켜지고 유지되고 있다고 말할 수 있는 것입니다. 그것은 선민 이스라엘에 대한 신의 변함없는 진실함을 분명하게 함으로써 신의 압도적인 은혜의 크기를 더욱더 깊이 새겨주는 것입니다. 이것은 유대교와의 대화가 기독교의 신앙 이해를 풍부하게 해주는 일례라고 말해도 좋은 것이 아닐까요.

글로벌한 전망 가운데

이렇게 해서 현재 유대교와 기독교 사이에서 확인되는 합의로서, 반유대주의의 거부, 홀로코스트에 대한 기독교적 죄책 인정, 기독교 신앙과 이스라엘의 분리할 수 없는 결합, 이스라엘에 대해 변하지 않는 신의 진실함 등 여러 가지를 제시할 수 있습니다. 그리고 마지막으로 양자에 공통되는 메시아 신앙 ― 즉, 기독교인에게는 주 예수에 대한 신앙고백, 유대교도에게는 메시아 대망 ― 으로부터는 필연적으로 이 역사적 현실에 대한 책임감 있는 자세가 생겨나는 것이 아닐까요. 종말론적·초월적인 시점에 서 있기 때문에 현실의 세계를 조금이라도 좋은 것으로 만들고, 한층 더 인간적인 것으로 바꾸어갈 윤리적 책임이 요구되고 있는 것입니다.

지상의 나라에서 신의 나라의 징표를 세우는 것은 가난한 자들, 차별받고 소외받고 있는 사람들의 편이 되는 것을 의미합니다. 신의 계명이라는 성서적 근거로부터, 기독교인도 유대교인도 이 세상에서 함께 기본적 인권을 지키고 강화해나간다는 신앙적 사명을 부여받고 있습니다. 이 세상에서 불법이 자행되고 인권침해가 생기는 한, 그것이 어디든지 간에 반대의 목소리를 낼 것을 요구받는 것입니다.

이런 의미에서 오늘날의 팔레스타인 문제는 기독교인에게 중대한 질문을 제기하고 있습니다.

이스라엘 국가는 1967년의 제3차 중동전쟁 이래 - 철수를 명한 국제연합의 결의에도 불구하고 - 지금까지 동예루살렘과 요르단 강 서안을 점령하고 가자지구를 봉쇄해왔습니다. 점령지에서의 식민지 건설 정책과 군사력 행사에 의한 파괴나 죽음은 이 나라와 백성에 대한 실망과 노여움을 불러일으키는 것입니다. 그것이 아랍 사람들의 눈에 '국가적 테러'로 비치는 것은 당연합니다. 팔레스타인에게 '인티파다(Intifadah)'는 불법적 점령에 반대하는 정당한 저항행동인 것입니다. 여기에는 흡사 나치 독일 점령하의 바르샤바 게토에서 일어난 유대인의 무장 봉기를 떠올리게 하는 부분이 있습니다. 세계사의 무대에서 '악의 추축(樞軸)'의 역할이 180도 바뀌어 그 주연배우와 입장이 역전되어버렸다고 할 수 있습니다.

이 점과 관련해 앞서 언급한 울리히 루츠가 이스라엘의 '토지취득'을 신약성서의 관점에서 어떻게 볼 수 있는가를 다룬 흥미로운 논문을 썼습니다. 그에 의하면 신약성서에는 '토지취득'에 대한 신의 약속도, 애당초 '토지(국토)'라는 테마도 거의 눈에 띄지 않는다는 것입니다. 또한 이를 언급하고 있는 소수의 사례에서는 다양한 사고 유형이 확인된다고 합니다(U. 루츠).

예를 들면, 사도행전에서 순교자 스데반의 설교에는 분명히 이스라엘 비판=신전 비판이 담겨 있습니다. 그리스도인의 존재를 '땅을 여행하는 자'로 규정한 히브리서에서는 천상의 나라를 목표로 한 정신화가 농후합니다. 요한계시록은 '하늘 되는 예루살렘'에의 종말론적인 희망을 이야기하고 있습니다. 누가 문서에서도 성지나 신전은 우선 복음의 출발점, 기독교회의 '고향'에 지나지 않고, 신학적으로는 중요성을 가지고 있지 않습니다. 다른 복음서도 마찬가지인데, 마가복음에서는 갈릴리에 대한 애호가 강한 반면 예루살렘은 예수를 십자가에 못 박은 장소로서 비판적으로 그려지고 있는 부분이 많습니다.

남겨진 바울 문서에서는 여타의 신약서와는 다른 어조가 확인됩니다. 신약성서에서 유일하게 바울만은 '신의 이스라엘 선택은 불변'한다는 개념을 고집하고 있기 때문에, 앞서 인용했던 로마서의 관점에서 신의 약속은 '취소될 수 없는 것'입니다(로마서 11:29). 이 신의 약속에는 확실히 이스라엘에 대한 '토지'의 약속 또한 타당하게 포함되어 있습니다. 그러나 루츠는 '기독교적 신앙의 관점에서 보면 신이 인간적·정치적 수단을 이용하여 약속을 이룰 가능성은 없다'고 말합니다.

이렇게 해서 이스라엘에 대한 '토지'의 약속은 이제 신학적인 문제일 수 없다는 결론을 내립니다. 신약성서는 현대의 중동문제에 대한 회답을 찾기 위한 처방전일 수 없는 것입니다.

루츠에게 최후로 남겨졌던 것은 회답이라기보다는 오히려 고뇌 속에서의 하나의 '외침'이자, 하나의 '기도'와 다름없었습니다. 문자 그대로 초미의 문제를 눈앞에 두고 구하고 있는 것은 '사랑'밖에 없다는 것이었습니다.

그는 팔레스타인 사람들이 현재 겪고 있는 고난을 차례차례 언급합니다. 그들은 이제 민족이 아닌 인적 자원이고, 표류물(漂流物)에 지나지 않는다.

그들은 이스라엘 백성에게서만이 아니라 많은 아랍 동포로부터도 2급 시민으로 다루어지고 있다. 그들의 우물은 바싹 마르고, 그들의 가옥은 폭파되며, 그들의 부모와 형제는 더 이상 귀환이 허락되지 않고, 그들의 대학은 폐쇄되어, 그들은 완만하게 추방당하고 있다. 여기에는 하늘을 향해 부르짖는 부정의가 생기고 있다. 팔레스타인인은 유대인이 몇 세기에 걸쳐 감수해왔던 것, 즉 내쫓기고 박해받는 것을 강요받고 있다. 그들은 이제 "현대를 방황하는 '유대인'"이 되어버렸다, 라고.

그러나 다른 한편으로 루츠는 비록 오늘날 억압자가 되어 있기는 하나 몇 세기 동안 박해받고 학살당했던 이스라엘 사람들 또한 잊지 않습니다. 루츠는 그들이 '아랍 사람들의 등 뒤에서 히틀러를 예감하고', 모든 수단을 사용하여 몸을 지킬 수밖에 없도록 우리(유럽인)가 유도한 것이라고 말합니다. '그것은 우리의 죄이고 다른 사람들이 그 속죄를 하고 있는 것이다'. 이 박해와 고난을 겪었던 백성에게 '고국'이라는 것은 유럽인에게 의미하는 것과는 전혀 다른 것이고, 훨씬 큰 것이라고 하는 사실을 우리는 진지하게 받아들이지 않으면 안 될 것이라고. 이렇게 해서 루츠의 결론은 다음과 같습니다.

> 우리의 과제는 구체적인 형태로 사랑의 등불을 켜는 것이지, 신의 약속의 실현을 뒤쫓는 것이 아니다.

이 점과 관련하여 라인란트 주 교회총회 결의문에도 위험한 표현이 있습니다. 즉, 신학적으로 파악된 '이스라엘'과 건국된 이스라엘을 단적으로 동일시하는 오해에 대해 충분히 주의하는 제동장치가 결여되어 있는 것처럼 보이는 점입니다. 시오니즘을 둘러싼 유대교 내부의 논의를 보면 이러한 신중한 세별화(細別化)가 절실함을 느낄 수 있습니다. 비유대인을 포함한 '모든 주민의 복지를 위해 국토를 발전시킨다'는 독립선언이 구가했던 과제를 국가 이스라엘은 어떻게 실현할 수 있을까. 이 테마가 이스라엘 사회 내외에서 거듭 격렬한 논쟁의 대상이 되어온 것은 당연합니다.

진정으로 초월적인 신앙은 지상의 역사를 상대화해서 보고 자기비판을 가능하게 합니다. 그것은 정의를 자민족 중심으로 주장하는 대신에 오히려 그 타당성을 보편적인 빛 아래에서 검증할 것을 명하는 것입니다. 국제연합의 결의에 따라 즉시 전 자치 지구에서, 아니 전 점령지에서 철수하고 주권을 가진 팔레스타인 국가의 독립을 승인하는 것, 그럼으로써 진정한 화해와 평화를 수립하는 것이야말로 '예언자들의 예언의 빛 아래' 건국되었을 터인 국가 이스라엘이 취해야 할 길은 아닐까요.

기독교인도 또한, 특히 서구의 기독교회는 — 지금까지의 반유대주의에 대한 죄책감 때문에 — 계속 침묵할 수밖에 없다는 태도를 취해서는 안 됩니다. 오히려 과거의 잘못에 대한 반성에서, 이 이스라엘 국가의 정치적·군사적 행동에 대해 명확한 비판의 목소리를 내야 합니다. 그럼으로써 비로소 이스라엘에 대한 '비판적 연대'의 책임을 바르게 수행할 수 있는 것입니다.

이 논점에 관해서는 이 책의 마지막 장에서 더 자세히 언급하겠습니다.

II. 성서 이야기 다시 읽기
영향사의 시점에서

〈홍해 건너기〉
(니콜라 푸생, 1634년경)

4

새로운 여행
아브라함 이야기

아브라함―전설과 진실

아브라함은 구약성서에 등장하는 인물이지만, 신약성서와도 깊은 관계가 있습니다. 유대교에서 그는 이스라엘 백성의 선조로 여겨지고 있고, 신약성서에서는 자주 '신앙의 아버지'로 불리며 기독교의 정신적 조상으로 여겨지고 있습니다. 더욱이 이슬람교에서도 아브라함은 후술하듯이 ― 코란에서 이브라힘이라는 호칭으로 나옵니다 ― 아랍 백성의 신앙적 혈맥상의 시조로 여겨지고 있습니다.

물론 아브라함을 둘러싼 이야기를 현대적인 사고(思考)로 볼 경우 의문이 생깁니다. 아브라함은 역사상으로 실존했던 인물인가 어떤가를 우선적으로 물을 수 있습니다. 지금까지 아브라함은 가공의 인물로 후세의 민중적 판타지를 고대에 투영했던 '신화적인 조상', 이른바 이스라엘 민족을 신앙적으로 상징한 존재일 것이라고 여겨졌습니다. 그러나 이러한 회의는 이제 과거의 것이 되었습니다. 최근의 연구를 통해 아브라함 이야기의 배후에 구체적인 인격이 서 있음이 점차 인식되기에 이르렀던 것입니다.

예를 들어 창세기 연구로 저명한 구약학자 클라우스 베스터만(Claus Westermann)은 아브라함의 이야기가 족장 이야기로서 성립되기 이전에는 구전 전승의 단계로 존재했으며, 거기에는 '실제 조상들'과의 사실상의 결합이 유지되고 있었다고 추정합니다. 사회사적인 연구도 주변 세계의 유목민의 생활지에 근거하여 성서의 족장들이 실제로 방랑하며 살았을 가능성을 추정하려 노력하고 있습니다. 또한 아브라함이 고향과 아버지의 집을 떠나 여행했던 이야기에는 '전승의 역사적 잔재'가 있다고 인식되고 있습니다 (Worschech, 1983).

실제로 성서고고학자 앙드레 파로(André Parrot)에 의하면, 유적을 발굴한 결과 성서 기사와 모순되는 것은 무엇 하나 나오지 않았다고 합니다. 오히려 어떤 지점에서는 아브라함 일족의 민족 이동과 관련된 것으로 보이는 중요한 흔적도 발굴되고 있다고 합니다. 또한 파로는 기원전 2000년대의 초기 메소포타미아의 기록 중에는 아브라함을 떠올리게 하는 이름(아바라마, 아바아무라마 등)이 발견된다는 점도 언급합니다 (パロ, 1980).

즉, 아브라함 이야기는 역사상 실재했던 인물이 체험한 이야기임을 알 수 있습니다. 그는 예수 탄생 2,000년 정도 전에, 지금으로부터 계산하면 약 3천수백 년 전에 살았던 인물입니다. 아브라함은 그와 같이 실제로 역사 속에서 살았던 인물로서 우리의 눈앞에 서 있는 것입니다.

그렇다고는 해도 엄밀하게 역사학적으로 말하면 아브라함은 여전히 역사의 암흑 속에 갇힌 상태에 머물러 있습니다. 그러나 우리가 배워야 할 아브라함의 '진리'는 순수하게 역사적인 차원에서 발견되는 것이 아닙니다. 오히려 성서가 전하는 아브라함 이야기에는 한층 깊은 종교적 진실, 곧 '신학적'인 차원이 포함되어 있습니다.

(1) 아브라함의 여행―창세기

태어난 고향을 떠나다

창세기 11장의 기사에 의하면 아브라함은 최초에 갈대아의 우르라는 마을에 살고 있었습니다. 그는 아버지 데라에 이끌려 아내 사래와 함께 이곳을 떠나 하란이라는 마을로 향합니다. 이것이 아브라함 최초의 여행입니다.

여기에서는 '아브람'으로 기록되는데, 이른바 '아브라함=여러 민족의 아버지'라는 이후의 규정을 위해 별도의 이름으로 불리고 있습니다. '사래'도 마찬가지로 후에 '여러 국민의 어머니'라는 의미의 '사라'로 불리도록 신이 명합니다(창세기 17:4, 15).

하란에서 살다 데라가 죽고 나서 아브라함은 두 번째 여행을 합니다. 가나안 지방을 목표로 한 것인데, 그것은 그의 개인적인 결의가 아니라 신의 부르심을 받고 출발한 여행입니다. 창세기 12장에는 이때의 모습이 상세히 기록되어 있습니다.

> 주는 아브라함에게 말씀하셨다.
> "너는 태어난 고향
> 아버지의 집을 떠나
> 내가 지시하는 땅으로 가라."

여기에서는 그때까지 살아온, 주어진 환경에서 한 걸음 내딛어 새로운 세계로, 열린 미래를 향해 출발할 것이 요구되고 있습니다.

베스터만은 이 신의 명령이 출애굽기 앞부분의 출발 명령과 공명한다는

4. 새로운 여행   75

점을 지적하고 있습니다. 이스라엘 백성에게 이집트에서의 탈출은 민족으로서의 정체성을 증명하는 근원적인 사건을 의미하고 있었습니다. '출애굽'이라는 상징 중에는 그들의 자기 이해와 더불어 신에 대한 이해 또한 포함되어 있었기 때문입니다. 그러나 구약성서는 '출애굽'의 테마를 집단으로서의 민족이 경험하는 사건뿐 아니라, 이른바 개인의 체험으로서도 보여주고 있는 것입니다. 아브라함이라는, 이스라엘에게 모범적으로 보이는 한 사람의 인간의 발걸음에 맞춰서 말입니다.

창세기의 기술에 의하면 신은 아브라함을 호출하여 하나의 명령과 하나의 약속을 주고 있습니다. 우선 "내가 지시하는 땅으로 가라"라는 신의 명령을 들어봅시다.

그것은 '나가서 가라'라는 무조건적인 요구입니다. 태어난 고향의 대지와 자연적인 환경에서 한 걸음 내딛는 것, 더욱이 평소 익숙한 사회적 관계, 즉 정신적·혈연적인 결합뿐 아니라, 나아가 – 나중에 상세히 보겠지만 – 종교적인 결합마저도 단절하고 나가는 것입니다. 아브라함에게 이 변혁의 요구는 지금까지 생활해왔던 근원적 기반에서 단절되는 것, 지금까지 자명하게 여기고 있던 생활의 여러 조건을 던져버리는 것을 의미했습니다.

'태어난 고향'과 '아버지의 집'이라는 것은 생존을 의탁하기에 충분한 생활기반만을 의미하는 것이 아닙니다. 당시의 가부장제적인 사회관계에서 보면, 씨족으로서의 결합은 개인이 살아가는 데 필수불가결한 조건이었기 때문입니다. 거기에는 먼 조상시대로부터 이어진 뿌리 깊은 생활 규범도 있었습니다. 아브라함은 모든 것을 버리고 떠남으로써, 앞으로 직면하게 될 생활 변화의 한복판에서 스스로 판단하고 행동해야 했던 것입니다.

여기에서 언급하고 있는 갈대아의 우르나 하란 등의 지명(창세기 11:31)은 유명한 '비옥한 초승달 지대' 가운데에 위치한 장소입니다. 그곳은 아카드(Akkad)나 수메르(Sumer), 바빌론 등 고대 제국이 차례차례로 일어나고, 마르두크(Marduk)에 의한 천지창조의 신화나 길가메시(Gilgamesh)의 서사시 등이 태어났던 고대 문명의 시작점입니다. 이 장소들은 서방의 이집트 세계에 대응하는 형태로, 이른바 동쪽의 '이집트적' 세계에 있는 번영한 마을들이었습니다. 거기에서부터 '나가서 가라'는 명령은 앞선 베스터만의 지적과 같이, 그야말로 '출애굽'의 부름에 호응하는 것이었다고 할 수 있습니다.

인생의 새로운 지평으로

이제 아브라함은 인생의 새로운 지평으로 나아갈 것을 명령받았습니다. 그것은 관점을 바꾸면, 말하자면 고향을 잃은 방랑자, 확실하지 않은 암흑의 미래로 전개되는 길을 걷는 난민이 되는 것입니다. 75세의 인간에게 요청되는 이 새로운 여행은 너무나도 가혹한 일이 아니었을까요. 게다가 이 가혹한 요구를 조금이라도 완화하기 위해 장래의 생활에 대한 어느 정도의 보증이 주어졌던 것도 아닙니다. 신은 이제부터 향해야 할 '땅'에 대해 어떠한 구체적인 상황 설명도 하지 않고 있습니다. 애당초 아브라함이 그러한 모험에 성공할까 아닐까에 관해서도 확실한 것은 어느 것 하나 없습니다.

확실히 거기에는 축복의 '약속'이 주어져 있었습니다. 그러면 이 '약속'의 내용에 관해서 조금 생각해봅시다. 신의 약속은 상호 보충되는 세 가지의 계약을 포함한 것이었습니다.

나는 너를 큰 민족이 되게 하리라.
너에게 복을 주어 네 이름을 떨치게 하리라.

> 너는 복의 근원이 될 것이다. ……
> 세상 모든 민족이 너로 인해 복을 받을 것이다.
>
> (창세기 12:2~3)

첫 번째로 '나는 너를 큰 민족이 되게 하리라'라고 선포되고 있습니다. 일족과의 관계에서 분리되어 일개인이 되었던 아브라함으로부터 새로이 다수의 백성이 태어난다는 것입니다. 그것은 명언되어 있지는 않으나 장래의 자손에 대한 약속일 것입니다. '큰 민족이 되게 한다'는 말씀은 지금까지 운명적으로 연결되어 있던 '과거'에서 전진해나간 아브라함에게 주어진 한없는 미래를 상징할 것입니다.

더욱이 이 약속은 '너에게 복을 주어 네 이름을 떨치게 하리라'라고 선포되고 있습니다. 잘 알려져 있듯이 고대의 민족들 사이에서 '이름'이라는 것은 그 사람에게 우연히 붙여졌던 기호와 같은 것이 아니었습니다. 오히려 그 사람의 인격의 본질, 이를테면 그의 정체성을 나타내는 것입니다. 이름이 높아진다―'큰 이름'을 얻는다는 것은, '탈출'이라는 조건을 충족시킴으로써 명성이 높아진다는 의미보다, 여행의 목표로 여겨지는 새로운 정체성을 말하는 것은 아닐까요. 그것은 가족이나 전통으로부터 계승되어왔던 낡은 정체성을 대신해 여행을 통해 투쟁과 고난 가운데 새롭게 주어지는 것―새롭게 발견하는 것입니다.

그러나 이 축복의 약속은 나아가 아브라함 개인의 생활을 넘어 모든 백성의 '복의 근원'이 된다고 선포되고 있습니다. 즉, '세상 모든 민족이 너로 인해 복을 받을 것이다'라는 것입니다. 일개 인간이 전 인류에게 축복을 준다는 것은 현실적인 역사의 차원에서는 터무니없는 오만한 사고방식이라고도 해석될 수 있을 것입니다. 이는 오히려 아브라함의 여행이 인간의 근원적인 상황과 근원적인 태도 결정을 나타내는 산 '원형'이 된다는 의미는 아닐까요. 즉, 인류는 아브라함의 모습으로 상징되는 '출애굽'을 한 사람 한 사람 완수할 경우에 한해서만 아브라함의 축복을 받을 수 있게 되는 것입니다.

그러나 이러한 축복의 '약속'도 확실한 안전보증을 바라는 인간의 요구를 100% 충족시키는 것이 아니었음은 확실합니다. '큰 민족'이 되게 한다는 약속은 연로했던 아브라함의 입장에서는 — 아내가 '불임의 여성'(창세기 11:30)이었다는 사실에 비추어 보더라도 — 명백한 보증으로 받아들이기 어려웠을 것이기 때문입니다. 아브라함에게 제시된 신의 약속은 현실적인 인간의 눈에는 불가능한 것으로 비추어졌을 것입니다.

자기에게서 아이가 태어난다는 말을 천사에게 들었을 때 사라는 '남몰래 웃었다'(창세기 18:12)고 기록되어 있습니다. 그러나 신은 이 의심하는 자의 웃음도 받아들여 그것을 기쁨의 웃음으로 바꾸었던 것입니다. 이삭이 탄생했을 때 사라는 말합니다. "하느님께서 나에게 웃음(이삭)을 주셨구나. 내가 아들을 낳았다고 모두들 나와 함께 기뻐하게 되었구나"(창세기 21:6)라고. 이삭이란 문자 그대로 '신이 웃으신다'는 의미인 것입니다. 이 웃음에는 신에게는 그 어떤 것도 불가능하지 않다는 희망이 포함되어 있습니다.

이 이야기가 전하는 것은, 이스라엘이 항상 다음의 사실을 명심해야 한다는 메시지가 아닐까요. 즉, 이스라엘 민족이 존재하고 있는 것은 결코 자명한 사실이 아니라는 점, 그것은 자신의 공적에 의한 것이 아니라 단지 신의 은혜에 의한 것이라는 점, 인간적인 가능성에서 고려해보면 이스라엘이 존재하는 것은 불가능하며, 그들은 오직 신의 은혜, 그의 택함이 있었기에 비로소 존재하고 있다는 점입니다.

실제로 가나안 땅에 당도했던 아브라함은 '히브리인'(창세기 14:13)으로 불리고 있는데, 이 명칭은 원래 법적 지위가 낮은 사회층, 이방인 이주자를 가리키는 것이었습니다. 말하자면 아브라함은 이름도 없는 작은 백성을 '큰 민족'으로 만들겠다는 신의 의지, 은혜의 의지로 인해 선택을 받았던 것입니다. 신은 세계 여러 민족의 구원을 위해 이 가장 눈에 띄지 않는 작은 백성을 도구로 선택했습니다.

그러나 지금 다시 한 번, 여행을 떠나는 순간의 아브라함으로 돌아가 보면, 그에게는 의지할 수 있다고 생각할 만한 그 어떠한 보증도 없었습니다. 아브라함은 다만 약속만을 받았을 뿐이며, 이 약속도 현실 상황에 비추어 보면 너무나 터무니없는 것이었습니다.

지금까지의 생활기반을 모두 버리고 새롭게 여행할 것을 요청받았을 때, 대부분의 인간은 아브라함과는 전혀 다른 방식으로 대응할 것입니다. 그 명령에 이의를 제기하든지, 따를 것을 공공연히 거부할 가능성이 큽니다. 적어도 미리 여러 가지로 캐묻고, 보증을 받고, 예상되는 위험의 가능성을 줄이려고 시도하는 것이 인간의 상식 아니겠습니까.

그러나 아브라함의 경우에는 어떠한 반론도, 반문도 하지 않습니다. 어떠한 '그러나'도, '혹시나'도 입에 담지 않습니다.

> 아브람은 야훼께서 분부하신 대로 길을 떠났다.
>
> (창세기 12:4)

창세기 텍스트는 아브라함이 며칠 밤을 못 자고 지새웠다고도, 또는 여행길에 오르면서 이별에 대한 감상적인 정경이 펼쳐졌다고도 기록하고 있지 않습니다. 아브라함은 실제로 신의 부름을 '듣는 자'가 되었고, 그것에 대해 책임을 가지고 '응답하는 자'가 되었던 것입니다. 지금 '응답한다'라고 말했습니다만, 그의 회답은 말씀 중에는 없고 – 실제로 이 이야기 전체를 훑어봐도 아브라함은 시종일관 한 마디도 하고 있지 않습니다 - 신의 명령에 단적으로 복종하는 형태로 나타나 있습니다.

영웅담과 아브라함의 여행

이 아브라함의 여행은 고대 문화에서 등장하는 다른 위대한 모험가의 여행과는 다릅니다. 이는 바빌론 전설에 나오는 영웅 길가메시나 그리스 신화의 영웅 오디세우스와 비교해보면 분명해집니다. 예를 들면, 오디세우스는 트로이 전쟁에 종군한 후 개선하는 도중 수없이 많은 놀랄 만한 모험을 하지 않을 수 없었습니다. 그러나 그러한 투쟁과 고난을 경험한 후 '영웅'으로서 고향 이타카에 귀국합니다.

에릭 리드(Eric J. Leed)에 의하면, '영웅적인 여행은 귀환, 적어도 고대적 형식의 귀환을 전제로 하고 있는 것이 특징이다. 방랑이나 이주라기보다는 출발지에 돌아오는 여행인 것이다. 영웅적인 여행의 원환(圓環) 형식이 의미하는 것은 그 목적 - 주체(아이덴티티)의 지리적·시간적 확장 - 에 포함되어 있다'. 그것은 '공적을 세운 장소에, 문학에, 기념비에, 인간의 기억에 개성을 새기기 위해 시도된 여행'이고, '명성을 세우기 위해서 꼭 필요한, 그를 지켜보는 공중(公衆)의 존재를 전제로 하고 있다'고 합니다(リード, 1993).

아브라함의 경우는 그러한 영웅의 여행과는 분명히 다릅니다. 그것은 '권력과 지위'를 '과시'하는 로맨틱한 영웅의 여행도 아니고, 모험을 향한 정열로 촉발된 대담한 탐험가의 여행도 아닙니다. 창세기의 아브라함의 모습에서 눈에 띄는 특색은 그가 어디까지나 계속 움직이고 있는 존재라는 사실입니다. 이야기는 아브라함이 끊임없이 생활하는 장소를 바꾸어가며 이동하는 모습을 묘사하고 있습니다. 그는 사막에도 들어가고, 기근 때문에 이집트의 여기저기를 돌아다니며, 또한 마므레와 브엘세바에서 천막을 치고, 나아가 모리아 산으로 향하고 있습니다.

'천막을 치고' 생활하는 여행에서 주춧돌이 놓이는 일은 없습니다. 천막은 재빠르게 치는 것도 가능해야 하고, 재빠르게 치우는 것도 가능해야 합니다. 천막을 접어 여행길에 오르면 이후에 오는 여행객은 거기에 누군가가 머물렀다는 사실조차 알 수 없습니다. '천막'이라는 말은 아브라함의 생활이 일시적인 '임시 거처'의 반복이고, 끊임없는 '길 위의' 삶이었음을 나타내고 있습니다.

물론 이 끊임없는 이동은 유목민의 생활 형태에서 온 것이라고 말할 수도 있을 것입니다. 그러나 아브라함의 모습을 인상 깊게 만드는 것은, 그러한 요인을 넘어 오히려 그의 인격 내부에 잠재한 이유로 인해 그가 한 장소에 머무르는 것이 불가능했던 것은 아니었을까 하는 의문입니다. 이른바 외면적인 이동의 사실은 내면적인 사건의 반영이기도 한 것입니다.

이렇게 보면 유목민의 모습은 이야기에 역사적인 구체성을 주고 있을 뿐만 아니라, 상징적인 의미까지도 가지고 있습니다. 아브라함은 신으로부터 받은 약속을 믿고 여행을 시작한 이후 끊임없이 이동하지 않을 수 없었습니다. 그것은 그가 삶의 다양한 위험과 위기를 돌파하면서 진정으로 자기 자신과 만나는 길을, 나아가서는 한층 깊게 신과 만나는 길을 지속적으로 찾고 있었다는 사실을 보여주고 있습니다.

길을 떠나라고 아브라함에게 닥쳐온 목소리는 그로서는 피할 수 없는 것이었습니다. 무조건으로 복종을 강요하는 것이었습니다. 그것은, 이를테면 그가 인격의 중심에서 경험한 '내적 재촉'에 의한 것이었습니다. 응답을 구하는 이 재촉에 의해 전혀 새로운 삶의 가능성이 낡은 생활 관계의 한복판에 들어왔던 것입니다. 이 재촉을 받게 된 인간은 더 이상 많은 사람을 지배하는 일반적 경향, 즉 세상적인 풍조와 함께하는 것이 불가능하게 됩니다.

이 '내적 재촉'을 리얼하게 경험할 때 인간의 삶에는 극적인 긴장이 넘쳐 흐릅니다. 그것은 영구 운동을 재촉하는 힘과 같이 압력을 가해옵니다. 여기에는 당신이 머무를 장소가 없고, 당신은 곧장 출발해야 하며, 더욱이 모든 것을 뚫고 지나가 어디까지라도 나아가지 않으면 안 된다고.

아브라함에게 이 경험이 어떠한 계기로 야기되었는가는 아마도 본질적으로 중요한 것은 아니었을 것입니다. 그것은 무언가 보충적인 이유를 필요로 하지 않는 확실한 사건이기 때문입니다. 단적으로 말해, 창세기의 기술에서는 아브라함이 한정된 공간=잠정적인 세계에서 무조건적인 세계=절대적인 것을 향해 돌진하는 모습이 엿보입니다. 그 때문에 아브라함의 여행은 '신학적'인 성질을 가진 것이고, 그야말로 '신의 부름'으로서 표현되지 않을 수 없는 사건이었던 것입니다.

초월적 근거를 찾아

현대에 들어서면서 아브라함이 소명을 받았던 장소인 하란이 발굴되었습니다. 이 마을은 대상들의 역참이었던 곳으로, 이곳에는 달의 신 신(Sin)의 성소가 있어 순례의 중심지였다고 합니다. 아브라함의 고향 갈대아도 천체 숭배와 점성술이 상당히 발달한 곳이었습니다. 그들 사이에서 점성술은 '갈대아의 과학'(G. 베르니스)으로 유명했다고 합니다.

당시는 많은 사람들이 태양이나 달과 같이 신에 의해 만들어진 피조물을 신으로 숭배하고 있었습니다. 그러한 시대에 아브라함은 신의 말씀을 따르며 — 앞의 말을 사용하자면 '내적 재촉'에 따라 — 새로운 신앙의 지평으로 나아갔던 것입니다. 지금으로부터 3천수백 년 전에 피조물 숭배를 넘어 진정한 초월자를 숭배하고 진실한 신만을 신으로 섬기는 새로운 신앙체험이 시작되었던 것입니다. 이것은 모리 아리마사(森有正)의 말을 빌리자면 '인류 역사상 획기적인 대사건'이라고 평가할 수 있는 것이겠지요(森有正, 1980).

이렇게 해서 아브라함은 신의 부르심에 따라 특정한 목적지도 없이 여행을 떠난 것입니다. 창세기의 기사에 의하면 아브라함은 멀리 가나안 땅으로 가서 세겜이라는 장소에 당도했습니다. 그리고 그때 비로소 그곳이 약속의 장소였음을 알게 됩니다. 그때까지는 어디를 가는 것인지 전혀 알지 못했던 것입니다. 여기에서 아브라함의 신앙이 신의 명령에 대한 철저한 복종이었음을 알 수 있습니다. 역으로 말하면, 그것은 신에 대한 철저한 신뢰였다고 볼 수 있습니다.

토마스 만(Thomas Mann)은 창세기의 족장 이야기를 모델로 하여 『요셉과 그 형제들』이라는 장편소설을 썼습니다. 거의 20년 가까운 세월에 걸쳐 쓴 2,000페이지에 달하는 대작입니다. 그 첫 부분에서 토마스 만은 너무나도 그다운 방법으로 아브라함의 심리를 묘사하고 있습니다.

그는, 아브라함을 '명상에 열중하여 항상 감정의 기복이 없었던 남자', '가만히 있을 수 없게 만드는 감정과 몰아치는 시련'이 따라다니는 사람으로 묘사하고 있습니다. 이 남자를 여행하게 했던 것은 '세상에서 흔히 볼 수 있는 여행에 대한 경박한 기호나 모험을 즐기는 방랑벽과는 전혀 공통점이 없는 불안', 즉 '종교적인 불안'이었습니다. 그것은 '지금까지 자신이 경험해보지 못했던 신에 관한 새로우면서도 기이한 개인적 체험'을 구하는 '신에 대한 고뇌'였다는 것입니다. 아브라함은 이 고뇌의 경험이 미래를 잉태할 것임을 그 자신의 경험에서 확신할 수 있었습니다. 즉, 이러한 '고뇌와 불안은 이윽고 많은 사람들의 마음을 풍성하게 하고, …… 고뇌 후에는 씨앗처럼 심어져 있는 다양한 삶의 가능성을 불러들이는 원동력이 될 것이다'―이것이야말로 아브라함에게 약속된 '축복'이었던 것입니다.

　이렇게 보면 '여행을 떠남' — '출애굽' — 은 아브라함에게 한정되지 않는, 모든 인간에게 보편적 의미를 가진 상징이라고 할 수 있습니다. 이 말은 우리가 안정되고 미래가 보장된 삶의 일상에 푹 빠져서 점차 생명력과 활기를 잃어갈 위험성에 대해 눈뜨게 해줍니다. 그것은 동시에 기성 질서에 대해, 그중에서도 인생과 세계를 자유롭게 형성하는 것을 방해하는 일체의 것에 대해 확실한 작별을 고하는 것을 의미하고 있습니다. 여행은 우리가 인간으로서 진정한 정체성을 찾기 위한 첫걸음이기도 합니다. 나아가서 우리의 정체성을 그 밑바닥에서 지탱하는 초월적 근거를 찾기 위한 첫걸음이 될 수도 있을 것입니다.

　아브라함의 이야기는 인간이 진지하게 살고자 할 때 어떻게 해야 하는가에 대한 이야기입니다. 그것은 일체의 회의나 망설임을 돌파하고 '내적 재촉', 즉 '신의 부르심'에 따라 살 것, 신의 약속을 신뢰하고 거기에 복종하는 것입니다. 만약 아브라함이 신에 대한 신뢰에 근거한 그 약속을 — 일체의 사실이 나타내는 부정적인 모습에 맞서 — 확신하지 못했다면, 또한 길고 위험한 여행길에서 그것을 지속적으로 굳게 붙잡지 못했다면 신의 약속은 아마 비현실적인 환상으로 잊히고 말았을 것입니다. 아브라함의 이야기는, 말하자면 '인생의 좌표축'으로서 초월적 근거를 찾아 여행하는 인간의 모습이라 할 수 있습니다.

(2) 땅을 여행하는 자 — 신약성서

목적지를 알지 못하고

아브라함이라는 이름은 신약성서에서도 복음서나 사도들의 편지를 통해 70회 이상 언급되고 있습니다. 유대교와 기독교 사이에서 아브라함이 각각 다른 방식으로 수용되어왔다고 해도 핵심적인 부분에서는 완전히 동일합니다. 아브라함은 항상 위대한 신앙자의 모습으로 파악되고 있는 것입니다. 또한 신약성서에서 묘사되는 아브라함은, 그의 다양한 면모들 중 일부만이 선택적으로 수용되었다는 특징이 있습니다(Öhler, 1999).

예를 들어 후기 바울은 아브라함의 배경은 일절 언급하지 않고, '신앙의 모범에 따르는 사람들의 아버지'로서 높게 찬양하고 있습니다(로마서 4:12). 특히 여행에 대해, 나아가 이삭의 탄생에 대한 약속에 대해 어떠한 의심도 품지 않았던 믿음, 신에 대한 아브라함의 신뢰를 강조하며 "그가 야훼를 믿으니, 야훼께서 이를 갸륵하게 여기시어"라는 창세기(15:6)의 말씀을 인용하고 있습니다. 이 신은 "은총을 베푸시며 율법을 지키는 사람들에게만 아니라 아브라함의 믿음을 따르는 사람들에게까지, 곧 아브라함의 모든 후손들에게 그 약속을 보장해주십니다. 아브라함은 우리 모두의 조상입니다"(로마서 4:16)라고 명언됩니다. 전적으로 같은 논의가 갈라디아서(3:6~29)에서도 한층 강조되어 반복되고 있습니다(단, 예외는 갈라디아서 4:30).

이것 외에도 신약성서의 히브리서에서는 구약성서에 등장하는 일련의 신앙의 증인들을 언급하면서, 그중에서도 특히 아브라함을 모세에 필적하는 특별한 위치로 올려놓습니다(히브리서 11:8~22). 일곱 차례에 걸친 '신앙에 의해'라는 말을 통해 그의 생애의 발자취에 틀을 부여하고 이를 상세히 이야기하고 있기 때문입니다. 아브라함의 여행에서부터 아들 이삭을 희생 제물로 바치는 사건에 이르기까지 말입니다.

'여행'을 간결하게 기록한 히브리서의 표현을 빌리면, "신앙에 의해 아브라함은 장차 그의 것이 될 땅으로 가라는 부르심을 받자 이에 복종하고, 목적지도 알지 못하고 출발"(히브리서 11:8)했습니다. 이 부분은 대단히 유명한 성구입니다. '목적지도 알지 못하고'라는 것은 매우 인상적인 표현입니다. 아브라함의 이러한 여행의 성격은 평생 동안 그의 존재를 규정했습니다.

"신앙에 의해 아브라함은 타국에 머무는 것 같이 약속의 땅에 살며", 천막 생활을 하며 "신이 설계자이고 건설자인 견고한 토대를 가진 도성을 기다리고 있었다"(히브리서 11:9~10). 이렇게 하여 아브라함도, 그 많은 자손도, '자신들이 지상에서는 타지 사람(외국인)이고, 잠시 거주하는 자(나그네)'인 것을 나타냈다고 기록되어 있습니다. 그럼으로써 그들은 '자신들이 고향을 찾고 있음'을 분명히 하고, '실제로 그들은 더 나은 고향, 즉 하늘의 고향을 열망하고 있었다'라고 기록되어 있는 것입니다(히브리서 11:11~13, 16).

이와 관련해 사도 바울이 빌립보 신도에게 보낸 편지의 말도 잘 알려져 있습니다. "우리의 본국은 하늘에 있습니다"(빌립보서 3:20). 똑같은 숨결을 '각지에 흩어져 임시로 거주하고 있는 선택된 사람들' 앞으로 보낸 베드로전서에서도 느낄 수 있습니다(베드로전서 1:1). 그것은, 기독교인이 이 지상에서는 '이른바 여행자이고, 임시로 거주하는 몸'(베드로전서 2:11)임을 잊지 않도록 당부하고 있습니다.

이렇게 해서 초대 기독교인들은 종말론적인 기대에 의탁하며 이 지상에서 신앙의 삶을 살아낼 힘을 길어 올리고 있었던 것입니다. 그 이후 이 지상에서 어떤 생활 형태로 살고 있든 연연하지 않고 '여행하는 자'로서 사는 것이, 기독교인을 나타내는 상징이 되었습니다.

앞으로 와야 할 새로운 세상에 대한 동경으로 인해 중세 사람들이 종종 순례의 여행에 나섰던 것도 잘 알려져 있습니다. 때로는 도를 넘은 형태의 순례열에 대해 『그리스도를 본받아』(1472년경)의 저자 토마스 아켐피스(Thomas à Kempis)가 조용한 목소리로 경고하지 않을 수 없을 정도였습니다. '너무나 많은 순례자 가운데 성인이 되는 자 적다'라고.

우리의 생애도 기본적으로는 아브라함과 마찬가지로 '땅을 여행하는 자'의 그것과 같지 않을까요. 하지만 현대의 인간은 대체로 눈에 보이는 지상의 재화에 마음을 빼앗기는 경우가 많은 것 같습니다. 너무나도 세속적인 일상생활에 휩쓸려버려, 그것을 넘은 한층 고귀한 생명의 가치에 눈을 돌릴 수 없게 되어버렸습니다. 손으로 잡을 수 있는 현실만을 확실한 것으로 간주하고, 눈에 보이지 않는 세계는 환상으로 의심하는 것입니다.

현대의 생활 감성에서 '영원한 도성'이라고 하는 것은 기껏 해야 아름다운 시의 한 절 정도로밖에 여길 수 없게 되어버렸습니다. 그러나 눈에 보이는 재화나 지위나 명성만을 좇는 생활에서 무엇이 생겨나겠습니까. 그것은 오늘날 많은 사람들의 마음속에 크게 퍼진 공허감, 사회 전체에 넘쳐흐르는 의미 상실로 나타나고 있습니다.

정신적 순례로의 여행

신의 부름을 듣고 '내부의 재촉'을 결정적으로 경험한 인간은 이제 그때까지의 습관적인 생활 방식이나 눈에 보이는 가치에만 사로잡힌 삶에서 해방됩니다. 그들은 자신들이 이 세상에서 '이질'적인 존재라는 것, 이 지상에서는 '임시 거주하는' 존재로서 여행하는 인간임을 실감할 것입니다. 이렇게 자각한 인간은 이제 어떠한 것에 의해서도 저지되거나 붙잡히지 않고, 여행길에 오르는 자, 여행하는 자가 되는 것입니다. 영원한 것을 향한 열망 때문에 자신이 이 세상에서 고독해지거나 오해받는 것도 두려워하지 않고 받아들일 수 있는 것입니다.

물론 중세에 보였던 것과 같은 순례 여행은 이제는 불가능합니다. 지팡이와 주머니만으로 여행길에 오를 수는 없습니다. 현대에는 엄격한 출입국 관리나 외국위체관리 등의 시스템으로 인한 너무나도 많은 제약이 가로놓여 있습니다. 그런데도 여전히 관광여행은 왕성한 모양입니다. 그러나 쇼핑을 즐기고, 맛집을 찾아 헤매는 것만으로는 물질주의적인 '이 세상'에서 초월할 수 없겠지요.

이러한 현대의 우리도, 내면화된 양식으로 순례의 여행을 경험할 수 있지 않을까요. 왜냐하면 우리 또한 초대 기독교인과 마찬가지로, 시간과 영원이라는 '두 가지 차원의 시간' 한가운데 서 있기 때문입니다. 그리고 이러한 우리의 '정신적인 순례'도 단념의 결의나 곤란함, 유혹의 위험 등 실질적 내용으로 보면, 옛날 사람들의 여행과 비교해서 훨씬 수월하다고 말할 수 없는 것입니다. 이미 인용했던 사도들의 말 그 자체가, 말하자면 상징적·비유적인 의미에서 우리에게도 적용되는 것입니다.

이 경우 주의해야 하는 것은, 우리의 정신적인 순례 여행은 결코 이 세상 생활에 지쳐 쓰러지고 진저리가 나기 때문에 떠나는 것이 아니라는 사실입니다. 또한 그것은 태평함을 추구한 나머지 이 지상의 의무에서 도망치는 행위도 아닙니다. 영원을 목표로 산다는 태도는 이 지상에서 주어진 삶의 가능성을 저평가하는 것이 아닙니다. 이 세상에서 살아가는 것 또한 우리가 - 신으로부터 - 받은 선물이기 때문입니다.

즉, 이 세상의 모든 삶이 일시적=잠정적인 것이라고 강조하는 것은 이 세상 그 자체를 거부하는 것이 아닙니다. 오히려 이 세상의 굴레에서 벗어나,

이 세상과 올바르게 관계를 맺을 수 있게 하는 것입니다. 그것은 이 세상의 것을 올바르게 사용할 책임이라고도 말할 수 있습니다. 이를 통해 우리는 결코 기성사실에 매몰되지 않고, 새로운 가능성에 눈을 떠, 지배적인 흐름에 저항하여 살아가는 것이 가능하기 때문입니다.

우리가 실제로 살고 있는 세계 또한 눈에 보이지 않는 세계, 이 세상을 초월한 것에 의해 유지되고 있음을 잊어서는 안 될 것입니다. 우리는 보통 자신이 상상하고 있는 것보다도 한층 거대한 존재의 질서에 둘러싸여 살고 있습니다. 이 지상에서 일시적·잠정적인 것에 책임을 가지고 관여함으로써 우리는 한층 높은 세계와의 연결을 감지할 수 있는 것입니다. 그것은 우리가 장래에 대한 측량할 수 없을 정도의 큰 희망 속에서 살 수 있음을 가르쳐 주고 있습니다. 요한1서의 저자는 다음과 같이 함축적으로 말합니다.

> 우리는 지금 이미 신의 자녀입니다만, 자신이 어떻게 될지는 아직 나타나지 않았습니다.
>
> (요한1서 3:2)

(3) 이브라힘의 여행 – 코란

순수한 신앙의 사람

지금까지 신약성서에 나타난 아브라함의 여행을 살펴보았는데, 대단히 흥미로운 것은 코란에도 이 여행이 상세하게 기록되어 있다는 점입니다. 실제로 아브라함의 이름은 코란의 25개의 장에서, '이브라힘'이라는 호칭으로

245회나 등장합니다. 거기에는 아브라함이 그때까지의 우상숭배에 작별을 고하고 진정한 신을 찾아 출발하는 모습이 생생하게 묘사되어 있습니다.

밤의 장막이 그의 머리 위에 펼쳐질 무렵 그는 한 별을 보고 '이것이야말로 나의 주다'라고 말했다. 하지만 곧 그것이 져버렸을 때 '나는 모습을 감추는 것 따위는 마음에 들지 않아'라고 말했다.

그 후 달이 떠오르는 것을 봤을 때도 '이것이야말로 나의 주다'라고 말했다. 하지만 곧 그것이 져버렸기 때문에 '맙소사, 신이 손을 잡아주지 않았더라면 자칫 잘못된 길로 갈 뻔했다'라고 말했다.

그 후 태양이 올라오는 것을 보고 '이번에야말로 내 주다. 이것이 제일 크기 때문에'라고 말했다. 하지만 이것 역시 져버렸을 때, 그는 '사람들이여, 오늘부로 나는 당신들이 숭배하고 있는 것(우상과 같은 것)과는 단호히 연을 끊는다. 지금이야말로 나는 하늘과 땅을 창조해주신 분을 향하게 되었다. 지금 나는 순수한 신앙의 사람으로, 다신교도의 무리가 아니다'라고 단언했다.

(코란 6:76~79)

아브라함은 부단히 움직이는 천체 관찰을 통해 그 배후에 언제나 변함없이 존재하는 창조주에 대한 신앙의 길을 발견했던 것입니다. 그렇게 합리적으로 획득된 지식은 계시된 인식에 의해 보완되어 완전한 것이 됩니다. 그가 위대한 '예언자'임에는 의심의 여지가 없습니다(코란 19:42).

그러나 그는 이러한 신앙 때문에 사회적인 고립에 빠집니다. 창세기에서는 아브라함이 아버지의 집을 떠났다고 간결하게 기록되어 있습니다만, 코란에서는 그가 불신자인 아버지와 격렬하게 대립하는 것으로 되어 있습니다. 아브라함은 자신에게 주어진 계시를 아버지에게 전하고 이를 믿으라고 호소합니다. 그러나 아버지는 그것을 받아들이려 하지 않고 도리어 엄하게 경고합니다. '그만해라. 그렇지 않으면 돌로 쳐 죽일 것이다. 어딘가 멀리 가버려라'라고. 아브라함은 아버지를 위해 '평안'을 기도하고, 신의 '용서'를 구하면서 '모두에게 작별'을 고합니다(코란 19:47~50).

여기에서 신에 대한 복종이 아버지에 대한 복종보다도 우선한다는 점이 명시되어 있습니다. 실제로 코란(2:260)에서는 아브라함이 존대한 권력자를 앞에 두고도, 신에 대한 믿음 덕분에 조금도 굴복하지 않았던 의연한 모습을 전하고 있습니다. 이 왕은 신에 의해 지배권을 부여받았으면서도, 마치 자신이 일체의 생사여탈권을 가지고 있다는 듯이 권위를 휘두르고 있었습니다. 아브라함은 왕을 향해 신은 '태양을 동쪽에서 뜨게 하신다. 당신은, 서쪽에서 뜨게 해보라'라고 반론하며, 허위적인 신적 권위를 휘두르는 왕을 '완전히 굴복'시켜버렸던 것입니다.

아브라함은 이슬람 세계에서도 위대한 예언자=신앙자로 존경받고 있습니다. 성서도 코란도 '아브라함적 종교'를 나타내고 있다고 말할 수 있을 것입니다. 둘 다 신앙의 진실함에 관해 논할 때 아브라함을 예로 드는데, 코란쪽이 이 측면을 한층 강조하고 있는 것 같습니다. 이슬람교를 신봉하는 사람들을 '이슬람(신앙의 귀의자)'으로 명명했던 것은 아브라함이었다고까지 단정하고 있기 때문입니다(코란 22:78).

마호메트는 예언자로서 공적인 무대에 서서 성서 이야기를 언급할 때, 항상 자신이 '계시'에 의해 그것을 알게 되었다고 주장했습니다. 그러한 초자연적인 신앙의 근거를 대기 위해 이슬람 정통파 중에는 마호메트가 읽고 쓰는 것이 불가능했다는 견해를 가진 자도 있는 모양입니다. 그러나 현대 영국의 대표적인 이슬람 역사가 몽고메리 와트(William M. Watt)에 의하면, 마호메트는 대체로 메카의 지식 환경에서 그 성서 지식을 얻었던 것이 확실하

다고 합니다. 그러나 다음의 사실을 잘못 보아서는 안 될 것입니다. '이슬람은 이와 같이 성서의 사상이 침투한 정신풍토에서 일어났다는 점에서, 어떤 의미에서는 유대교와 기독교의 전통에 입각하고 있다'. '하위를 연상시키는 용어를 피한다면, 아브라함의 전통에 입각하고 있다. 그렇지만 그것은 단순히 그 이전의 오래된 종교의 빈약한 그림자가 아니다. 그것은 성서의 가르침과 아라비아 반도라는 정황에서 생겨난 인간 정신의 독립된 활동의 융합에서 발생했다'(ワット, 2002).

이렇게 보면 유대교도 기독교도 이슬람교도 아브라함을 공통의 '신앙의 아버지'로 본다는 점에서, 말하자면 아브라함을 둘러싸고 '에큐메니컬'한 세계가 펼쳐지고 있는 것입니다.

이것은 정말 시시하는 바가 큽니다. 그것은 오늘날 세계 각지에서 보이는 민족적=종교적 분쟁에 하나의 빛을 비추어주는 것이 아닐까요? 물론 엄밀하게 따졌을 때, 보스니아나 코소보, 나아가 오랜 시간 지속되고 있는 팔레스타인의 유혈 분쟁은 직접적인 형태의 종교전쟁이라고 말할 수 없을지도 모릅니다. 그러나 종교 간의 대립이 더해짐으로써 갈등이 훨씬 첨예해진 것은 의심의 여지가 없습니다.

종교적 대립은 자신의 신념이나 입장만을 절대적인 것으로 여기게끔 만드는 유혹이 강하기 때문에, 알력을 빼도 박도 못하는 것으로 바꾸어버릴 수 있습니다. 그 경우 직접적인 폭력이나 무기에 의지하기 쉬운 근본주의로 내달리는 것은, 물론 잘못된 것입니다. 또한 공존이나 평화를 절망적으로 보는 패배주의나 운명적인 체념에 빠지는 것도 피하지 않으면 안 됩니다.

이러한 가운데 아브라함을 둘러싼 다음과 같은 의견은 대단히 시사적입니다. 즉, '아브라함 일가 내의 폭력적인 형제 다툼은 그들의 공통의 기원을 생각해내는 것에 의해서만 끝낼 수 있었다'(Kuschel, 1996)라는 예리한 지적입니다. '일가 내의 형제 다툼'이라는 표현은, 공통의 기원을 두고 있는 세 종교의 배경을 가리키는 것입니다.

예를 들어 창세기(16:1~17, 26)에 의하면, 아브라함은 아이를 얻고 싶다는 아내 사라의 소원에 따라 여종 하갈을 첩으로 들여 최초의 아들 이스마엘을 얻었습니다. 이 이스마엘은 후세의 아랍 백성의 조상이 되었다고 전해집니다. 그 후 사라가 낳은 아이가 신께서 아브라함에게 약속해주신 적자 이삭입니다. 이삭과 이스마엘은 어머니를 달리하면서도 같은 아버지를 둔 혈맥상의 형제인 것입니다.

이 점과 관련하여 에큐메니즘 신학자 한스 큉(Hans Küng)은 구약성서의 흥미로운 기술에 주의를 촉구하고 있습니다(Küng, 2004).

아브라함적 에큐메니즘

즉, 아브라함은 이삭에 앞서 최초의 아들 이스마엘에게도 신의 계약의 표시=할례를 행하고 있는 것입니다(창세기 17:23~26). 더욱이 창세기에 의하면 사라에게 내쫓겨 광야로 도망치지 않으면 안 되었던 하갈 모자는 여러 번에 걸쳐 신의 도움을 받습니다(창세기 21:9~21). 그것은 후술할 모리아 산의 사건, 즉 희생을 당하게 된 이삭이 구출되는 이야기와 대응하는 듯합니다. 이삭만이 아니라 이스마엘도 또한 신에 의한 특별한 도움으로 생명을 지킬 수 있었던 것입니다. 그뿐만이 아닙니다. 신은 이스라엘 12부족으로 이어지는 적자 이삭의 자손만이 아니라, 이스마엘의 자손에 대해서도 풍성한 축복을 아끼지 않았습니다. 이스마엘에게 축복을 내려주길 간구하는 아브라함의 소원에 대해 신은 이렇게 약속하고 있습니다.

> 이스마엘을 생각하며 하는 네 말도 들어주리라. 그에게도 복을 내려 자손이 많이 태어나 수없이 불어나게 하겠다. 그에게서 열두 영도자가 나서 큰 민족이 일어나게 하겠다.
>
> (창세기 17:20)

그러나 이 이야기에서 가장 인상적인 것은 아브라함 매장 장면입니다. 아버지 아브라함의 죽음에 임해서는 놀랍게도 이삭만이 아니라 이스마엘 또한 — 일찍이 하갈과 함께 광야로 추방되었음에도 — 최후에 함께 등장하는 것입니다.

> 아들 이삭과 이스마엘이 그를 막벨라 동굴에 안장하였다. 그 동굴은 헷 사람 소할의 아들 에브론의 밭에 있었는데, 이 밭은 마므레 동쪽에 있었다.
>
> (창세기 25:9)

공통의 아버지 아브라함을 매장하기 위해 그 전까지 적대관계였던 형제가 지금은 어깨를 나란히 하여 서 있는 것입니다. 그것은 두 사람의 화해하는 모습을 전하는 것으로 대단히 상징적입니다. 유대교의 개혁파 신학자 샬롬 벤코린은 이 아브라함의 무덤이야말로 '에큐메니컬한 만남'의 장이 될 것이라는 비전을 이야기하고 있습니다. 그것은 '철두철미하게 성서적 전통에 일치하는 것입니다'라고(Ben-Chorin, 1993).

이 막벨라의 동굴이야말로 아브라함이 '이주자'로서 — 그는 자신을 '일시 체재하는 기류자'(창세기 23:4)로 규정하고 있습니다 — 죽은 아내의 묘지로 쓰기 위해 가나안에서 양도받은 유일한 토지였습니다. 지금으로부터 10여 년 전쯤, 근본주의적인 유대인 입식자(入植者)가 아브라함의 묘지에서 기도를 드리고 있던 팔레스타인 사람들에게 총을 난사하는 사건이 일어나 세계에 충격을 주었습니다. 막벨라 동굴은 유대교에서도 이슬람교에서도 공통의 성지로 여겨지고 있습니다. 그 소유를 둘러싸고 마치 이것이 자신의 독점물인 양 싸우는 것은 도대체 무슨 도착(倒錯)이란 말입니까.

앞서 인용했던 큉의 다음과 같은 기도는 '아브라함적 에큐메니즘'이 가진 광대한 전망 위에 서 있습니다.

> 보이지 않고, 영원하며, 측량할 수 없는 자비로운 신이여…….
> 당신의 힘과 은혜는 만물을 유지하고 있습니다.
> 거짓 없고 바르며 진실하고 충실한 신인 당신은,
> 당신에게 순종한 종 아브라함을 많은 백성의 아버지로 선택하여,
> 예언자들을 통해 약속해 주셨습니다,
> 당신의 이름이 세계에 높여져 찬미될 수 있도록.
> 당신의 거룩한 뜻이 사람들이 살아 있는 한 항상 행해질 수 있도록.
> 살아 계신 은혜 깊은 신이여, 우리의 기도에 귀를 기울여주십시오.
> 우리의 죄는 큽니다,
> 우리 아브라함의 자녀들을 용서해주십시오.
> 우리는 서로 싸우고 적대하며 악한 일을 저지르고 있습니다.
> 우리를 모든 고난에서 구원하고 우리에게 평화를 내려주십시오.
> 부디 우리의 운명의 인도자인 당신이 축복을 주시어,
> 나라의 지배자나 지도자들이 권력이나 영예를 갈망하는 것이 아니라,
> 사람들의 행복과 평화에 대한 책임을 기억하고 행동하도록 해주십시오.
> 우리 모든 이에게, 또한 우리와는 소속을 달리하는 사람들에게도
> 당신의 은혜, 자비, 나아가 모든 선한 것을 주시어,

살아 있는 자의 주 되는 당신이 우리를 인도하여
바른 길을 걷고, 당신의 영원한 영광에 이르게 해주십시오!

물론 '아브라함적 에큐메니즘'이라는 말은 결코 여러 종교 간의 차이를 완전하게 소멸시켜버리는 주문과 같은 것이 아닙니다. 아브라함의 증표 아래 유대교인, 기독교인, 이슬람교인 사이의 에큐메니컬한 교제를 입에 담는다고 해서, 이것이 모세와 예수와 마호메트를 아브라함으로 치환하는 것은 결코 아니기 때문입니다. 아브라함이 시나고그와 기독교회, 나아가 이슬람교의 움마(Umma)를 없애버리는 것은 아닐 터입니다. 코란의 다음의 발언은 정말로 계몽적이지 않습니까.

경전의 백성이여, 너희는 어째서 이브라힘의 일로 그렇게 언쟁을 하는가. 율법이 계시된 것도 복음이 계시된 것도 모두 이브라힘 이후의 일이 아닌가. 이렇게 쉬운 것을 알지 못하는가. …… 어째서 지금 자신이 알지도 못하는 것으로 싸움을 하는가. (진실은) 알라만이 알고 계시고 너희들은 아무것도 알지 못하는데.
　알겠는가. 이브라힘은 유대교인도 아니었고, 기독교인도 아니었다. 그는 순수한 신앙의 사람, 완전한 귀의자였다.

(코란 3:58~60)

어쨌든 간에 아브라함의 모습은 우리에게 신의 말을 듣는 것=믿는 것이 복종하는 것=따라가는 것과 분리될 수 없음을 가르쳐주고 있습니다. 신에 대한 신뢰와 복종 속에서 살았던 아브라함의 모습에는, 이른바 '신앙의 원형'이 제시되어 있는 것입니다. 그것은 오랜 역사를 통해 서로 독자적 전통과 의례를 만들어온 여러 종교의 공통점과 차이점을 비판적으로 검증하는 기준이 된다고 말할 수 있을 것입니다.

실제로 구약성서(이사야서 41:8)에서도 신약성서(야고보서 2:23)에서도, 나아가 코란(4:124)에서도 아브라함은 한결같이 '신의 친구'로 불리고 있습니다. 아브라함을 시나고그나 에클레시아, 움마의 친구로 배타적으로 독점하려는 것은 '아브라함의 유산'을 망치는 것이 될 것입니다(Nieswandt, 1998).

아브라함에게 약속된 '축복'은 세계 모든 민족과 이스라엘의 관계에 열쇠가 되는 말 – 너에게 복을 비는 사람에게는 내가 복을 내릴 것이며 너를 저주하는 사람에게는 저주를 내리리라. 세상 모든 민족이 너로 인해 복을 받을 것이다(창세기 12:3) – 이었습니다. 이 신의 약속은 우주적인 차원을 가지고 있습니다. 아브라함에 대한 축복은 이스라엘 민족만의 전유물이 아닙니다. '이스라엘이 (신의) 선택을 자신들에게 부여된 사명이라는 의미로 이해하지 않는다면, 다른 여러 민족들처럼 내셔널리즘과 쇼비니즘에 빠질 위험이 있다', '아랍의 민족은 우리 가까이에 있기 때문에, 그들과의 평화에 도달하는 것은 대단히 힘들다. 그러나 이스라엘은 선택받았기 때문에, 그리고 동시에 이스마엘 또한 선택받았기 때문에, 평화는 반드시 이루어져야 한다'(Ben-Chorin, 1993).

신의 축복은 이스라엘을 넘어, 아브라함—이삭—야곱의 선을 넘어, 이슬람, 더 나아가 세계의 여러 민족도 포함하는 것입니다. 실제로 최근에는 '아브라함적 에큐메니즘'을 '동양과 서양이 서로에게 다가서는 모형'(J. 믹슈)으로 해석하는 움직임조차 일부에서 나오기 시작했을 정도입니다. '아브라함의 유산'은 새로운 시대적 조건 가운데, 율법과 복음, 코란에 제시되어 있는 신의 명령을 구체적으로 성찰하고 에큐메니컬한 상호 이해와 협력 속에서 살도록 촉구하고 있습니다.

아브라함의 여행은 어디까지나 신을 추구하는 부단한 운동에 몸을 던지는 것을 나타내는 것이었습니다. 그것은 현대 세계에 '희망의 순례'의 상징이 될 수 있는 것입니다.

5

희생
모리아 산에서 아우슈비츠까지

'이삭의 공희(供犧)'(창세기 22:1~19)는 구약성서 가운데에서 가장 널리 알려진 이야기 중의 하나입니다. 이 인상적인 이야기는 언제 들어도 사람의 마음을 경탄하게 합니다.

지금까지 여러 시대나 문화에서 이 이야기에 대해 다채로운 해석을 해온 것은 결코 우연이 아닙니다. 잘 알려진 일례로 키르케고르의 해석을 들 수 있습니다. 그는 이삭을 희생물로 드린 아브라함을 위대한 '신앙의 기사(騎士)'로 논하고 있습니다만, 『공포와 전율』(1843) 이라는 그의 책 제목에는 이 이야기가 그에게 끼친 압도적인 무게가 잘 드러나 있습니다.

이 창세기 텍스트 일부분에는 후세에 가필된 흔적이 보입니다. 하지만 그것을 감안해도 전체적으로 일관된 주제를 가진 훌륭한 이야기입니다. 거기에는 '이야기의 신학'(C. 베스터만)―이야기의 형태를 취한 신학사상이 드러나 있습니다.

내적으로 살펴볼 때, 이 이야기는 놀랄 만한 사건을 진술하고 있음에도 전체적으로는 거의 감정이 섞이지 않아 마치 제3자가 기록한 것처럼 느껴집니다. 사건의 진행을 한 걸음 한 걸음 의식적인 반복을 사용하여 서술해갑니다. 그때 등장인물의 생각이나 감정은 전혀 언급되지 않습니다. 그것은 단편적인 대화를 통해, 심지어 결정적인 부분은 침묵을 통해 암시되고 있을 뿐입니다. 그러나 그럼으로써 이야기로서의 효과를 한층 극대화합니다.

(1) 이삭의 공희 — 모리아 산의 사건

불의 시련

텍스트의 첫 부분에 주제가 제시되어 있습니다.

> 이런 일들이 있은 뒤에 하느님께서 아브라함을 시험해보시려고 "아브라함아!" 하고 부르셨다.
>
> (창세기 22:1)

'신의 시험'이라는 말이 이 이야기 전체를 규정하고 있습니다. 이로써 우리는 긴장하며 이야기에 귀를 기울이게 됩니다. 이야기를 듣는 우리는 그것이 '시험'이라는 결정적인 정보를 미리 알고 있습니다. 이에 반해 당사자인 아브라함에게는 그것이 알려져 있지 않습니다. 이렇게 해서 이야기는 듣는 우리의 관심을 처음부터 아브라함의 태도와 행동에 집중하게 합니다. 아브라함은 시련을 견디어낼 수 있을까. 우리는 아브라함의 관찰자가 되고, 동시에 신 앞에서 그의 운명을 함께 나누는 자가 되는 것입니다. 그 결과 이야기에 점점 몰입해 들어갑니다.

텍스트는 그에 앞서 '이런 일들이 있은 뒤에'(창세기 22:1)라고 기록하고 있습니다. 신이 아브라함을 시련의 상태에 두는 것이 이번이 처음이 아닌 것입니다. 그것은 이미 하란에서 아브라함이 여행을 떠난 시점에서 시작되고 있었습니다. 창세기에 의하면, 그 후 가나안에서의 기근, 이집트로의 도피 등 고난의 여행이 계속되고 있었습니다. 특히 약속의 아들 이삭의 탄생을 기다렸던 긴 세월은 그 매일이 신앙의 시련과 다름없었습니다. 그러나 바야흐로 최대의 시련 — 문자 그대로 '불의 시련' — 에 직면하게 되었던 것입니다. 아브라함이 신의 명령에 따라 최초로 여행을 떠났을 때, 그는 일체의 과거로부터 분리·단절을 이루었습니다. 그러나 이제 그는 이 이삭을 희생함으로써 자신의 미래 전체를 포기할 것을 요구받고 있는 것입니다.

신은 '아브라함아'라고 부르고, 아브라함은 '네, 여기에 있습니다'라고 대답하고 있습니다. 신은 '성체시현(聖體示現)'으로 나타나는 것이 아니라 그 음성만 들리는 것입니다. 그것은 '내면의 소리'의 재촉이었을까요, 아니면 꿈속의 사건이었을까요. 결국 신이 '나'로서 말 걸 때, 그에 의해 아브라함은 '너(汝)'로서 일으켜 세워진 것입니다. 이 부르심을 앞에 두고 그것을 피하는 것은 허락되지 않습니다. 그런 의미에서 '네, 여기에 있습니다'라는 대답에서의 '여기'는 외적인 장소를 말하는 것이 아닙니다. 신 앞에서 듣고 순종할 것을 결의하고 있는, 이른바 '도덕적인 장소'를 의미하고 있는 것입니다.

신은 명령하십니다.

> 사랑하는 네 외아들 이삭을 데리고 모리아 땅으로 가거라. 거기에서 내가 일러주는 산에 올라가, 그를 번제물로 나에게 바쳐라.
>
> (창세기 22:2)

신은 세 개의 명령(데리고—가라—바치라)을 통해 그 의도를 점차 명확히

해갑니다.

최초의 명령은 '아들'을 사건 속으로 끌어들입니다. 게다가 거기에 덧붙여진 세 가지 말 — '외아들', '사랑하는', 더욱이 이스마엘이 아닌 '이삭' — 은, 곧 그가 아브라함에게 가장 소중한 존재임을 분명히 나타냅니다.

'가라'라는 두 번째 명령은 그 뒤를 잇는 문장('내가 일러주는 산에 올라가')과 함께 아브라함의 최초의 여행을 상기시킵니다. 이번 여행도 그 목적지는 오직 신만이 알고 있으며, 아브라함에게는 나중에 제시되기 때문입니다.

물론 이번에는 '모리아 땅'이라는 방향이 제시되긴 하지만, 사실 모리아라는 이름을 가진 땅은 어디에도 없습니다. 즉, 그것은 실제로는 존재하지 않았던 장소인 것입니다. 구약성서에서 '모리아 산'(역대하 3:1)이라는 명칭은 솔로몬 왕에 의한 신전 건축 때 비로소 등장합니다. 아마도 '이삭 공희'가 이루어진 산을 예루살렘의 오래된 전승에 끌어들이기 위해 후세가 되어 아브라함 이야기에 부가한 것이라 추정되고 있습니다. 그 결과 원래 있던 지명은 말소되어버렸던 것입니다(Rad, 1976).

어찌 되었든 목적지는 미확정인 상태였지만 이 여행의 목적 그 자체는 세 번째의 명령에 의해 명확히 제시되었습니다. '그를 번제물로 나에게 바쳐라' —그것은 첫 번째 명령에서 '아들'을 수식했던 애정이 깃든 표현들('사랑하는 외아들')과 혹독한 대조를 이루고 있습니다. 그것이 이 목적의 가혹함에 한층 더 강력한 인상을 부여합니다.

신의 명령에 대해 아브라함은 여기에서도 말이 아닌 즉각적인 행동으로 대답하고 있습니다. 이야기의 화자는 아브라함의 마음속 움직임을 일체 이야기하려 들지 않습니다. '왜'라는 물음, '그러나' 혹은 '만약' 등의 주저 등 보통 우리가 기대하는 것과 같은, 신에 대한 복종으로 야기되는 심리적 갈등과 같은 것은 한 마디도 기록하고 있지 않습니다.

모리아 산으로의 길

'다음 날 아침 일찍'(창세기 22:3)이라는 것도 단순히 특정한 시간을 의미하는 것이라기보다 아브라함의 복종이 지체 없고, 꼼꼼하며, 정확함을 드러내는 것 같습니다. 그는 꼼꼼하게 준비하고 있습니다.

> 아브라함은 다음 날 아침 일찍 일어나 나귀에 안장을 얹고 두 종과 아들 이삭을 데리고 제물을 사를 장작을 쪼개어 가지고 하느님께서 일러주신 곳으로 서둘러 떠났다.
>
> (창세기 22:3)

이야기는 아브라함의 내면에 대해서는 침묵하는 반면, 구체적인 행동은 상세하게 기술하고 있습니다. 그럼으로써 사건의 경과를 듣는 우리는 한층 강한 관심을 갖게 됩니다. 일부러 '땔나무'를 가지고 갔다는 것은 당시 목적지였던 산이 이미 다 벌채되어 있었음을 말하는 것일까요.

> 길을 떠난 지 사흘 만에 아브라함은 그 산이 멀리 보이는 곳에 다다랐다.
>
> (창세기 22:4)

마음을 짓누르는 신의 침묵 아래 여행은 3일간 계속되고 있습니다. 그 한 걸음 한 걸음이 견디기 어려운 고뇌를 의미하고 있었습니다. 그러나 이야기의 화자는 이 사이 아브라함이 반추한 딜레마에 관해서 무엇 하나 기록하고 있지 않습니다. 반대로 이 여정의 시작과 끝에서 아브라함이 취한 구체적인 행동을 상세히 기록함으로써, 거기에 깃든 그의 괴로운 갈등을 간접적으로 비추어주고 있습니다. 아버지 아브라함에게 희생은 이미 여행과 동시에 시작되었던 것입니다.

산기슭에 이르렀을 때, 이 작은 무리는 두 그룹으로 나누어집니다. 아브라함은 데려온 종들에게 명해 나귀와 함께 거기에 머물게 합니다.

> 나는 이 아이를 데리고 저리로 가서 예배드리고 돌아오겠다.
>
> (창세기 22:5)

이 발언은 종종 진짜 의도를 숨긴 것이라는 듯이 해석되어 왔습니다. 가장 두려운 사실을 빨리 깨닫지 못하게 하기 위한 아브라함의 배려였다고 말입니다. 그러나 텍스트를 문자 그대로도 이해할 수 있습니다. 이야기 최후에 그것이 진실이었음이 증명되기 때문입니다. 즉, 광의로 해석하면 '예배'라는 말에는 희생을 바치는 행위가 포함되며, '돌아오겠다'라는 예고는 마지막에 실현되고 있습니다.

이제 아브라함과 이삭, 아버지와 아들은 완전히 둘만 남게 되었습니다. 아브라함은 명해진 것을 혼자서 하지 않으면 안 되는 것입니다. 아브라함은 '번제물에 사용할 땔나무를 가져다가 아들 이삭에게 지우고'(창세기 22:6), 자신은 '불과 칼'을 손에 듭니다. 그것은 이삭이 다치지 않도록 하기 위한 배려입니다. '불'이라는 것은 불을 일으키기 위한 도구(부싯돌)가 아니라 아마도 타다 남은 불을 넣은 화로일 거라고 추정됩니다.

> 두 사람은 함께 걸어갔다.
>
> (창세기 22:6)

이 짧고 꾸밈없는, 그러나 함축하는 바가 많은 주석은 이 뒤에 다시 한 번 반복됩니다. 말로는 나타낼 수 없는 아브라함의 고독을 가장 잘 말해주고 있는 것입니다.

두 사람이 각각 자신만의 생각을 품고 고독하게 걸어가던 중, 돌연 정적이 깨집니다. '내 아버지'라고 이삭이 말하자, 아브라함이 대답합니다. '여기에 있다. 내 아들아'―'내 아버지'와 '내 아들'이라는 서로에 대한 친근한 호칭 속에 있어야 할 일체의 감정이나 동기는 어딘가에 갇혀 있는 듯합니다.

> 불씨도 있고 장작도 있는데, 번제물로 드릴 어린양은 어디 있습니까?
> (창세기 22:7)

일견 외적인 일을 화제로 삼고 있는 듯하지만 실은 가장 긴박하면서도 '무서운 대화'라고 할 수 있습니다. 이 이삭의 물음은 아브라함의 마음속에 '비수'와 같이 꽂혀왔겠지요. 이 물음에 대해 아브라함은 직접적인 형태로는 대답하지 않습니다.

> 애야! 번제물로 드릴 어린양은 하느님께서 손수 마련하신단다.
> (창세기 22:8)

이 대답은 힘차게 용솟음치고 있는 마지막 희망의 예감을 표현한 것이었을까요? 신은 그렇게까지 잔혹한 것을 요구할 분이실 리가 없다는. 아니면 이삭에 대한 깊은 배려의 마음에서 기인한 난처한 거짓말이었을까요?

그 어느 쪽도 아니었습니다. 아브라함은 실제로 진실을 ― 물론 아들이 이해할 수 없는 진실을 ― 입에 올리고 있는 것입니다. 그러나 놀라운 점은 이 순간 아브라함은 동시에 자신이 이해할 수 있는 것 이상의 진실을 — 자각하지 않고 — 말했다는 사실입니다. 아브라함은 이삭의 물음에 답할 수 있는 것은 신뿐이라고 단언하고 있는 것입니다. 그러나 '신이 준비해주신다'는 사실은, 이 순간에는 아직 확정되지 않은 열린 가능성에 지나지 않습니다.

물론 이 답변으로 이삭을 만족시킬 수는 없었겠지요. 그러나 이삭은 더 이상 물으려 하지 않았습니다. 그는 아버지의 대답에서 아버지가 그 이상을 대답할 수 없음을 느꼈던 것입니다. 대화는 공백을 남긴 채 끝나고 그 이후 더 이상의 이야기는 나오지 않습니다.

> 두 사람은 함께 걸어갔다.
>
> (창세기 22:8)

이 짧은 단순한 반복은 두 사람의 침묵의 깊이를 인상 깊게 표현합니다. 이렇게 두 사람은 고뇌를 품으면서 함께 산을 올라갑니다. 그들과 함께 이야기를 듣는 우리도 희생을 드리는 장소까지 이어지는 위험하고 좁은 산등성이 길을 함께 더듬어 가는 것입니다.

신이 산에 준비하심

> 하느님께서 일러주신 곳에 이르렀다. 아브라함은 거기에 제단을 쌓고 장작을 얹어놓은 다음, 아들 이삭을 묶어 제단 장작더미 위에 올려놓았다.
>
> (창세기 22:9)

재차 희생을 준비하기 위한 이야기가 상세하게 전개됩니다. 마치 이야기의 템포가 갑자기 느긋하게 된 듯이 말입니다. 한 마디 한 마디 '대단히 정확'하게 되풀이되어 갑니다. 그러나 화자는 그때의 아브라함의 태도를 서술하기 위해 굳이 그의 내심을 들여다보려고 하지는 않습니다.

후일의 유대교 해석 — 고대 유대사가 요세푸스(Flavius Josephus) 같은 — 은 이 장면에서 아브라함으로 하여금 길고 장중한 발언을 하게 합니다. 아브라함은 아버지인 자신이 약속의 아들 이삭의 탄생을 크게 고대하고 있었다는 사실을 이야기하고, 그러나 지금 그를 희생물로서 신에게 돌려드리지 않으면 안 된다는 사실을 이야기합니다. 이삭이 모든 것을 이해할 수 있도록 깨우쳐주는 것입니다. '고귀한' 이삭은 자신이 희생으로 바쳐지는 것을 기꺼이 승낙합니다. 아버지의 의지에서 나온 것이라 해도 복종했을 것인데, 하물며 신의 명령이라면 더욱더 그렇다고. 아브라함의 긴 침묵을 불안해하고 있던 이야기의 청중들은, 여기에서 충분히 납득이 갈 설명을 듣게 되는 것입니다. 그러나 지나치게 말이 많은 것은 이 장면에 어울리지 않습니다. 성서 그 자체는 아브라함이 한 마디도 하지 않고 가혹하고 무자비하게 명령을 수행하는 자세를 이야기하고 있을 뿐입니다.

> 아브라함이 손에 칼을 잡고 아들을 막 찌르려고 할 때
>
> (창세기 22:10)

시간이 갑자기 정지(停止)해버린 것 같습니다. 주위의 모든 것이 정지(靜止)해버린 것 같습니다. 화자는 이야기를 듣는 우리 모두의 상상력에 큰 여지를 남기고 있습니다. 행간에는 많은 것이 포함되어 있습니다. 긴장이 최고조에 달했을 때, 그 최후의 순간에 해방이 찾아옵니다.

> 하느님의 천사가 하늘에서 큰소리로 불렀다. "아브라함아, 아브라함아!"
>
> (창세기 22:11)

'천사'라는 것은 우리에 대한 '신의 가능성'(C. 베스터만)을 표현한 것입니다. 두 번 반복해 아브라함을 부르는 목소리는 이 이야기에서 가장 강하고 높이 울려 퍼지는 소리라고 할 수 있습니다. 그것은 최후의 순간에 아슬아슬하게 근본적인 전환을 야기합니다. '아브라함아, 아브라함아'라는 반복은 사태의 절박성을 고하는 것입니다. 그러나 동시에 그것은 천사가 전하려고 하는 기쁨의 메시지를 미리 드러내고 있는 것 같기도 합니다.

'여기에 있습니다'라고 대답하는 아브라함을 향해 천사는 고합니다.

> 그 아이에게 손을 대지 마라. 그 아이에게 아무 일도 하지 마라.
>
> (창세기 22:12)

이 두 개의 말은 내용적으로 같은 것을 말하고 있습니다. 마치 아브라함의 이름을 두 번 되풀이해서 부른 울림처럼 말입니다. '손을 대지 마라'라고, 우선적으로 필요한 금지명령이 내려지고 있습니다. 또 이 문맥에서 '아무 일도 하지 마라'라는 명령은 아이에게 어떤 일도 일어나서는 안 된다는 사실을, 처음부터 신은 어떤 일도 일어나지 않기를 바라고 계셨음을 알려주고 있는 것입니다.

> 나는 네가 얼마나 나를 경외하는지 알았다.
>
> (창세기 22:12)

아브라함의 이른 아침 출발에서 모리아 산상에 이르는 모든 여정이 응집되어 있는 '지금', 신은 시험하려고 했던 진실을 확인했다고 하는 것입니다. 창세기 22장에서 '전지(全知)'는 신의 속성이 아닙니다. 적어도 신의 시련을 전제하는 한, '전지'라는 사고방식은 인간의 주체적 자유와는 병존할 수 없기 때문입니다. 신은 아브라함을 시험하실 때, 그의 자유로운 선택에 맡겼던 것입니다. 아브라함은 완전히 자유로운 복종을 통해 자신의 진실을 확증했습니다.

이 강제되지 않은 자유로운 복종의 행위를 천사는 '신을 경외하는 자'라고 인정하고 있습니다. '신에 대한 경외'는 노예가 주인에게 갖는 두려움도, 누미노제(Numinose: 초월적인 존재에 대한 두려움)도 아닙니다. 자신의 생명이든 자신이 가장 사랑하는 사람이든 무엇 하나 유보하지 않고 신의 자유로운 권한에 속함을 인정하는 가운데에서만 '신에 대한 경외'가 있는 것입니다.

아브라함은 희생을 드렸던 것입니다. 그는 모리아 산으로 출발할 때부터 희생을 드리고 있었습니다. "너는 하나밖에 없는 아들마저도 서슴지 않고 나에게 바쳤다"(창세기 22:12). 그 때문에 이삭을 희생하는 것을, 더 이상 하지 않아도 되었습니다. 이를테면 아브라함의 '신에 대한 경외'가 희생을 대신했던 것입니다.

하늘에서 들려온 구원의 소리는 아브라함의 눈을 뜨게 합니다. 그는 '눈을 들어' 주위를 둘러보고, 한 마리의 숫양이 나무 덤불에 뿔이 걸려 있는 모습을 발견합니다. 아브라함은 "가서 그 숫양을 잡아 아들 대신에 번제물로 드렸다"(창세기 22:13).

그는 출발에 앞서 미리 부여받은 세 가지의 신의 명령(가서-잡아-바치라)을 여기에서 완수할 수 있었습니다. 이 숫양은 신에게서 받은 은혜의 선물이었을 뿐 아니라, '아들 대신'이 되었던 것입니다.

아브라함은 그 장소에 '주의 산에 준비하심'(창세기 22:14)이라고 이름 붙입니다. 그것은 천사의 부름에 의해 이삭의 생명을 돌려받은 아브라함의 감사를 드러낸 것이겠지요. 이야기는 여기에서 최고의 목표에 도달했습니다. '주가 준비해주신다'라는 말은, 이삭의 물음에 대한 아브라함의 대답을 문자 그대로 반복하고 있습니다. 즉, 이야기의 가장 어두운 밑바닥과 이야기의 가장 빛나는 정점이 서로 호응하고 있음을 알 수 있습니다. 신의 부르심에서 시작된 이야기는 최후에 다시 '신이 준비해주신다'라는 신에 대한 찬가로 끝나는 것입니다.

아브라함의 복종에 대한 신의 긍정은 이미 앞서 하늘의 소리로 나타났지만, 천사는 거듭하여 그것을 장중하게 선언합니다.

> 네가 네 아들, 네 외아들마저 서슴지 않고 바쳐 충성을 다하였으니, 나는 나의 이름을 걸고 맹세한다. 이는 내 말이라, 어김이 없다.
> 나는 너에게 더욱 복을 주어 네 자손이 하늘의 별과 바닷가의 모래같이 불어나게 하리라. 네가 이렇게 내 말을 들었기 때문에 세상 만민이 네 후손의 덕을 입을 것이다.
>
> (창세기 22:16~18)

신이 정식으로 맹세한 이 약속은 '최고의 찬사'라고 말할 수 있을 것입니다. 신은 아브라함의 복종으로 인해 그의 민족의 모든 후손이 축복을 받게 되었다고, 아니, 그뿐 아니라 지상의 모든 민족이 축복을 받게 되었다고 선언한 것입니다. 이러한 찬사에도 아브라함의 철저한 침묵의 자세에는 승리에 우쭐대는 듯한 승리자의 자세가 전혀 없습니다. 아브라함은 처음부터 끝까지 신뢰와 복종의 사람이었으며, 그 때문에 '조용하고 사려 깊은'(J. A. 조긴) 태도가 언제나 그를 떠나지 않았습니다.

사실 이렇게 재확인된 신의 약속은 아마도 원래의 이야기에는 없다가 후세에 가필된 것이라 추정됩니다. 그것은 필시 아브라함의 희생 이야기에 담긴 의미를 '최초로 풀이하는 주석'(J. L. 매켄지)일 것이라 여겨지고 있습니다. 그러나 여기에서 모든 축복은 아브라함이 신의 목소리를 듣고 순종했기 때문이라는 이유를 달고 있습니다. 그렇게 되면, 축복의 현실 전체가 흡사 인간의 행위에 의해 좌우되는 듯한 오해를 낳지 않을 수 없겠지요. 그것은 아마 이야기가 원래 의도하는 바는 아니었을 것입니다(Zimmerli, 1976).

> 아브라함은 종들이 있는 곳으로 돌아와서 그들을 데리고 걸음을 재촉하여 브엘세바로 돌아갔다.
>
> (창세기 22:19)

이것은 분명히 산상에서의 사건(14절)과 그대로 이어지며, 종들에게 했던 예고(5절)와도 연결됩니다.

이전의 해석에서는, 창세기 22장의 이야기가 인신공희(供犧)를 동물공희로 대신하게 되었던 선사시대의 이야기일 거라고 추정했습니다. 그러나 최근에는 이야기가 성립한 연대도 비교적 후대인 바빌론 유수 이후의 시대로 추정되고 있습니다. 이러한 성립 시기와 이야기의 문학적 양식은 이 이야기가 오랜 세월에 걸친 이스라엘 민족의 신앙 경험과 그 신학적 반성의 소산임을 명확히 나타내고 있습니다. 이스라엘 백성은 바빌론 유수를 비롯하여 망국과 고난의 운명을 신이 주신 시련으로 받아들여 왔던 것입니다. 그들은 이 조상 아브라함의 일을 이야기하면서, 동시에 자기 자신의 일도 이야기해 왔습니다. 이 조상과 자기 자신을 일체화시켜, 그 가운데서 자기 자신의 모습을 재발견할 수 있었던 것입니다. 신에 의한 개인의 시련 속에는, 민족의 시련이 전제되어 있는 것입니다(Westermann, 1983).

이 이야기 자체는 역사적인 사건도, 체험 보고도 아닙니다. 그런 의미에서 역사적 사실은 아니라고 할 수 있습니다. 그러나 한층 깊은 의미에서, 여전히 진실한 이야기입니다. 왜냐하면 여기에서 개인의 운명으로 그려지고 있는 내용은 언제 어디에서든 항상 '진실'이라고 말할 수 있는 것이기 때문입니다. 즉, 인간 고난의 역사를 넘어, 언제나 '신이 준비해주신다'라는 한층 강력한 신의 진실이 관통하고 있기 때문입니다. 이야기 신학의 '계열'이 말하고자 하는 것은, 그야말로 이 근원적 사실에 대한 찬미라 할 수 있습니다.

(2) '신앙의 원형' – 신약성서에서 현대 정신분석까지

모리아 산의 '희생' 이야기는 긴 역사 속에서 다양한 방법으로 해석되어 왔습니다. 해석자들은 각자의 시대가 가진 특유의 관심사에 따라 이 이야기에 접근해 이것을 자신들의 문제에 도움이 되는 형태로 받아들였습니다.

신약적 해석=그리스도 예형론

이 이야기는 신약성서 가운데에도 분명한 흔적을 남기고 있습니다. 다만 그 숫자는 그다지 많지 않습니다. 바울은 인간이 '행위'에 의해서가 아니라 '신앙'에 의해서 의롭다고 여겨진다는 점을 논하면서, 자주 아브라함을 신앙자의 '모범'으로 인용하고 있습니다(로마서 4:1~24, 갈라디아서 3:6~29). 그러나 그럼에도 바울이 어디에서도 창세기 22장의 이삭의 희생에 대해 직접적으로 언급하고 있지 않는 것은 대단히 인상적입니다. 아마 그 이유는 당시 유대교에서 이 텍스트를 모범적인 '행위'=아브라함의 '업적'으로 보는 해석이 일반화되어 있었던 점과 무관하지 않을 것입니다.

신앙과 행위의 관계와 관련하여 주목을 받는 것은 야고보서의 기술입니다. 거기에서는 '행위를 수반하지 않는 신앙은 쓸모가 없다'는 가르침의 증언으로 '이삭의 공희'가 인용되고 있기 때문입니다. "신이 우리의 아버지 아브라함을 의롭다고 여겼던 것은 아들 이삭을 제단 위에 드리는 행위에 의해서가 아니었습니까"(야고보서 2:21). 나아가 이 말에 이어 아브라함의 예에서 신앙과 행위가 '함께 작용했고', 행함에 의해 신앙이 '완성되었다'고 결론 맺고 있습니다.

흥미로운 것은, 계속해서 야고보서의 저자가 창세기(15:6)에 나오는 '아브라함은 신을 믿었다. 그것이 그의 의로 여겨졌다'라는 말씀을 인용하고 있는 점입니다. 이렇게 두 구절을 연결시킴으로써, 저자는 자신이 '행위'에 의한 의로움을 지지한다고 비난받는 것을 피하려 한 것일까요? 만일 그렇다면, 이는 역으로 그가 창세기 22장을 정말로 그런 의미로 해석하고 있음을 드러내는 일이 되겠지요.

신약성서에서 창세기 22장을 언급했던 두 번째 예는 히브리서(11:17~19)입니다. 이 텍스트는 신앙의 본질에 관한 커다란 논의를 다루고 있습니다. 그 때문에 히브리서 11장은 아브라함을 비롯해 구약성서의 많은 신앙의 증인을 언급하고 있습니다. "믿음은 우리가 바라는 것들을 확신시켜주며 볼 수 없는 것들을 증명해줍니다"(히브리서 11:1)라는 정의를, 이 증인들을 통해 예증하고 있는 것입니다.

"아브라함은 믿음이 있었기 때문에 하느님께서 그를 시험하시려고 이삭을 바치라고 명령하셨을 때 기꺼이 바쳤습니다. 이삭은 외아들이었고 하느님이 아브라함에게 약속해주신 아들이었지만 그를 기꺼이 바치려고 했던 것입니다"(히브리서 11:17). 여기에서는 이 '외아들' 이삭이 아브라함에 대한 약속의 상속자인 것을 강조하고 있습니다. 희생 사건은 창세기에 나오는 아브라함 전승 전체 가운데에서 중요한 위치를 가지고 있는 것입니다. 그렇다면 아브라함에게 희생의 행위를 가능하게 했던 힘은 무엇이었는가. 히브리서의 저자에 의하면, 그것은 '신이 사람을 죽은 자 가운데서 되살리시는' 힘을 가지고 있음을 아브라함이 믿고 있었기 때문이라고 합니다. 이삭을 되돌려 받았던 것은 '죽은 자 가운데서 되돌려 받은 것'(히브리서 11:19)이라는 말입니다.

　죽은 자의 부활이라는 사상은 ― 훨씬 후대의 초기 유대교에 나옵니다만 ― 구약성서의 족장 이야기에서는 발견되지 않는 사상입니다. 그 사상을 창세기 22장의 이야기에 넣은 것은 물론 시대착오겠지요. 그러나 히브리서는 아브라함 자신의 행위에서 '죽은 자도 살리는' 신의 힘과 행위로 시선을 옮기고 있는 것입니다. 그럼으로써 이야기의 원래의 의의에 한층 접근하고 있다고 말할 수 있습니다.

　신약성서 이후의 시대가 되어 더욱 주목할 만한 다른 해석이 나타납니다. 거기에서는 이사야서 53장의 고난의 이야기를 매개로 '이삭의 공희'가 처음으로 그리스도의 십자가의 예형(豫型)으로 파악됩니다. 그것을 증언하는 가장 오래된 문헌은 사데(Sardes) 지방의 멜리톤(Meliton)이 남긴 단편(2세기)입니다. 그 무렵 창세기 22장 이야기의 개별 장면이 우의적(寓意的)으로 해석되게 됩니다. 예를 들면, 대역이 되었던 숫양이 그리스도를 의미하고, 땔나무를 등에 진 이삭이 십자가를 진 그리스도를 가리킨다고 하는 식으로 말입니다. 이러한 예형론(豫型論)적 해석은 그 후 중세 교회, 나아가 근대 이후에도 다양한 신학자들에 의해 반복되어왔습니다.

이 예형론의 최대의 약점은 이삭이 실제로 희생으로 바쳐지지 않았다는 점에 있습니다. 그렇다고 해도 '얘야! 번제물로 드릴 어린양은 하느님께서 손수 마련하신단다'라는 말이 가진 깊은 함축이 기독교인의 신앙적 상상력을 강하게 촉발해왔던 것은 부정할 수 없을 것입니다(ギブソン, 1995).

이것은 바울에게도 마찬가지였을 것 같습니다. 그가 쓴 로마서 8장 32절에서 창세기 22장의 사건에 대한 암시를 읽어내는 것도 가능하지 않을까요. '우리 모두를 위해 그 아들조차 아끼지 않고 죽음에 내주신 분이 아들과 함께 모든 것을 우리에게 주시지 않을 까닭이 있겠습니까'. 아브라함의 희생은 기독교인의 신앙적 상상력을 자극하여 아버지 되는 신의 행위에 대한 희망과 신뢰를 불러일으키는 것입니다.

그 이후 기독교에서는 이야기를 주로 교육적·건덕적(建德的)으로 해석하는 경향이 널리 퍼지게 됩니다. 고대 교부 이래 종교개혁의 해석에서도, 아브라함의 시련은 거의 일관되게 그 개인을 떠나 한층 보편화되어, 기독교인 한 사람 한 사람의 신앙생활에 적용되는 형태로 파악되어 왔습니다. 아브라함은 그 시련 앞에서 보여준 행동을 통해 기독교인의 신앙적 모범으로 여겨질 뿐만 아니라, 그 자신이 그리스도 안에서 신과의 관계를 나타내는 한 사람의 기독교인으로 간주되기까지 했던 것입니다.

근대적 해석

이러한 해석의 흐름 가운데 가장 대표적인 것은 앞에서도 언급했던 키르케고르입니다. 그는 아브라함을 '신앙의 기사(騎士)'로 파악하고, 시인적 직관력을 통해 인간의 내면성을 선명하게 비추면서, 창세기의 이야기를 자기 자신의 주체적인 문제와 연관시키고 있습니다. 실제로 '이삭의 공희'는 키르케고르에게 신앙적으로 '동시성'을 가진 사건이 되고, 키르케고르 자신의 — 열렬히 사랑했던 소녀 레기네와의 약혼 파기 사건을 상징하는 — 이야기가 되었던 것입니다(Tschuggnall, 1990).

그러나 근대의 사상가들은 이런 식으로 이해하는 것을 받아들이지 않았습니다. 그들은 자주 아브라함의 태도를 냉엄하게 비판했습니다. 예를 들면 칸트가 그 대표적인 한 사람입니다. 칸트의 '이성종교'의 입장에서 보면, 자신의 아들을 죽일 것을 요구하는 신은 도덕법칙에 반하는 존재이기 때문에 진정한 신이라고 할 수 없습니다. 설령 하늘로부터 들려온 소리라고 해도 아브라함은 그것을 '착각'이라고 여기고 거부해야 했다는 것입니다(Kant, 1798). 그러나 실제로 그랬을 가능성은 전혀 없습니다. 이 이야기에 의하면, 아브라함은 자신에게 말을 걸고 있는 이가 피에 굶주린 악마가 아닌, 진실한 신이라는 점을 처음부터 확신하고 있었기 때문입니다.

그러나 20세기의 현대사는 '총통(總統)의 의지'에 대한 절대적 복종으로 인해 발생한 사건, 즉 아우슈비츠의 비극을 되돌아보면서, 다시 한 번 '신의 소리를 모방한 악마'의 문제를 가차 없이 추궁합니다. 제2차 세계대전 후 얼마 지나지 않아(1953년) 유대교의 철학자 마르틴 부버는 키르케고르의 『공포와 전율』에서 가장 높게 칭송되었던 아브라함의 복종에 큰 의문과 주저를 느끼지 않을 수 없었던 모양입니다.

윤리적인 것의 '정지'가 문제되는 곳에서, 다른 모든 물음에 선행하는 물음 중의 물음이라고 말할 만한 것은 다음의 것, 즉 '너는 진정으로 절대자의 부름을 받았는가, 그렇지 않으면 절대자의 흉내를 내는 사이비들의 부름을 받았는가?'이다. 그때 유의해야 하는 것은 성서가 보고하고 있듯이, 단독자에게 말을 거는 신의 소리는 '가늘고 조용한 소리'(열왕기상 19:12)인 반면, 악마의 소리

는 대체로 위압적인 태도의 외침을 선호한다는 것이다. 그렇지만, 특히 오늘날 후자를 전자와 구별하는 것은 참으로 어렵다. …… 확실히 인간은 항상 반복적으로, 암흑 속에서 이삭을 방기하라는 강요를 받아왔다. 그리고 여기에서 중요한 것은, 오직 단독자 그 자신만이 자기에게 '이삭'이라는 것이 무엇을 의미하는가를 사색할 수 있다는 사실이다. …… 그런데 니체가 '신은 죽었다'라고 외친 이래, 즉 사실적으로 말하면 인간 마음의 형상력이 사멸해버린 이래, 즉 정신의 눈동자가 절대자의 현현을 더 이상 식별하지 못하게 된 이래, 여러 가지 형태의 사이비 절대자가 영혼을 지배하고 있다. 동서양을 불문하고, 오른쪽이건 왼쪽이건 가는 곳마다 인간 세계의 전면에 걸쳐, 이러한 사이비 절대자는 아무 방해도 받지 않고 윤리적인 영역을 관통하며, 너에게 산 제물을 요구하고 있다(ブーバー, 1968b).

부버의 전망은 상당히 어두운 것이나 아직 희망을 잃어버린 것은 아니었습니다.

사상 최악의 우상숭배를 눈앞에 두고 어떠한 탈출구도 없는 듯이 여겨진다. 인간의 새로운 양심이 소생할 때까지는, 그로부터의 탈출구는 존재하지 않을 것이다. 세상사를 더없이 맑은 눈빛으로 음미하고, 그때마다 거짓된 절대자 가운데로 파고들어 가서 끝내 그 한계와 그 유한성을 철저히 밝혀내는 것―아마도 오늘날 이것 말고는 절대자의 불멸의 현현을 식별해내는 눈동자의 힘을 다시 각성시키는 길은 존재하지 않을 것이다(ブーバー, 1968b).

칸트와 같은 선상에 서서 명확하게 아브라함에 대해 부정적인 태도를 취하는 것은, 근대 휴머니즘 전통에서 널리 공통되는 경향입니다. 현대의 철학자 레셰크 코와코프스키(Leszek Kołakowski)를 통해 그것을 살펴봅시다. 그는 아브라함 이야기에 현대적인 윤색을 가해 풍자적인 다시 쓰기를 시도하고 있습니다(Kołakowski, 1966).

여기에서 아브라함은 이른바 '복종의 사도'로 파악되고 있습니다. 코와코프스키에 의하면, 아브라함은 명령이 신으로부터 온 것인가를 의심하는 것이 불가능했습니다. 그는 '오늘날의 우리에게는 알려지지 않은 방식으로' 창조자와 이야기할 수 있는 신뢰 가능한 수단을 가지고 있었기 때문입니다. 그는 '위에 있는 존재(신)에 대한 확실한 신뢰 관계'에 있었습니다. 아브라함에게 요구되었던 것은 '위에 있는 권위에 대한 절대적 복종'이었습니다. 신이 아브라함에게 약속했던 큰 백성이 된다고 하는 '미래의 운명도 국가의 위대함'도, 신의 모든 명령을 충실하게 수행한다는 것을 조건으로 하고 있었던 것입니다. 외아들 이삭조차 희생으로 드리려 했던 아브라함의 복종에 대해 '신은 만족하여 미소 짓고, 아브라함의 어깨를 두드리며 축복의 약속을 반복한다. 왜냐하면 너는 내 음성을 듣고 순종했기 때문이다'라고.

코와코프스키는 나아가 이 이야기의 말미에 재미있는 후일담을 써넣고 있습니다. '만사가 잘되었다. 집안에는 웃음꽃이 피었다. 그러나 이삭은 그 쇼크에서 회복되지 않았다. 이때 이후 그는 다리를 비틀거리게 되었다. 그는 아버지와 얼굴을 마주할 때마다 욕지기가 치밀어 올랐다……' 물론 이것은 집안의 '웃음'을 말하면서, 이삭(웃음)이라는 이름이 갖는 아이러니를 넌지시 암시하고 있는 것이지요.

이 해석에서 아브라함은 '상사'에 대해 절대적으로 복종하는 '부하'와 같이 묘사되고 있습니다. 코와코프스키는 1960년대의 네오마르크스주의자로서 서구에서 큰 주목과 기대를 불러 모았던 지식인 중 한 사람입니다. 그러나 당시 스탈린주의적 통치하에 있던 고국 폴란드에서 그는 비난의 표적이 되었습니다. 이 풍자적인 아브라함 해석을 통해 코와코프스키는 혁신적인 휴머니즘의 존재 방식에 대해 묻고 있었던 것입니다.

확실히 과거의 역사를 되돌아보면, 신의 권위를 증거로 내세워 – '왕권신수설' 등 – 지배자에 대한 절대적 복종을 요구하는 경우도 있었습니다. 그러나 다른 한편으로는 신에 대한 복종에 근거하여 인간에 대한 불복종, 즉 부정한 지배에 대한 저항이나 항거의 가능성도 생겨났던 것입니다.

창세기 22장의 이야기를 통해 신이 인간의 희생을 원하지 않는다고 결론 내릴 수 있다면, 이제는 누구에게도 인간을 억압하고 희생하는 것은 허락될 수 없겠지요. 아브라함과 같이 신에게 복종한다는 것은, 신 이외의 어떠한 권위에도 따르지 않음을 의미하고 있는 것은 아닐까요. 그렇게 본다면 이 아브라함의 복종이야말로 현대적으로 봤을 때 부정한 권력에 대한 '시민적 불복종'(J. 에바흐)의 동기 및 근거가 될 수 있는 것은 아닐까요.

전제군주와 같이 인간에게 전적으로 타율적인 복종을 요구하는 신이라는 것은 성서의 신 관념에는 맞지 않습니다. 신이 인간에게 요구하는 것은 노예적인 복종이 아닌, 오히려 책임 주체로서의 자발적 복종입니다. 그런 의미에서 우리가 '성숙한 어른'이 되는 것이야말로 신이 기대하고 있는 것은 아닐까요.

정신분석학적 해석

그러한 시점에서 창세기 22장의 이야기를 한층 현대적으로 보편화하여 파악했던 오이겐 드레베르만(Eugen Drewermann)의 정신분석학적 해석을 살펴봅시다.

드레베르만은 아브라함이 경험했던 것을 '시련'이라고 하기보다는 인생의 '위기'라고 불러야 적절할 것이라고 말했습니다. '이삭의 공희'의 이야기에서 아브라함은 실제로 그의 인생 전체의 궁극적인 결실을 잃을지도 모르는 위기에 빠진 것입니다(Drewermann, 1986).

우리는 자신에게 절실하게 귀중한 것을 가능한 한 확보하려고 노력합니다. 그러나 자기의 생명을 지키려고 하면 이를 잃고, 신을 위해 ─ 나아가 이웃을 위해 ─ 그것을 희생할 때만 진정으로 지킬 수 있다고 하는 것이야말로 성서의 메시지가 아니겠습니까. 아브라함 이야기의 핵심을 이루는 것은 바로 이 진리이지 않겠느냐는 것이 드레베르만의 생각입니다.

아브라함이나 사라와 마찬가지로 많은 부모는 아이가 존재하기에 ─ 신과 인간 앞에서 ─ 자신 또한 존재한다는 느낌을 받으며, 또 여기에 따라 행동합니다. 부모는 아이를 위해 자신이 필요하다는 사실에서 삶의 보람을 발견하고는 합니다. 거기에서 종종 부모는 자신의 관심이나 바람을 모두 아이에게 집중합니다. 자기 인생에서 실현되지 못했던 희망을 죄다 아이의 미래에 기대합니다.

그러나 여기에서 '비극적인 변증법'이 발생하지 않을 수 없습니다. 부모가 이런 식으로 '내 아들', '사랑하는 외아들'에게 매달리면 매달릴수록 점점 아이를 잃어버리게 됩니다. 다시 말해 아이는 자기 자신으로서 살아가는 것이 어려워집니다. 너무나도 자애로운 부모 때문에 아이는 옴짝달싹 못한 채 질식해버리기 때문입니다. 한편 부모 쪽에서도 아이에게 얽매여 사는 것을 멈추지 않으면, 부모라는 인생의 단계에 어울리는 삶을 놓쳐버리게 됩니다.

바로 '이삭의 공희'의 이야기에서와 같이, 그 아이를 희생으로 바치라는 신의 요구가 어떤 인생에서든 ─ 모든 부모에 대해 ─ 닥치는 시점이 있는 것입니다. 바야흐로 아이로부터 내면적으로 거리를 두는 것, 문자 그대로 '넘겨주고', 어떤 의미에서는 '죽이는' 것이 피하기 어려운 의무가 되는 것입니다. 그런 의미에서 본다면, 이 '이삭의 공희'에서 요구되는 것은 심리학적인 의미에서의 '상징적 행위'(E. 프롬)라고 말할 수 있습니다. 무엇보다 사랑하는 자일수록, 더 이상 자기의 손에 움켜쥐고 있는 것이 허락되지 않는 것입니다.

주목해야 할 점은 아브라함의 이 '시련'이 그의 인생 후반에 이르러 주어졌다는 것입니다. 그것은 그가 신의 소명을 받은 인생 전반에서 항상 배워야 했던 교훈과도 이어진다고 할 수 있습니다(창세기 12:1 이하). 이미 당시에도 신과 만나는 것은 그에게 부모 조상의 집이나 고향을 뒤로하는 것을 의미하고 있었습니다. 당시에 신은 아브라함에게 그때까지 그의 인생을 만들어 왔던 과거의 모든 것을 포기할 것을 요구하셨습니다. 그 인생을 전통이나 관습의 굴레 속에서 보내는 것이 아니라, 열린 미래에 대한 희망을 가지고 자기 자신의 인생을 사는 자가 될 것을 명령하셨던 것입니다. 이제 신은 다시 한 번 아브라함에게 장래를 향해 모든 것을 던질 것을 요구하십니다. 즉, 이번에는 신 앞에서 받았던 것과 그가 기대하고 있었던 미래의 모든 것을 버릴 것을.

지난날 그가 배웠던 것은 부모 조상들로부터 분리되는 것이었습니다. 지금 그가 배우지 않으면 안 되는 것은 그 아이를 넘겨주는 것입니다. 부모 조상들과의 유대 속에서도 아닌, 자손과의 연결 속에서도 아닌, 아브라함은 거룩한 신 앞에서 자기 자신의 생을 찾지 않으면 안 되는 것입니다. 신과 만난다는 것은 양방향의 선상에서 – 인생의 전반이건 후반이건 – 생의 유대를 끊는 것을 의미하고 있습니다. 신 앞에서는 오직 나 자신의 인생, 나 자신의 존재가 개인적=인격적인 물음을 받고 있는 것입니다.

이 점과 관련해 무척 흥미로운 것은 아브라함이 정말 이삭을 죽이려고 칼을 치켜 올렸을 때, 그 손을 저지했던 천사의 부름입니다. 그때까지 이삭은 반복해서 '아들'이라고 불리고 있었는데, 여기에서는 '그 아이' — 마르틴 부버의 유명한 독일어 역에서는 확실히 '그 젊은이' — 라고, 이른바 제3자적으로 불리고 있는 것입니다. 부모와 자식이라는 피의 관계를 떠나 서로의 자율성=타자성의 관계가 열리고 있다고 보는 것도 가능할지 모릅니다.

신이 아브라함에게, 또한 신이 말을 거는 한 사람 한 사람의 인간에게 요구하고 있는 것은 그 부모 조상이나 아이 속에서 도피처를 찾는 것이 아니라, 자기 자신의 인생으로 되돌아가는 것입니다. 신과의 만남 속에서 인간이 최초로 느끼는 것은 자기의 주위를 둘러싸고 지탱해주던 것이 모두 없어진다는 불안감이겠지요. 지금까지 인생에서 의미와 버팀목이 되어주었던 것, 그 출신과 장래를 확실하게 해주는 것처럼 느껴졌던 모든 것이 소멸하고, 힘을 잃고 마는 것처럼 여겨지기 때문입니다.

신의 눈앞에서, 인간은 완전히 자기의 현재와 현실로 돌아오는 것입니다. 인간은 본래 자기 자신일 뿐이며, 결코 그 이외의 존재일 수 없는 것입니다. 아브라함에게 말을 거는 신은 아브라함이 — 또한 신의 말에 귀를 기울이는 우리 한 사람 한 사람이 — 자기 자신으로 살 것, 고유한 자유와 인격을 가지고, 고유한 역사와 사명을 가지고, 고유한 존엄과 책임을 가지고 살 것을 바라고 있는 것입니다.

물론 표면적으로 볼 때 신은 인간에게 모든 것을 요구하고 있는 듯 보입니다. 그러나 실은 모든 것을 주십니다. 성서의 신은 인간이 환경이나 전통의 일부가 아니라, 참된 인간으로서 살기 위해 자기 자신의 생으로 돌아올 것을 요구하고 있는 것입니다. '이삭의 공희'는 단순한 희생으로 끝나는 것이 아니라, 참 생명을 돌려받는 것을 의미합니다. 아브라함이 신에게 이삭을 빼앗기고, 다시 돌려받았다고 하는 이 두 가지 사건은 사실 하나의 일인 것입니다.

자기 자신이 되기 위해서 아브라함은 그때까지 인생의 의미 그 자체가 되어 있었던 아들과의 일체화를 철회합니다. 이제 그는 자기의 미래를 보증해 줄 아들에게 기대는 것이 아니라, 자신의 책임으로 사는 것입니다. 그것은 인생 후반을 사는 아브라함에게 다음과 같은 단념을 의미하고 있습니다. 즉, 결코 자기의 한정된 인생을 — 개인으로서의 생명력의 — 한도를 넘어서까지 연장하려 하지 않는 것입니다. 아브라함은 자신의 내면에서 이 결정적인 발걸음을 떼지 않으면 안 되었습니다. 그때 그는 외견상으로 폭력을 써서 '아들을 희생하는 것 같이 보였으나 사실 자기 자신을 희생시켰던' 것입니다 (Kassel, 1980).

이 신앙의 시련 이후 아브라함은 그의 아이 속에서 사는 대신, 오직 신 안에서 살았습니다. 이 신 안에서만 아브라함은 자기의 고유한 생과 고유한 미래를 가질 수 있기 때문입니다. 아브라함의 이 갈등 극복은 역으로 이삭의 시점에서 보면, 압도적인 아버지의 지배에서 해방되어 자기의 고유한 삶을 살 자유를 돌려받은 것을 의미하는 것이겠지요.

이렇게 보면, 아브라함 이야기에서 신이 요구한 '희생'은, 그야말로 내적으로 자기 자신의 생에서 새롭게 태어나는 진통이라 할 수 있을 것입니다. 정신분석학적으로 보면 아이를 희생하는 것은 바로 '개성화 과정'(C. G. 융)의 적극적인 국면과 단계를 드러내는 것으로 이해될 수 있습니다. 실제로 그것은 아브라함의 여정에서 신이 가리켜 보인 인생의 궁극의 목표를 상기시키는 것입니다. 즉, '너는 내 앞을 떠나지 말고 흠 없이 살아라'(창세기 17:1). 이것은 전인격적인 '완전한 자기'가 되라는 호소로 듣는 것도 가능할 것입니다. 이와 같은 의미에서 아브라함은 주체적으로 살고자 하는 '신앙의 원형'(E. 드레베르만)이라고 할 수 있습니다.

(3) '이삭의 결박' – 랍비 전승에서 아우슈비츠까지

유대교적 전승

기독교의 해석에서 창세기 22장의 이야기는 주로 아브라함의 시련이라는 관점에서 파악되어 왔습니다. 반면 유대교의 해석에서는 이삭의 희생 — 도살되는 자가 된 이삭 자신의 불안과 결의라는 점에도 주목하고 있습니다. 실제로 유대교의 오래된 전승에서, 이 이야기는 '이삭의 결박(Akedah)'으로 불려왔습니다(Gradwohl, 1995).

확실히 창세기 22장은 직접적으로 이삭의 '희생' 행위에 관해서 이야기하고 있지는 않습니다. 아브라함은 '아들 이삭을 묶어'(창세기 22:9)라고 기록되어 있을 뿐입니다. 이 '묶다'라는 말은 희생동물의 다리를 끈으로 연결시키는 행위를 가리킵니다. '아브라함의 시련'인가, '이삭의 결박'인가. 표제 여하에 따라 텍스트를 둘러싼 논의에서 아브라함과 이삭 중 어디에 초점을 둘 것인가의 차이가 생길 수 있습니다.

이삭의 희생 쪽에 관심을 두게 되면 동시에 '아케다=결박'의 행위도 이삭의 '업적'으로 파악할 수 있습니다. 우리는 모리아 산에 동행한 이삭을 '아이'라고 표현한 것을 보고, 너무나 어린아이를 생각해왔던 것은 아닐까요. 이삭은 이미 희생제의가 어떤 것인지 잘 알고 있었고, 실제로 자신의 등에 땔나무를 지는 것도 가능했습니다. 이삭의 자발성=자립성을 인정하여, 창세기 22장의 이야기를 성인식 이야기(H. C. 화이트)로 보는 의견도 있을 정도입니다.

앞서 인용했던 유대사가 요세푸스는, 이때의 이삭의 연령을 25세로 추정하고 있습니다. 랍비 전승 가운데에는 37세라는 설도 있습니다. 그것은 바로 뒤에서 볼 수 있듯이, 사라가 '아케다'의 사실을 안 직후에 그 충격으로 죽었다는 전승과 이 창세기의 기사를 짜 맞추어 해석한 결과입니다. 즉, 이삭이 탄생했을 때 90세였던 사라는 127세에 죽은 것으로 되어 있기 때문입니다(창세기 17:17, 21:5, 23:1 참고).

그건 그렇다 치더라도 아브라함이 침묵한 채 '땔나무와 칼'을 가지고 이삭을 데리고 나간 어느 아침, 사라는 무엇을 생각하고 있었던 것일까요. 이 텍스트의 해석사에서 사라의 마음을 덮친 시련이나 절망의 깊이에 관해 누구 하나 언급하고 있지 않는 것도 불가사의합니다.

어쨌든 이 연령 계산은 '아케다' 그 자체의 해석에서도 중요한 의미를 가집니다. 37세의, 인생의 한복판에 있는 활동력이 넘치는 인간을 결코 의지를 품지 않은 희생자=피해자라고 생각하기는 어렵습니다. 오히려 이삭의 확실한 동의가 전제되어야겠지요. 그와 동시에 '아케다'는 — 어찌 되었든 아브라함에게만이 아니라 — 이삭 자신에게도 시련을 의미하지 않을 수 없었습니다. 이삭은 단지 수동적으로 휘말렸던 것이 아니라 자발적으로 자기 자신을 '번제물'로 드렸던 것입니다.

'아케다'와 관련된 여러 가지 오래된 전승들을 집성한 3세기의 미드라시(Midrash)에서는 희생을 드릴 것을 결의하면서 아브라함이 획득한 '업적', 또한 자기 몸을 묶게 했던 이삭의 '업적'에 주된 중심이 놓여 있습니다. 게다가 대단히 오래된 전승에서는 종종 아브라함이 아닌, 이삭이 본래의 영웅처럼 그려져 있습니다. '아브라함은 묶기 위해서 가고, 이삭은 묶이기 위해 나아갔다. 아브라함은 죽일 것을, 이삭은 죽임 당할 것을 결의했다'라는 식입니다. 실제로 이삭은 자기의 신체를 빈틈없이 동여매도록 아버지에게 간청했다고 되어 있습니다. 자기가 움직여 몸에 상처를 내 봉헌물로서 가치 없게 되는 일이 일어나지 않도록 말입니다.

인간을 제물로 바치는 것은 유대교의 전승에서는 대체로 생각할 수 없는 일, 가장 전율할 만한 일로 간주되고 있었습니다. 따라서 희생될 것을 스스로 받아들이는 결의만으로도 이미 충분한 것입니다. 마지막까지 가지 않았던 이 희생 행위는 그 자체로 이미 후대에까지 미치는 구원의 가치를 가진 것으로 여겨지고 있습니다(Krupp, 1995).

실은 코란에서도 '이삭의 결박'과 비슷한, 아들의 희생과 그 구원에 관한 이야기가 있습니다. 이 에피소드는 창세기 이야기와 밀접하게 연결되어 있습니다만, 대단히 짧을뿐더러 작지만 중요한 차이가 있습니다.

> '내 아들아, 꿈에서 내가 너를 죽이려 하는 것을 봤다. 너는 어떻게 생각하는가'라고 그(아브라함)가 말하자, '아버지, 부디 (신의) 명령대로 행해주세요. 알라의 마음이라면 나는 반드시 똑똑히 해보이겠습니다'라고 대답했다.
>
> (코란 37:101~102)

여기에서는 아들의 이름이 명시되어 있지 않기 때문에, 코란의 이슬람적 해석은 희생으로 드려졌던 아들이 이삭이 아니라 틀림없이 이스마엘이었을 거라고 추정하고 있습니다(Khoury, 2004). 거기에는 희생으로 드려지는 것을 기꺼이 받아들이는 결의에서 위대한 업적을 읽어내는 '이삭의 결박'의 전통이 반영되어 있는지도 모릅니다.

하지만 이 에피소드에 이어지는 텍스트에서는 '이스학(이삭)'이라는 이름이 언급되고 있어 꼭 일관성 있게 보이지는 않습니다(코란 37:112. 그 외, 11:71, 15:53, 19:49 등 참고). 다만 이것이 아브라함의 '시련'이었음이 밝혀진 뒤, '훌륭한 희생동물로써 그 아들을 구했다……'(코란 37:107)는 기사는 매년 메카순례의 최후에 행해진 희생제의의 근거가 되었다고 합니다.

'아케다'는 유대교 신년제의 한 부분을 차지하게 되었습니다. 제사 때 토라의 두루마리에서 창세기 22장이 낭독되며, 특히 기도를 드릴 때 이삭의 희생 '결의'가 상기됩니다. 유대교 전승 가운데에서 신년은 이삭의 탄생일인 동시에 모리아 산에서의 희생의 날에 해당한다고 여겨지고 있습니다. 이날에 울려 퍼지는 숫양의 뿔피리는 그때 이삭 대신 제물이 된 숫양을 상기시키는 것입니다.

아우슈비츠 강제수용소에서

네덜란드의 유대교 학자 빌럼 자위데마(Willem Zuidema)는 아우슈비츠에서 맞이한 '신년'의 인상적인 사건에 대해 전하고 있습니다.

1944년의 섣달 그믐날 저녁, 강제수용소장 루돌프 헤스(Rudolf Hess)는 다음 날, 즉 설날 아침에 14세부터 18세까지의 소년 포로들 중 몇 명을 '선택'하라고 명령했습니다. 오직 중노동을 견딜 수 있는 자만이 생존을 인정받을 수 있다는 조건으로 말입니다. 그때 슬로바키아 출신의 유대인 한 사람이 같은 수용소에 들어와 있던 유대교의 랍비에게 와서 물었습니다.

나는 충분한 돈을 가지고 있습니다. 그것을 사용해 외아들을 구출하고 싶습니다. 그러나 나는 수용소의 간수가 아들 대신 다른 젊은이를 죽음으로 내몰 것도 알고 있습니다. 랍비여, 대답해주세요. 토라의 말씀을 이야기해주세요. 나는 아들의 생명을 구하기 위해 다른 생명을 희생해도 좋은 것인가요. 당신이 말씀해주시는 대로 하겠습니다.

랍비의 회상에 의하면, 이 질문을 받았을 때 그는 온몸이 부들부들 떨렸다고 합니다. 한 사람의 인생의 생사를 자기가 결정해야 했기 때문입니다. 랍비는 이렇게 말했습니다.

> 나의 사랑하는 친구여, 자네는 나에게 종교법(halakhah)을 묻고 싶다는 것이군. 이런 심각한 문제에 관해, 이런 환경 속에서 말이지! 신전이 있는 시대였다면, 우리는 이렇게 중대한 문제를 결정하기 위해 산헤드린(sanhedrin)을 찾아가지 않으면 안 되었네. 지금 이곳 아우슈비츠에는 율법책도 없고 다른 할라카 문헌도 없어. 나는 다른 동료에게 상담할 수도 없다네…….

이렇게 랍비는 그 아버지에게 이 질문에서 자기를 해방해주길 애원했습니다. 그러나 그 아버지는 완강하게 거절했습니다. 랍비가 끝내 결정을 내리는 것을 거부하자, 최후에 그 아버지는 이렇게 말했습니다.

> 랍비여, 나는 토라가 명하는 대로 한 것입니다. 나는 랍비에게 여쭈었습니다. 그러나 당신은 내가 내 아들을 돈으로 구출해도 좋다고 말하지 못하셨습니다. 그 덕분에 나는 지금 해야 할 일을 알았습니다. 만일 할라카가 그것을 나에게 허락한다면, 당신은 분명 그것을 말해주셨겠지요. 즉, 나는 관계없는 자를 희생시켜서까지 내 아들을 살려내서는 안 되는 것입니다. 그것이 토라가 명하고 있는 바인 것입니다.

이 아버지는 새해 첫날 하루 종일 수용소 안을 여기저기 분주하게 뛰어다녔습니다. 웅얼웅얼 작은 소리로 기쁨을 중얼거리면서. 그는 자기가 신 앞에서 공적을 이루었다고 확신할 수 있었던 것입니다. 자기의 외아들을 신에게 제물로 바치는 특권을 얻었기 때문에. 실제로 그는 아들을 구해낼 수 있는 기회를 가지고 있지 않았습니까. 그럼에도 그것을 버린 그의 태도와 행위를 신은 높게 평가해 주시겠지요. 일찍이 아브라함이 이삭을 묶었던 때와 같이 말입니다. 왜냐하면 정말 그와 같은 것을 유대교 신년제의 기도는 전하고 있기 때문입니다(Zuidema, 1987).

홀로코스트라는 두려운 체험 속에서, 또한 살아남은 자의 기억 속에서 이 이야기는 반복되어 왔습니다. '이삭의 결박' 이야기는 유대인의 역사를 관통하는 것입니다. 사람들이 유대인을 유대인이라는 이유만으로 박해할 때, 아브라함은 그 아들을 빼앗기는 것입니다. 유대교 신년제의 관습에 관해 루돌프 헤스가 충분한 지식을 갖고 있었다고는 생각할 수 없습니다. 아마도 어딘가에서 얼핏 들은 어설픈 지식에서 이 악마적인 계획이 떠올랐던 것이겠지요.

이제 또 한 사람, 나치의 강제수용소와 관계가 있는 '아케다'의 실례를 들어봅시다. 바로 『밤과 안개』의 저자로 유명한 빅토르 프랑클입니다. 1943년 아우슈비츠로 끌려갔을 때, 그는 몸에 지니고 있던 일생일대의 책의 원고를 빼앗겼습니다. 그것은 그에게 자기의 생명과도 바꿀 수 없을 정도로 뜨거운 애정을 담은 작품이었습니다. 그 후 그는 몇 곳의 수용소를 전전하는 가운데 발진티푸스에 걸립니다. 죽음에 직면했던 당시를 그는 이렇게 회상하고 있습니다.

언제나 내 머릿속에는 더 이상 내 책이 출간되는 일은 없을 거라는 생각만이 가득했다. 하지만 마침내 그것을 단념하는 경지에 이르렀다. 나는 생각했다―그래 봤자 인생이 어떻게 되는 것인가? 한 권의 책이 세상에 나오느냐 나오지 않느냐에 인생의 의미가 걸려 있기라도 한 것인가? 아브라함도 자기의 독자를 희생으로 바치려고 결의했을 때 숫양이 나타나지 않았던가. 나는 자신의 정신적인 아이를 희생으로 바치는 경지로 나 자신을 데려가야 했다. 그때 가까스로 내가 그 책 — 즉, 『의사의 심리치료(Ärztliche Seelsorg)』 — 을 출판할 만한 자격이 있는 인간으로 인정받은 것처럼 느껴졌다(Frankl, 1995).

'아케다' 이후의 이삭

아우슈비츠에서의 이삭의 희생과 관련해 마지막으로 창세기 22장 이야기의 결말을 확인해봅시다. 이야기는 모든 것이 끝나고 '아브라함은 종들이 있는 곳으로 돌아와 그들을 데리고 걸음을 재촉해 브엘세바로 돌아갔다. 아브라함은 브엘세바에서 살았다'(창세기 22:19)라는 기술로 마무리됩니다.

도대체 이삭은 함께 돌아왔던 것일까요? 많은 기독교적 해석은 이 이야기의 공백 부분이 제기하는 문제를 간과하거나, 이삭도 함께 있었음은 자명하다고 믿어 의심치 않습니다(예를 들면 베스터만). 이삭은 부차적 인물에 지나지 않으므로 그 이름을 일부러 언급할 필요는 없었던 것이라고 말입니다. 그러나 그렇게 자명한 것이었을까요.

이 이야기에서는 아버지와 아들이 '함께' 걸어갔던 것이 반복해서 강조되고 있었습니다. 또한 사건의 경과 그 자체를 이해하는 데는 불필요한 부분에서조차 '내 아버지', '내 아들'이라고 서로 부르며 사건에 대한 주의를 촉구해왔습니다. 하필 이야기의 마지막에서 이삭이 함께 돌아왔음을 언급하는 것을 잊었다거나, 그 사실은 중요하지 않다고 생각했다고 간주해도 좋을까요. 자명하다고 생각하는 것은 문제의 소재를 간과하는 행동은 아닐까요. 이 이야기의 말미에 유대교적 해석이 보여준 신중함에 비추어 볼 때, 이러한 인상을 금할 수 없습니다.

실은 이 부분에 관한 유대교적 해석도 몇 가지로 나누어져 있습니다. 이삭은 얼마 동안 토라의 학습을 위해 다른 장소에 갔던 것이라는 설도 있습니다. 반면 이야기는 결코 모든 것이 아름답고 경사스러운 형태로 끝나지 않았으며, 살아남은 이삭은 더 이상 아무 일도 없었다는 듯이 평범한 생활로 복귀할 수 없었을 것이라는 해석도 있습니다. 예를 들어 3세기의 랍비문헌 중 하나는 이렇게 논하고 있습니다. "이삭은 비록 제단 위에서 죽지는 않았지만, 성서는 그가 흡사 거기에서 죽은 것처럼, 그의 재가 제단에 남아 있는 것처럼 여기고 있다. 그 때문에, '그러고 나서 아브라함은 다시 돌아갔다'라고 기록하고 있는 것이다".

즉, 여기에서 '흡사 …… 처럼'이라는 말은, 이삭이 경험한 쇼크가 얼마나 심각한지를 나타내고 있는 것입니다.

> 아브라함은 돌아왔다. 그리고 이삭도 어찌어찌 살아남았다―그는 평범하게 다른 사람들, 실제로 어떤 것도 함께 경험하지 않았던 종들과 친구가 될 수 없었다. 그의 위에는 죽음의 그림자가 드리워져 있는 채였다. 그가 목격하고 견디어냈던 일은 다시 평범한 일상으로 돌아가려는 그의 시도를 불가능하게 했을 것이다(Zuidema, 1987).

이삭의 충격을 암시하는 것으로 어머니 사라의 죽음에 관한 미드라시의 해석도 전해지고 있습니다. 앞에서도 조금 소개했습니다만, 창세기 23장의 사라의 죽음(창세기 23:1)은 이삭의 '아케다'에 대해 알게 되면서 얻은 충격이 원인이라는 해석입니다. 확실히 창세기에는 가슴을 치며 아내의 죽음에 대해 비탄을 금치 못하는 아브라함의 기사는 있어도 이삭의 모습은 보이지 않습니다. 이삭은 "'흡사 죽은 것처럼' 자기에 대한 슬픔이 너무나도 깊었기 때문에 자기의 어머니를 애도하는 것이 불가능했던 것인가. 이삭은 오랜 시간

사자(死者)의 나라에 머물고 있었음이 틀림없다. 랍비들의 말에 의하면 3일 간이었다고 한다. 그러나 그 뒤 그는 돌아왔다. 당시 그가 어떤 표정을 하고 있었는가는 그의 미래의 아내 리브가의 반응에서 추정할 수 있다. 이삭을 봤을 때 그녀는 낙타에서 떨어졌다(창세기 24:64)"(Zuidema, 1987).

이렇게 해서 이삭은 돌아왔던 것입니다. 물론 이와 같은 해석과 더불어 창세기 22장 말미에서 이삭의 이름이 빠진 것을 설명하는 또 다른 해석도 있습니다. 생각할 수 있는 가장 잔인한 것으로, 이삭은 제물로 바쳐졌다는 해석입니다. 오래된 랍비 전승 가운데에는 '아케다'를 이야기하면서 '이삭의 피'나 '이삭의 재'와 같은 표현을 사용하는 것도 있습니다.

출애굽 때 이스라엘인의 첫아들이 죽음을 면했던 것은 '아케다'에서 비롯된 '조상들의 공적' 덕분이라는 이야기가 있습니다. 즉, 유월절 밤에 그들의 집 문에 칠해졌던 어린양의 피는 '아케다'에서 이삭이 흘렸던 피를 신에게 상기시키는 것이었다는 설명입니다.

심지어 다음 장의 주제인 '갈대 바다'의 기적적 구원과 같은 이스라엘사의 중대한 사건도 '아케다'가 끊임없이 작용한다는 것을 보여주는 증거로 간주됩니다. 신은 이스라엘 백성을 지키는 일에서 한시도 눈을 떼지 않으신다고 믿는 희망의 역사는, 이러한 '아케다'의 해석에서조차 그 근거를 찾고 있는 것입니다(Kundert, 1998).

무엇보다 이후 시대의 미드라시는 제단 위에서 이삭이 죽었다는 것을 언급할 때 항상 그 뒤에 그가 부활했다는 이야기도 덧붙입니다. 시나고그의 전례에서 '이삭의 기도'라고 불리는 기도는 '죽은 자를 소생시키신 주'를 찬미하는 것이었습니다.

아브라함 이야기 말미의 작은 공백에 이러한 중요성을 부여하는 것이 어떻게 가능한가? 마치 이야기의 이 무거운 침묵이 두 번에 걸친 천사의 축복

고지를 압도해 기억에서 사라지게 하고 있다는 듯이. 인간의 희생은 있을 수 없다는 휴머니즘 메시지를 또다시 의심스럽게 하는 듯한 '아케다'의 이러한 독해 방식은 어째서 나온 것일까?

구약학자 위르겐 에바흐(Jürgen Ebach)는 기독교적 해석에 대한 반성을 담아 이렇게 묻고 있습니다. 거기에는 '아케다'를 박해와 순교의 상징으로서 파악해왔던 유대교 전통에 대한 경의와 공감이 나타나 있습니다. 앞의 질문에 대한 답은 '이러한 일들이 있은 뒤에'(창세기 22:1, 20) 유대인은 사람들이, 그리고 아이들이 다시 희생당하는 것을 경험했기 때문입니다(Ebach, 1997).

마카베오서(Maccabees)에 기록된 유대인에 대한 박해 이후, 중세의 학살을 겪으며 '아케다' 이야기는 신에 대한 복종이 자식의 희생에까지 이를 수 있다는 식으로 읽혀왔던 것입니다. 이런 식으로 해석되던 '아케다'는, 아우슈비츠의 '홀로코스트'를 경험하며 가장 무서운 사건으로 탈바꿈하게 되었습니다. 이 시점에서 이 창세기 22장 텍스트를 한층 극적인 것으로 만드는 사실이 하나 있습니다. 아브라함이 드려야 했던 '번제물'은 라틴어 성서에서 '홀로코스트'라고 불리고 있었다는 점입니다.

이삭은 문자 그대로 '홀로코스트'에서 살아남은 자인 것입니다. 엘리 비젤처럼 살아남았던 인간, 혹은 앞에서 인용했던 것(Zuidema, 1987)과 같이 살아남았던 인간에게서 태어난 다음 세대의 인간—그들은 이 이야기를 살아남은 이삭과 같이 읽고 또한 해석하지 않을 수 없을 것입니다. 미드라시에서 이야기하고 있듯이 이 이삭들이 흡사 아무 일도 없었다는 듯이 돌아오는 것은 불가능한 것입니다.

마지막으로 비젤의 증언을 인용하며 끝내도록 하지요.

이 이야기에는 유대의 운명이 포괄적으로 담겨 있다. …… 학살, 십자군, 살육, 파국, 검에 의한 멸절, 불에 의한 청산, 그럴 때마다 매번 아브라함은 아들을 제단에 데려가는 것이다.

시간을 초월한 이 이야기는 가장 현재적이기도 하다(ヴィーゼル, 1985).

이와 같이 말하는 비젤은 아우슈비츠에서 살아남았던 경험에 근거하여 자기 자신을 이삭과 동일시한 것입니다.

미드라시의 도움을 빌려 이 이야기를 다시 설명한 후, 그는 이 전승의 정신에 입각해 후일담을 전하고 있습니다. 모리아 산을 떠난 후 이삭은 무엇을 했는가. 그는 시인이 되어 신 앞에서 이스라엘 백성을 변호하는 자가 되었던 것이라고. 이삭이 겪은 괴로움이 그를 신 앞에 선 변호자로 만든 것은 아닙니다. 오히려 이삭은 자기의 괴로움을 한이나 저주가 아닌 기도와 사랑으로 바꾸었고, 이 때문에 변호하는 자가 된 것이라고 비젤은 설명합니다.

어째서 이삭, 비극적 운명을 가진 우리의 선조는 이렇게까지 역설적인 이름을 부여받은 것인가? 웃음을 상기시키는 이름을. 그것은 다음의 이유에서이다. 이삭은 최초로 살아남은 자의 자격으로 미래의 살아남은 유대인들에게 가르치고 있다. 평생 괴로움을 당한다 해도 언제나 웃는 법을 실천하며 멈추지 않을 수 있다고.

확실히 이삭은 자기의 청춘을 앗아갔던 충격적 장면을 결코 잊을 수 없었을 것이다. 항상 번제(홀로코스트)를 생각했고 그것은 죽을 때까지 각인되어 그를 상처 입혔을 것이다. 그러나 그럼에도 그는 웃을 수 있었을 것이다. 어쨌든 그는 웃었을 것이다(ヴィーゼル, 1985).

'아케다'에는 현대에 대한 '안내표지'로서의 의의도 있습니다. 물론 '아케다'는 스스로 선택하는 이상(理想)은 아닐 것입니다. 박해와 순교는 외부에서 강제되는 것으로, 그것을 자발적으로 받아들임으로써 비로소 창조자를 섬기는 것입니다. 물론 이 '아케다'가 의미하는 바는 유대인에게만 한정되는 것은 아니겠지요. 그것은 자기의 신앙 때문에, 정치적 확신 때문에, 혹은 피부의 색이 다르기 때문에 차별받고 있는 모든 소수자에게도 똑같은 의미를 가질 것입니다. 그들이 자기의 무거운 짐을 자긍심과 겸손함을 가지고 짊어질 때, 그들은 선하고 올바른 증언의 증인이 되는 것입니다.

사람들이 그들을 때리고 멍에를 짊어지게 해도, 그들은 결코 꺾이고 좌절하는 일이 없다(Gradwohl, 1995).

아브라함 이야기를 읽는 자는 이 이야기에 이끌려 거기에 참여하는 자가 되지 않을 수 없을 것입니다. 아브라함의 시련과 우리의 그것은 커다란 차이가 있습니다. 그럼에도 우리는 아브라함 속에서 ― 그리고 물론 이삭 속에서 ― 자기 자신의 인생의 모습을 발견하게 되는 것입니다.

게르하르트 폰 라트(Gerhard von Rad)에 의하면 이 이야기 그 자체는 많은 단계에 걸쳐 손을 더해온 흔적이 있고, 거기에는 '많은 의미의 층'이 포함되어 있습니다. 그 때문에 '이와 같은 이야기는 기본적으로 모든 해석이 가능하고, 독자가 그중 어떤 생각을 따르든, 이야기하는 자는 결코 그것을 방해하려고 하지 않는다'(ラート, 1993)라고 말하고 있습니다.

그러나 그때 우리에게 가장 깊은 인상을 주는 것은 시련을 극복한 영웅으로서의 아브라함이 아닙니다. 오히려 그 고뇌의 여정 끝에 마침내 구원받은 아브라함의 기쁨과 감사의 모습일 것입니다. 이 이야기는 결국 인간의 찬가가 아닌, '신이 예비해주신다'라는 신의 찬미로 끝나고 있기 때문입니다.

6

출애굽
'선민의식'의 빛과 그림자

오늘날 정체된 삶에서의 탈출, 미지의 미래를 향한 새로운 출발은 종종 의문시됩니다. 구약성서의 출애굽기는 이 '탈출'의 역사의 가장 전형적인 이야기로 알려져 있습니다. 즉, 파라오의 전제하에서 노예노동을 강요받고 있던 이스라엘 백성은 이집트로부터의 탈출을 시도하고, '갈대 바다' 근처에서 이집트의 전차부대가 전멸하는 기적을 경험합니다. 이윽고 시나이 산에서 야훼의 현현에 접하여 '십계'를 받고, 마침내 '젖과 꿀이 흐르는' 새로운 나라에 당도합니다.

실제로 '출애굽'은 현재에도 해방이나 탈출을 상징적으로 표현하는 말이기 때문에 가장 일반적으로 사용되는 성서적 상징 중 하나라고 말해도 좋을 것입니다.

(1) 이스라엘 해방의 이야기

잘 알려져 있듯이 출애굽기는 결코 그 자체로 완결된 책이 아닙니다. 그것은 한층 포괄적인 모세오경 중 하나입니다. 거기에는 천지창조에서 시작되어 가나안 토지취득에 이르는 광범한 이야기가 포함되어 있습니다. 더욱이 그 틀 안에서는 족장들에 대한 약속, 이집트 탈출, 나아가 광야의 방랑생활 등 일련의 테마가 다루어지고 있습니다.

출애굽기의 서두에는 '이스라엘의 아들들'(출애굽기 1:1~5)의 이름이 기록되어 있습니다. 이를 통해 모세오경의 역사기술은 이스라엘 민족의 역사라는 새로운 장을 시작하게 되는 것입니다. 창세기까지만 하더라도 아브라함, 이삭, 야곱이라는 3인의 위대한 족장의 계보만을 이야기했습니다. 그러나 바야흐로 출애굽기와 함께 집단적인 이스라엘 전체의 운명이 주제가 되기에 이르렀습니다(Weimar and Zenger, 1975).

'나는 존재한다'라는 존재

출애굽 이야기는 이집트의 독재자 파라오가 기류민 이스라엘의 인구 증대에 따른 반란을 두려워하여 그들을 근절하기 위한 정책을 시행하는 시점에서 시작합니다. 구체적으로 이 정책이란 이스라엘 민중에게 중노동을 부과하고, 파라오의 곡창 도시 피톰과 라메세스를 건설하게 한 것입니다. 이를 위해 모진 강제노동을 몰아붙이는 감독을 두고, 끝에 가서는 결국 이스라엘의 신생아 중에 남자아이만 선별하여 – 장래에 전사가 되지 않게 하기 위해 – 나일 강에서 익사시키라는 명령까지 내립니다(출애굽기 1:9~16). 고대 제국에서 벌어진 홀로코스트의 원형이라 부를 만한 장면입니다.

이렇게 파라오가 강요한 노예노동의 부담과 사회적인 구속은 원래 반은 유목민으로 살아왔던 백성들의 생활 감각에 정면으로 모순되는 것이었습니다. 더욱이 기류민을 모두 이집트적인 것에 동화시키고자 한 국가권력의 중

압은 그들의 고유한 관습이나 전통의 존속을 거의 불가능하게 했습니다. 현대적으로 표현하면 '종교의 자유' 또한 이스라엘 민족이 탈출하지 않을 수 없었던 동기였을 것입니다.

출애굽의 지도자가 되었던 이는 예언자 모세였습니다. 이 해방 이야기에서 모든 것은 모세에 대한 신의 계시에서 시작됩니다. 즉, 이 이야기는 포학한 정치권력자라 해도 신 앞에서 결코 절대적일 수 없다는 교훈에서 시작되는 것입니다. 태어난 지 얼마 안 된 모세는 — 파라오의 명령에 반하여 — 죽임을 당하지 않습니다. 그의 부모는 아기 모세를 파피루스 바구니에 넣은 뒤 나일 강변 수풀에 숨기고, 이를 이집트의 왕녀가 발견합니다. 왕녀는 모세를 왕궁으로 데려가 소중히 기릅니다.

이윽고 성인이 된 모세는 노예노동에 시달리는 이스라엘 동포에게 생각이 미치고 그들을 도우려고 이집트인 감독을 살해합니다. 그러나 동포의 결속을 호소했던 모세는 도리어 동포들로부터 소외되고, 파라오에게 쫓기는 신세가 되어 결국 미디안 광야로 도망칩니다.

거기에서 그가 입에 올린 '나는 이국에 있는 기류자이다'(출애굽기 2:22)라는 말에는 이집트의 문명적 환경에 동화할 수 없을 뿐만 아니라, 노예노동에 시달리는 동포들로부터도 소외된 고독자로서의 특질이 나타나 있습니다. 말하자면 아브라함과 같이 떠돌이로 살아야 했던 모세는, 그러나 초월적인 신과 만남으로써 새로운 자기동일성을 부여받게 됩니다. 타지 않는 떨기나무의 불길 속에서 신은 모세에게 말을 겁니다.

> 나는 내 백성이 이집트에서 고생하는 것을 똑똑히 보았고 억압을 받으며 괴로워 울부짖는 소리를 들었다. 그들이 얼마나 고생하는지 나는 잘 알고 있다.
>
> (출애굽기 3:7)

백성의 고난 가운데 신은 모세를 일으켜 원대한 소명을 내리는 것입니다. 모세는 노예처럼 학대받는 그의 동포를 위해, 강대한 이집트 지배자 파라오를 향해 입을 열어 신의 이름으로 자유를 요구하라고 명령받습니다. 그러나 모세는 신으로부터 받은 이 커다란 과제를 앞에 두고 용기를 잃고 맙니다. 그는 자기를 뒤돌아보고 큰 목소리로 호소하지 않을 수 없었습니다.

제가 무엇인데 감히 파라오에게 가서 이스라엘 백성을 이집트에서 건져내겠습니까?

(출애굽기 3:11)

인류의 역사에는 자신의 영광에 눈이 멀고, 권력에 도취해 정도를 잃고 마는 폭군이 자주 출현합니다. 그들은 종종 그 영광의 권좌에서 내려와 이성적으로 자기를 통찰하라는 요구를 받게 됩니다. 그러나 그런 식으로 지배자의 권위에 감히 이의를 제기하려고 하는 자가 — 설령 먼 곳에서라도 — 나오면, 히틀러건 스탈린이건 독재자들은 광분 속에서 그 사람을 탄압하고 박해하며 그에게 죽음의 판결을 내리려 안간힘을 씁니다.

모세는 무력감에 빠져 마음속에서 깊이 갈등합니다. 절망하는 모세에게 신은 다만 한 가지를 약속합니다. '나는 반드시 너와 함께 있다'라고. 그러나 그것은 모세에게 거의 위로가 되지 못했습니다. 모세는 자기 동포들로부터 웃음거리가 되어, 실성했다고 여겨지지나 않을까 두려웠기 때문입니다. 모세와 파라오—뭐라 할 말이 없을 정도로 어울리지 않는 대결입니다.

따라서 모세는 백성의 신뢰를 얻기 위해 지금 말을 걸고 있는 신의 이름을 어떻게 알려야 할지 묻습니다. 이에 대해 신은 잘 알려진 대답을 합니다. "나는 존재한다. 나는 존재하는 자이다", "이스라엘 사람들에게 이렇게 말하

라. '나는 있다'라는 분이 나를 너희들에게 보내셨다"(출애굽기 3:14)라고.

마르틴 부버는 이 말을 '나는 거기에 존재할 자로서, 거기에 존재할 것이다'라고 번역하는 것이 가능하다고 합니다. 이 수수께끼처럼 보이는 이름은 그리스 철학이 의미하는 '존재'라든가, 스콜라 철학의 '본질' 등과 같이 신의 본성을 철학적으로 정의한 것은 결코 아닙니다.

'나는 존재할 자로서 존재할 것이다'라는 것은 하나의 동의 반복이겠지요. 그러나 그것은 이 '나'가 단순한 '이것'이나 '저것'이 아니라는, 즉 이것저것의 이름으로 불려 기술되는 자가 아니라는 선언이며, 동시에 나는 모든 것에 우선해 '나'라고 하는 선언입니다. 그것은 신의 주체성 – 인간에 대한 초월성 – 을 나타냅니다. 이미 이 대답만으로 인간이 신의 이름을 망령되이 외치거나, 임의로 신을 조작하고 남용하는 모든 행위가 금지된 것입니다.

'나는 있다'라는 말을 한층 자유롭게 번역하면 나는 항상 너희와 함께 있을 것이라는 의미입니다. 모세를 향해 신은 인격적으로 너와 함께, 너를 위해 존재하겠다는 의지를 말하고 있는 것입니다. 그럼으로써 신은 모세가 모든 힘과 능력을 신에게 기대할 수 있다는 것 – 인간은 오직 이것에 의지해 살 수 있음을 알리고 있는 것입니다. 물론 시간과 장소와 방법, 즉 언제, 어디에서, 어떻게 도움을 줄 것인가는 온전히 신의 자유 가운데 유보되어 있지만 말입니다.

전사(前史)

이스라엘 백성의 탈출과 그 과정은 대단히 드라마틱한 이야기입니다. 그것은 모세와 파라오의 첨예한 대결에서 시작됩니다.

그러나 긴 세월 동안 노예처럼 살아왔던 사람들의 정신 속에서 '탈출'에 필요한 주체적인 자기의식이 당장 생겨날 수는 없습니다. 그 때문에 모세와 이스라엘 백성은 굳이 일제 봉기라는 실력행사로 나오는 대신, 우선 이른바 '공식 절차'에 따라 파라오에게 허가를 구했습니다. 자유와 해방을 향한 최초의 변혁이, 그때까지의 삶을 강력하게 규정해왔던 행동양식을 단번에 정리할 수는 없기 때문입니다.

우선은 지금까지 불안이나 강제나 죄책감으로 단단히 죄어졌던 코르셋을 다소 느슨하게 하는 시도에서부터 시작합니다. 모세는 '우리가 광야로 사흘 길을 나아가 우리 하느님 야훼께 제사를 드리도록 허락해주십시오'(출애굽기 5:3)라고 청원합니다. 그러나 파라오에게 정말 얼마 안 되는 자유를 요구하려는 타협공작은 사태를 더 악화시키는 것으로 끝납니다. 모세의 바람은 '거짓말' 취급을 받고, 한층 가혹한 노동을 강요당했을 뿐입니다.

이렇게 해서 모세와 아론은 파라오의 마음을 바꾸기 위해 이집트의 모든 땅 위에 차례차례로 재앙을 내려 경고합니다. 나일 강의 물을 피로 바꾸는 재앙에서 시작해 역병과 해충과 천재(天災), 마지막에는 이집트 백성의 신생아 모두에게 죽음을 내린 유월절 밤의 재앙까지. 이러한 일련의 재앙은 하나같이 파라오의 마음을 점점 강퍅하게 만드는 것으로 그려집니다. 그러나 그 최후의 재앙을 앞에 두고 마침내 파라오도 강경한 태도를 바꾸지 않을 수 없게 됩니다.

갈대 바다에서

이렇게 해서 마침내 출애굽의 '돌파구'가 생겨납니다. 이스라엘 백성이 '대오를 정비하여' 길을 떠나자, '야훼께서는 그들이 주야로 행군할 수 있도록 낮에는 구름기둥으로 앞서가시며 길을 인도하시고 밤에는 불기둥으로 앞길을 비추어주셨다'(출애굽기 13:21). 그 때문에 그들은 주야를 가리지 않고 전진할 수 있었습니다. 그러나 이스라엘 백성이 의기양양하게 나갔다는 보고를 들은 파라오는 후회에 빠집니다. 그리고 다시 생각을 바꿉니다. 그들을 다시 데려오기 위해 이집트의 모든 전차를 동원해 추적합니다. 그리고 마침내 '갈대 바다' 바로 앞에서 숙영 중인 이스라엘 백성을 따라잡습니다.

앞에는 바다가 가로놓여 있고, 뒤에는 중무장한 이집트 전차와 기병과 보병이 닥쳐옵니다. 가까스로 탈출했던 세계적 권력이 다시 무력한 양들을 손에 움켜쥘 듯이, 그 몹시 거칠고 난폭한 손을 뻗어왔습니다. 완전히 절체절명의 상황입니다.

백성은 어떻게 할까요? 이러한 상황 속에서 경건한 백성은 어떻게 반응할까요? 성서는 여기에서도 또한 무자비할 정도로 사실적입니다. 영웅과 같이 당당한 신앙적 태도는 단 한 마디도 기록되어 있지 않습니다. 그들은 대단히 두려워하며, 주를 향해 외치고, 모세에게 불평을 늘어놓습니다.

> 이집트에는 묻힐 데가 없어서 우리를 광야로 끌어내어 여기에서 죽이려는 것이냐? 왜 우리를 이집트에서 끌어내어 이렇게 만드느냐?
>
> (출애굽기 14:11~12)

굴복하는 것 외에 도망칠 수 있는 길은 없는 것일까. 신은 모세에게 이야기합니다. 신의 위대한 결단이 역사할 때, 항상 개인은 추궁 당하게 됩니다.

> 너는 어찌하여 나에게 부르짖기만 하느냐? 이스라엘 백성에게 전진하라고 명령하여라.
>
> (출애굽기 14:15)

앞을 향한 돌파! 바다를 향한 행진! 당치도 않다! 그것은 자살행위나 마찬가지 아닙니까.

사실 신의 지시를 믿지 않는다면 그것은 자살행위 외에 그 무엇도 아니겠지요. 그러나 신앙의 관점에서 그것은 복종의 행위 외에 그 무엇도 아닙니다. 그리고 신에 대한 복종은 여기에서도 살길로 통하고 있었습니다. 모세가 백성을 향해 '두려워하지 마라. 움직이지 말고 …… 모두들 진정하여라'(출애굽기 14:13~14)라고 외칠 때, 그것은 신앙의 복종을 요구하는 것이었습니다. 실제로 절망적인 상황의 한복판에서, 그러나 주 되신 신은 놀랄 만한 평정을 가지고 모세에게 이야기합니다.

> 내가 파라오와 그의 모든 군대와 병거와 기병을 쳐서 영광을 드러내리라.
> …… 이집트인들이 비로소 내가 야훼임을 알게 되리라.
> (출애굽기 14:17~18)

시편(2:4)에서 노래하고 있듯이 '하늘 옥좌에 앉으신 야훼, 가소로워 웃으시다'. 해변에 꼼짝 못하고 서서 두려움에 부들부들 떨고 있던 이스라엘 백성은 이제는 기뻐 노래하는 자로 변합니다. 출애굽기 15장의 유명한 '바다의 노래'가 그것입니다.

> 모세와 이스라엘 백성은 다음과 같은 노래를 불러 야훼를 찬양하였다.
> 나는 야훼를 찬양하련다.
> 그지없이 높으신 분.
> 기마와 기병을 바다에 처넣으셨다.
> 야훼는 나의 힘, 나의 노래.

야훼는 나의 구원이시니.

내 하느님이시니 어찌 찬양하지 않으랴.

나의 선조의 하느님이시니 어찌 우러르지 않으랴.

야훼는 용사, 그 이름 야훼이시다.

파라오의 병거와 군대를 바다에 처넣으시니 빼어난 장교들이 갈대 바다에 빠지더라.

깊은 바다가 덮치니, 깊은 물속에 돌처럼 잠기더라.

(출애굽기 15:1~5)

그것은 다음 구절에서 최고의 찬미가 됩니다.

야훼여, 신들 중에 당신 같은 분이 어디 있겠습니까?

누가 당신처럼 거룩하며 영광스럽겠습니까?

당신께서 해내신 놀라운 일에 모두들 두려워 떨며 찬양을 드립니다.

(출애굽기 15:11)

예를 들면, 유대교 신학자 레오 벡은 '이것이야말로 신의 심판의 노래이고, 그런 까닭에 장래에 관한 노래, 역사를 그 완성에까지 인도하는 길에 관한 노래이다'라고 말하며, 이스라엘을 항상 '노래하는 백성'이라고 부르고 있습니다(Baeck, 1955).

이것은 구약성서의 '출애굽'의 사건 가운데 최초의 가장 중요한 국면입니다. 이스라엘 백성은 이 사건에서 야훼만이 신이고 그 백성을 인도하며 모든 고난에서 구원하는 분임을 인식하고, 반복하여 그것을 상기하지 않으면 안 되는 것입니다. '출애굽' 전승의 중심에 있는 것은 이 '갈대 바다'에서의 구원이라는 '근원적 신앙고백'(M. 노트)이라고 여겨지고 있습니다. '바다의 노래'는 '내 하느님이시니'(출애굽기 15:2)라고 찬미하며 '야훼만이 영원히 다스리실 왕이시어라'(출애굽기 15:18)라고 끝맺고 있습니다.

광야에서의 방황

이스라엘은 백성 전체가 이 구원을 경험했습니다. 예속의 가혹한 세월이 마침내 과거의 일이 되고 모두가 함께 새로운 경계를 돌파할 수 있게 되었을 때, 형언할 수 없는 기쁨, 억제할 수 없는 환희가 넘쳤습니다. 그러나 뜻밖의 타락과 좌절에 직면하게 됩니다. 그들은 이제야말로 약속되어 있던 '젖과 꿀이 흐르는 땅'(출애굽기 3:17)에 도착할 것이라고 기대하고 있었습니다. 그러나 일은 그렇게 간단하게 이루어지지 않았습니다. 그들 이스라엘 백성이 마침내 약속의 땅에 도달할 때까지, 40년의 세월이 필요했던 것입니다. 혹독한 인내를 필요로 하는 시련이 기다리고 있었습니다.

신은 이 백성이 광야를 지나도록 인도하셨습니다. 그것은 신에 의해서만 살 수 있음을 배우게 하기 위한 것이었습니다. 이렇게 해서 '출발', '돌파', 나아가 광야의 '방황'이라는 세 가지의 연속하는 이야기가 성서의 구원사를 관통하는 근본적인 신앙고백이 되었습니다.

'갈대 바다'의 위대한 기적 후 신이 백성을 인도해갔던 곳은 광야였습니다. '광야'라는 것은 고향처럼 익숙하고 친근한 장소가 아닙니다. 오히려 고향에서 멀리 떨어진 외지고 쓸쓸한 곳, 집도 시내도 마을도 길도 없는 곳입니다. 광야는 물도 빵도 없기에 거의 살아가는 것이 불가능한 장소이기도 합니다. 성서에는 악령이 사는 장소라고 묘사되어 있습니다.

이러한 가운데 지도자 모세와 아론을 향한 이스라엘 백성의 불평과 불만

이 폭발했습니다. 그것은 어떤 의미에서 자연스러운 결과였습니다.

> 차라리 이집트 땅에서 야훼의 손에 맞아 죽느니만 못하다. 너희는 거기에서 고기 가마 곁에 앉아 빵을 배불리 먹던 우리를 이 광야로 데리고 나와 모조리 굶겨 죽일 작정이냐?
>
> (출애굽기 16:3)

그러나 광야가 다른 일면 또한 가지고 있음을 간과해서는 안 됩니다. 모세와 아론이 백성에게 명해 '그들이 광야 쪽을 바라보니, 야훼의 영광이 구름 가운데서 나타났다'(출애굽기 16:10)라고 기록되어 있습니다. 성서에 따르면 광야는 신이 현림하는 장소이기도 합니다. 신은 물도 빵도 없는 곳, 악령이 살고 시련이 숨어 있는 곳에 함께 있다는 것입니다.

목마름과 굶주림에 괴로워하는 이스라엘 백성에게, 출애굽기의 여정이 보여주고 있듯이, 광야는 신이 기적을 행하시는 장소이기도 합니다. 즉, 물이 바위에서 용솟음치고, 쓴 물이 달게 되며, 저녁에는 메추라기가 날아오고, 아침에는 진영의 주변에 만나가 이슬처럼 맺히는 곳이었습니다. 주는 영광의 구름 속에서 모세에게 느긋하게 이야기합니다. '이제 내가 하늘에서 너희에게 먹을 것을 내려줄 터이니, 백성들이 날마다 나가서 하루 먹을 것만 거두어들이게 하여라'(출애굽기 16:4).

이것이 광야에서 방황하는 40년 동안 계속되었습니다. 이스라엘 백성은 '가나안 지방의 경계에 도착할 때까지'(출애굽기 16:35) 그날그날 주어지는 만나를 먹으며 살게 됩니다. 신은 그 백성의 곁을 떠나지 않고, 끊임없이 함께 걸으시며 '나는 너희들을 위해 존재할 자로서 존재할 것이다'라는 미디안 평야에서의 약속을 굳게 지켰던 것입니다. 그러므로 백성에게 요구되었던 것은 단 하나뿐이었습니다. 불평을 입에 올리는 것을 멈추고 그저 복종하며 사는 것입니다. 매일 아침에 만나를 자기 손으로 거두며, 어떤 것도 다음 날을 위해 남기려고 하지 않고, 전적인 신뢰 가운데 머무르며 말입니다.

그러나 모세 자신은 약속의 땅에 들어갈 수 없었습니다. 다만 그는 '비스가 산꼭대기'에 올라 저 멀리 '모든 (약속의) 땅을 내려다볼 수 있었을' 뿐입니다.

> 야훼의 종 모세는 그곳 모압 땅에서 야훼의 말씀대로 죽어
>
> (신명기 34:5)

이렇게 해서 신의 명령에 순종하며 살았던 모세는 신의 명령에 따라 죽었습니다. 약속의 실현을 자신의 눈으로 보는 일 없이, 그저 그것에 대한 확고한 희망만을 허락받은 채 말입니다. 성서적 전승은 매정하고 냉정한 어조로 전하고 있습니다. '그의 무덤이 어디에 있는지는 오늘까지 아무도 모른다'(신명기 34:6)라고. 그것은 '모세를 벳브올 근처의 모압 땅에 있는 골짜기에 장사한' 이가 신 자신이었기 때문이라고 부버는 해석하고 있습니다.

이스라엘의 원체험

여기에 약술했던 이야기는 언뜻 보면, 일관된 일대 서사시 같이 보입니다. 그러나 성서 텍스트를 상세히 읽어보면, 결코 그렇게 통일적인 문학작품이 아님을 알 수 있습니다. 서술 속에 나오는 시간, 장소, 숫자 등에서 모순이 발견되는 경우도 적지 않습니다. 복잡한 성립 과정에 관한 연구에 의해서도 아직 완벽한 형태로 역사적인 재구성이 이루어지고 있지 않습니다.

그럼에도 거기에는 단순히 이스라엘 신앙사나 신학적 해석에 머물지 않는 역사적 중핵이 함축되어 있음을 부정할 수 없습니다.

예를 들면, 셈족의 이집트 체류에 관해서는 적지 않은 자료가 있습니다. 그들 유목민들은 사막에 우기가 찾아올 때까지 통상 오랫동안 이집트에 체재하고, 그 반대급부로 이집트 국가를 위한 (아마 노예로서가 아닌) 부역을 부과 받았습니다. 그들 중 일부 집단이 이집트 제국에서 도망치려 했고, 동부 국경 경비대의 추격을 받았습니다. 나일 강 하구의 습지대에서 말을 타고 싸우는 것이 얼마나 위험했는지는 고대의 보고서를 통해 잘 알려져 있습니다. 이집트 전차대가 '갈대 바다'에서 전멸한 사건은 모세의 지도를 받아 도망치는 데 성공했던 사람들에게 신의 '기적'과 같이 생각될 수 있었겠지요 (Hermann, 1981).

그것은 역사적 사실로서는 비교적 작은 사건이고, 성서 텍스트가 기록하는 것처럼 이스라엘 전 부족의 탈출이라는 대규모의 사건은 아니었으리라고 추정됩니다.

> 그럼에도 인류의 내적 역사는 작은 무리의 행위와 경험을 통해 가장 간단히 파악될 수 있다. …… 인류의 내적 역사의 시점에서 볼 때 중요한 것은 이스라엘 자손이 이 사건을 그들의 신의 행위로서, '기적'으로서 이해했다는 것이다 (ブーバー, 2002).

출애굽의 체험에는 '파라오의 영원한 지배에 대한 거절'(M. 부버)이 확실히 각인되어 있습니다. 파라오는 스핑크스나 이시스, 오시리스나 호루스를 포함한 고대 신들의 화신이었습니다. 이른바 성서적 '비마력화(非魔力化)'를 통해 우상숭배의 신들을 극복하고 '비신화화(非神話化)'된 것입니다. 출애굽에 의해 우상 신들이 몰락하고, 그 후 신 야훼가 역사를 이끄는 유일한 존재로 등장합니다.

이스라엘 백성은 출애굽을, 나아가 가나안에서의 '토지취득'을 야훼가 그 선택한 백성에게 행한 '기적'으로 간주했습니다. 그들은 이러한 추억을 한층 장대하게 구성하고, 한층 극적인 기적으로까지 끌어올렸던 것입니다. 그것은 '갈대 바다'의 기적에 관한 잘 알려진 두 가지 텍스트(출애굽기 14장)에서 읽어낼 수 있습니다.

오래된 야훼스트(Yahwist) 자료의 기술에는, 격렬한 동풍이 바다를 뒤집어엎어 건조한 땅으로 바꾸어주었기 때문에 백성들은 살고 추격자들은 익사 당했다고 되어 있습니다. 그러나 이후의 제사문서는 사건을 한층 압도적인 기적으로 이야기하고 있습니다. 모세는 '지팡이를 높이 들고, 손을 바다를 향해 뻗어, 바다를 둘로 나눴'다는 것입니다(チャイルズ, 1994).

수많은 변화를 겪었던 이스라엘 역사 속에서, 노예의 신분에서 자유로 인도한 신에 대한 이 근원적인 신앙고백은 반복해서 언급되었습니다. 예를 들면, 구원의 역사에서 자주 '작은 신앙고백'이라 불리는 신명기의 출애굽 회상 장면(26:5~11)은 이스라엘 신앙고백 그 자체가 되는 동시에 신에게 바치는 예배의 근거가 되기도 합니다. 유명한 십계의 머리말에는 출애굽을 인도한 신에 대한 신앙고백이 일종의 강령처럼 선언되어 있습니다.

> 너희 하느님은 나 야훼다. 바로 내가 너희를 이집트 땅 종살이하던 집에서 이끌어낸 하느님이다.
>
> (출애굽기 20:2, 신명기 5:6)

말하자면 인간의 모든 행동은 근본적으로 야훼의 구원을 전제로 하며, 그로부터 유래한다는 점을 나타내고 있는 것입니다. 더욱이 시편이나 예언서에서도 출애굽의 회상은 신을 찬미하는 동기로서, 사회비판의 기준으로서, 또한 포로 신분에서의 해방의 근거로서 인용되고 있음을 볼 수 있습니다.

역사적인 사건과 그 기적적인 신앙의 창의적인 결합 속에서, 이스라엘 민족이 가진 신앙적 경건함의 기본적 구조가 만들어졌다고 할 수 있습니다. 이러한 과정을 통해 출애굽의 전통은 '국민화'(R. 슈미트)되어, 말하자면 이스라엘의 아이덴티티의 중핵적인 원체험이 되었습니다.

사건의 역사성, 즉 갈대 바다를 돌파했던 기적이 실제로 일어났는가 아닌가라는 물음은 상징의 형성에서 중요한 것이 아니다. 오히려 구원의 사건이 반복될 것이라는 희망, 그것도 개인이 아닌 한 민족 전체가 체험했던 희망이야말로 중요한 것이다. 기쁨이나 감사, 찬미나 희망의 감정 속에서 경험했던 사건은 많은 세대를 통해 유대인의 상징이 되었다. 그들은 이 구원 경험과 자기를 일체화시킬 수 있었고, 출애굽의 범례에 따라 자기의 정체성을 발견했기 때문이다(Heumann, 1983).

(2) 해방사 속의 '출애굽'

'출애굽'은 이렇게 특정한 민족의 정체성을 지탱하는 상징만이 아닙니다. 그것은 한층 일반적인 개인의 수준에서도 사용될 수 있습니다. 즉, 소외와 폐색(閉塞)으로 괴로운 생활에서 벗어나 인격의 완전함을 회복하는 자기실현의 심리적 과정에도 적용할 수 있습니다.

유아적인 의존 관계 속에서 타자의 의지에 따라 살고 있는 상태로부터, 자기를 해방하기 위해 분리하고 독립하는 '개성화'의 길도 정신분석학적으로는 '출애굽'이라는 상징에 의해 표현됩니다. 예를 들면 메르헨의 정신분석학적 해석에서는, 종종 이야기 속 주인공의 여행에서 도상의 위험을 돌파하는 영웅들의 죽음과 재생의 중요성에 관해 언급됩니다. 메르헨의 상징 언어를 통해 '출애굽'의 체험이야말로 진정한 정체성 확립에 도달하는 것임이 나타난다고 할 수 있습니다(宮田光雄, 1996).

이것은 이러한 개인의 '개성화' 과정의 문제에 머물지 않습니다. 예를 들어, 어떤 조직이나 집단이 과거의 전통이나 교의에 고착되어 오로지 질서와 안정만을 지향한다면, 조직을 지탱하는 구성원의 자립과 성숙을 방해하고 전체로서의 생명력을 잃게 될 가능성이 클 것입니다. 이럴 때 시대의 생(生)의 요청에 응하는 종교개혁이 불가피하게 됩니다. 예를 들면 카를 바르트가 죽기 전날 밤 쓰고 있던 강연원고가 있습니다. 절필(絶筆)이 된 이 원고 중에는 다음과 같은 문장이 있었습니다.

> 교회가 행하는 운동이란, 무엇보다도 먼저 하나의 힘찬 출발이 되어야 합니다. 고대, 중세, 근세 그리고 현대에 이르는 교회사란 항상 다양한, 그리고 무수한 새로운 출발의 역사인 것입니다. 새로운 출발의 전제로서, 아무리 생각해도 다 생각할 수 없을 정도의 신비를 간직하고 있는 것이 바로 저 약속의 땅을 목표로 이집트를 탈출한 이스라엘의 백성의 출발입니다(Barth, 1968).

그러나 '출애굽'은 정치적 상징으로서 한층 중요한 의미를 가지고 있습니다. 내적인 해방 체험은 외적인 그것과 연동함으로써 새로운 정치사적 미래를 개척할 가능성을 가지고 있기 때문입니다.

필그림의 조상들

'출애굽'의 메시지는 성서의 시대에서 현대에 이르기까지 수많은 해방 운동과 사상, 독립 투쟁에 용기를 주고 생명을 불어넣어 왔습니다. 교회 내외에서 신교나 사상의 자유를 요구하는 많은 운동 ― 예를 들면 북이탈리아의 발도파, 보헤미아의 후스파, 영국의 퓨리턴들 ― 은 이 구약성서의 증언에서 영감과 언어와 정당성을 찾고자 했습니다. 이 가운데서 가장 대표적인 것은 잉글랜드라는 '이집트' 혹은 '바빌론'을 뒤로하고, 바다를 건너 북미의 땅에 뉴잉글랜드라는 '가나안'을 건설하려고 했던 17세기의 필그림 파더스(Pilgrim Fathers)의 역사일 것입니다.

물론 이 최초의 북미 식민지 개척자들 모두가 종교적인 동기에 근거해 행동하고 있었던 것은 아닙니다. 일부 사람들은 미국이 엘도라도와 같은 새로운 지상의 낙원 혹은 유토피아일 거라는 몽상을 하고 있었습니다. 그러나 미국에서 '새로운 예루살렘' 내지는 적어도 '가나안' 땅을 발견하고 '출애굽' 정신으로 서쪽으로 출발했던 사람들도 확실히 있었습니다. 그들은 자신들이 신의 소명에 근거하여 약속의 땅에 풍성한 열매를 가져오기 위해 '선택받은 백성'이라고 확신하고 있었던 것입니다.

그들을 영국 국교회나 보수적 칼뱅파에서 이탈시켰던 것은 무엇이었을까요. 당시 교회 내에 머물렀던 퓨리턴들은 겉으로만 보여주는 교회의 전례나 감독의 허식을 거절하고 있었지만, 여전히 국교회가 기독교인의 친교에 속한다고 여기고 있었습니다. 이에 반해 '분리주의자'들은 선택받은 자로서의 예정론과 성서를 자유롭게 해독할 개인적 권리, 나아가 신약성서에만 입각한 교회론에 서 있었습니다. 교회를 지도할 권위는 감독에게도 장로회에게도 귀속되어 있지 않으며 교회 구성원인 신도에게 있다는 신앙적 자각에서 그들은 명확한 결론을 이끌어냈습니다. 신을 위해서만 살고, 신의 율법에 따르며, 자신의 양심과 종교관에 일치하는 교회의 형성을 바라며 '필그림'이 되었던 것입니다.

그것은 새로운 계약의 백성으로서 이스라엘의 역사를 교회사 가운데 재현하려는 시도였습니다. 그러한 주장을 가진 분리주의자들은 국가 교회와 그 지도자들로부터 박해당하지 않을 수 없었습니다. 그들은 투옥되고, 가택 수색을 받고, 주야로 감시당했습니다. 이러한 중압을 피하기 위해 그들은 종교의 자유를 인정하는 네덜란드로 옮겨가 신앙의 순수성을 끝까지 지켜내고자 했습니다. 그리고 최종적으로는 성서의 계명에 완전하게 일치된 사회적·교회적 질서 속에서 신앙생활을 하기 위해 유럽의 오래된 고향을 뒤로하고 미국으로 건너갔던 것입니다.

1620년 11월 11일의 기록문서는 – 분열과 혼란을 피하기 위해 – 그들이 상륙에 앞서 메이플라워호 위에서 서로에게 져야 할 의무에 관해 주고받은 맹약을 증언하고 있습니다. 바다를 건너온 목적은 '신의 영광을 위해서, 기독교 신앙을 증진시키기 위해서 …… 최초의 식민지를 건설하기 위해서'였습니다. 이 때문에 '이 증서를 통해 신과 서로 앞에서 엄숙하게 상호 간의 계약을 맺고 하나의 정치 단체로 결합하여 한층 좋은 질서를 가지고 생활을 유지하며, 전술한 목적을 촉진하고자 한다'라고 서약했던 것입니다.

그러나 필그림의 반수는 혹독한 겨울을 넘기지 못하고 사망했습니다. 브래드퍼드(William Bradford)가 기록했듯이 그들은 '야수와 야만인이 잔뜩 있는 두렵고 황막한 광야' 이외에 볼 것이 없는 상황에서, '말하자면 비스가 산 꼭대기에 올라 희망을 이루어줄 더 좋은 땅을 내려다보는 것조차 불가능했다'(브래드포드, 1976).

플리머스 식민지는 그 후 고난을 넘어 발전해가지만, 17세기 말에 매사추세츠 만(灣) 식민지에 병합됩니다. 이곳은 원래 비분리파 퓨리턴이 창설한 곳이었는데, 규모가 커서 뉴잉글랜드의 중핵이 되었습니다. 총독으로서 이 새로운 식민지 건설을 지도할 책임을 졌던 이는 존 윈스럽(John Winthrop)이었습니다. 그가 1630년에 미국으로 향하던 아베라호 선상에서 행했던 설교인 '기독교인의 자애의 모형'에는 마찬가지로 '선민'으로서의 사명관이 잘 나타나 있습니다. 신과 그들 사이에는 공통의 '목적'이 존재하고, 이 사업을 위해 '신과의 계약'에 들어갔다는 것입니다.

주의 길을 걷고 그 계명과 규칙과 법도 및 주와 우리 간의 계약의 규약을 지킨다면, 우리의 주이신 신은 우리가 가서 취한 땅에 축복을 베풀어주실 것이다. 그러나 그러함에도 듣고 순종하지 않고, 미혹되어 다른 신들 — 쾌락과 이익 — 을 예배하고 그것을 섬긴다면 …… 이 광대한 바다를 건너가서 취한 좋은 땅에서 우리는 반드시 멸망할 것이리라(ブラッドフォード, 1976).

윈스럽이 '건설될 식민지'의 미래상을 '모든 사람의 눈이 주목하는' '언덕 위의 마을'에 비유하고, 그러면서 '이스라엘의 신이 우리 사이에 계심을 알 것이다'라고 말할 때, 예수의 산상 설교와 함께 구약성서의 '출애굽'의 이미지가 살아 있었음은 부정할 수 없을 것입니다.

미국 혁명의 전통

더욱이 1세기 반 후 미국의 독립투쟁을 촉진했던 토머스 페인(Thomas Paine)의 『상식(Common Sense)』(1776)에서도 '출애굽'의 상징이 사용되고 있는 것은 매우 시사적입니다. '저 운명적인 1775년 4월 19일'의 사건 — 영국군 부대와 매사추세츠 농민 의용병 사이에 포화가 오가고, 혁명전쟁의 첫 총성으로 전 식민지에 충격을 주었던 - 을 들은 순간부터, '나는 냉혹하고 음험한 영국 파라오를 영구히 거부하기에 이르렀다'라고 페인은 단언하고 있습니다. '오오! 인류를 사랑하는 제군! 궐기하라! …… 유럽은 자유를 폐기하고, 영국은 자유를 떠나가라고 한다. 오오! 망명자를 받아들여라. 그리고 곧장 인류를 위해 피난소를 마련하자'라고.

1776년 7월 미국독립선언이 발표되었을 때, 토머스 제퍼슨(Thomas Jefferson)은 '출애굽'의 비유를 쓴 미국의 국가적 문서를 의회에 제안하는 것을 주저하지 않았습니다.

전차 위에 앉은 파라오는 머리 위에 왕관을 쓰고 손에 검을 들고 이스라엘인을 추적하면서 갈라진 홍해 물속으로 들어가고 있다. 구름에 비친 불기둥의 번쩍임은 신의 현림과 그 명령을 나타내는 것이다. 물가에 서서 그 손을 바다를 향해 뻗고 있는 모세에게 신의 명령이 도달하자, 파라오가 익사한다…….

이때 벤저민 프랭클린(Benjamin Franklin)이 제시했던 안(案)도 전적으로 동일하게 '출애굽'을 모티브로 한 것이었습니다. 이 서로 아주 닮은 문서의 원안은 영국 국왕 조지 3세를 '파라오'로, 건국의 조상을 '모세'로, 성립한 공화국을 '새로운 이스라엘'로 상징하는 것이었습니다(Schmidt, 1978).

물론 '출애굽' 운동에서 오직 새로운 토지 또는 새로운 대륙으로의 이주만을 주제로 삼을 필요는 없습니다. 그보다는 오히려 새로운 의식을 만들어내는 것, 나아가 사회적·정치적인 변혁을 낳는 것을 목표로 하는 경우도 많습니다. 이러한 운동은 정말로 강력하고, 또 적절한 방식으로 '출애굽'의 상징을 사용할 수 있습니다.

1950년대부터 1960년대까지 미국 남부에서 확대되었던 마틴 루서 킹(Martin Luther King)의 공민권 운동이 그 전형적인 예일 것입니다. 예를 들어 1956년 5월 17일 뉴욕의 성 요한 대성당에서 행해졌던 킹의 설교는, 출애굽기(14:30)를 텍스트로 하여 흑인들의 자유를 위한 투쟁을 홍해를 건너는 이스라엘 백성에 비유하고 있었습니다. 그는 2년 전 연방 최고재판소가 공립학교의 인종격리정책을 위헌으로 선고한 획기적인 판결을 상기하며 말했습니다. '오늘날, 우리는 거대한 변화를 목격하고 있습니다. 연방 최고재판소의 아홉 명의 판사가 내렸던, 세계를 뒤흔든 판결은 홍해의 물길을 열고, 정의의 힘을 물가 저편까지 이르게 했습니다. …… 돌아보면, 인종차별 세력은 이쪽 물가에서 점차 사멸하고 있는 것입니다'(ミラー, 1971).

킹이 1968년 4월 흉탄에 쓰러지기 24시간도 채 되기 전에 멤피스에서 했던 최후의 연설도 '출애굽'의 상징을 언급하고 있습니다.

신은 나에게 산 위에 오를 것을 허락하셨습니다. 산 위에 올라 나는 사방을 멀리 바라보았습니다. 그리고 약속의 땅을 봤던 것입니다.

여러분과 함께 약속의 땅으로 가는 것은 나에게는 불가능할지도 모릅니다. 그러나 우리가 반드시 약속의 땅에 도달할 것이라는 점을 오늘 저녁 여러분이 알았으면 좋겠습니다.

그러므로 오늘 밤 나는 행복합니다. 걱정할 일은 하나도 없습니다. 두려운 사람도 없습니다. 나는 이 눈으로 주가 나타내시는 영광을 봤기 때문입니다(ミラー, 1971).

모세의 죽음을 연상시키는 킹의 신앙고백은, 남부 공민권 운동에서 시작해 베트남 전쟁 반대에서 남북문제에까지 운동의 시야를 넓혔던 그의 사상과 행동이, 구약성서적 상징으로 관철되었던 해방을 위한 투쟁이었다는 점을 드러내고 있다고 말해도 좋을 것입니다. 그러나 다른 설교에서도 그가 말하고 있듯이, 홍해의 기적에서 그가 주목하는 것은 이집트의 병사들이 바다에 가라앉아 버렸다는 사실이 아닙니다. 왜냐하면 어느 누구도 인간의 죽음이나 몰락을 기뻐할 수 없기 때문입니다. 오히려 킹에게 이 이야기는 악이 멸망한다는 것, 비인간적인 억압이나 부정한 착취가 마지막을 고한다는 상징인 것입니다.

흑인영가의 유산

킹이 이러한 '출애굽'이라는 '원형'적 상징을 선택했을 때, 그것은 몇 세대에 걸쳐 내려왔던 흑인영가의 원천을 이어받았음을 의미합니다. 미국 남부 농장의 흑인 노예들은 그 신앙과 자유에 대한 요구를 표현하기 위해 이른바 그들 자신의 '애가(哀歌)'를 만들어왔습니다. 그들의 항의의 노래, 동시에 신의 자비를 구하는 신앙의 찬가에서 '출애굽'에 의한 해방이라는 테마가 반복되고 있습니다. 대표적인 일례로서 「자, 가라, 모세여」를 인용해봅시다.

이스라엘이 이집트에 붙잡혀 있었을 때,
우리 백성을 해방하고,
견딜 수 없을 정도로 혹독하게 억압되어 있었던,
우리 백성을 해방하고.
자, 가라, 모세여,
저 멀리 아득한 이집트 땅으로,
파라오에게 고하라,

우리 백성을 해방하라고.

1862년 가을, 링컨 대통령은 다음 해 1월 1일에 선포할 노예해방을 준비하고 있었습니다. 워싱턴에서는 섣달 그믐날 밤에 도망노예들이 집회를 열고 그 시각을 기다리면서 「자, 가라, 모세여」를 부르고 있었다고 전해집니다(北村崇郎, 2000). 링컨의 노예해방령에는 많은 요인이 작용하고 있었습니다. 그러나 흑인들 자신은 이스라엘의 '출애굽'에 필적하는 역사적인 신의 위업으로 간주하고 있습니다.

남북전쟁 이전의 흑인영가에서도, 예를 들면 「오오 자유여, 우리에게 자유를 달라!」 등에는 마찬가지로 신이 모세에게 '우리 백성을 해방하라'고 명한 '출애굽'의 모티브가 담겨 있습니다. 그 노래에 '영적'인 자유뿐만 아니라 '지상적'인 자유도 포함되어 있었음은 부정할 수 없습니다(コーン, 1983).

동시에 이스라엘 백성이 홍해를 건너고 광야의 방황을 거쳐, 마침내 약속의 땅 가나안에 도달한다는 사건은 흑인들에게 저 멀리 천국을 향한 희망을 나타내는 상징이 되었습니다.

깊은 강이여, 나의 고향은 요르단 저편에 있다.
깊은 강이여, 나는 이 강을 건너, 야영지로 향한다.

또 다른 흑인영가는 요르단을 건넌 후 여호수아가 이끈 여리고 전투를 노래하고 있습니다.

여리고 성벽을 겨냥하여
여호수아는 창을 들고 전진했다.

'숫양의 뿔피리를 불어
승리는 우리 손에 있다'라고 여호수아는 말했다.
어린양, 숫양, 양의 뿔을 불고,
트럼펫이 울려 퍼지자,
여호수아는 이스라엘의 자손들에게 외치라고 명했다.
그러자 성벽은 와르르 무너져 내렸다.

뿔피리와 함성으로 여리고 성벽이 무너져 내렸다는 것은 승리=구원과 해방이 압도적인 신의 은혜라고 말하는 것, 즉 신에 대한 찬미의 표현일 것입니다. 분명히 여호수아기(6:20)의 기술을 받아들이고 있는 것입니다. 여호수아기는 나아가 여리고에 돌입했던 이스라엘 백성이 '남자도 여자도', '소, 양, 말에 이르기까지' 마을에 있는 것을 모조리 '검으로 멸하였다'(6:21)라고 기록하고 있습니다. 그러나 최근의 고고학적 발굴에 의하면, 당시 가나안의 도시는 요새화되어 있지 않았습니다. 따라서 여리고 마을에 성벽은 존재하지 않았을 터입니다. 여호수아기의 기술은 '로맨틱한 가공의 이야기 이상의 것일 수 없었던' 것입니다(Finkelstein and Silberman, 2001).

고대 이스라엘사의 통설에 따르면, 초기 단계의 이스라엘 부족들은 군사력으로 가나안 도시국가의 토지를 빼앗을 수 없었다고 합니다. 하지만 주민의 수가 적고, 성벽도 없으며, 가나안의 농경지로 이용되는 일도 없었던 산악지대에 우선 들어가는 것이라면 비교적 용이했습니다. 이러한 형태로 정착한 후, 긴 시간 동안 그들이 '강하게 되고 나서'(여호수아기 17:13) 비로소 요새화된 마을들을 정복하고 그 영토를 병합하기에 이르렀던 것입니다.

이와 같은 성과가 특히 강한 인상을 주었기 때문에 그것이 전승의 주된 대상이 되었던 것이리라(Metzger, 1984).

실제로 여호수아기의 다른 관련 기사의 기술을 상세히 살펴보면, 정복한 마을이나 백성을 모조리 멸하는 '성절(聖絶)'은 '불완전하게' 이루어졌으며, 그나마도 '상징적·이데올로기적 의미를 가진' 행위에 지나지 않았다는 (レーマ, 2008) 점이 지적되고 있습니다.

(3) '선민의식'의 빛과 그림자

여리고의 토지취득 모델

그러나 '출애굽'의 사건 중에서, 특히 여리고 공격 기사는 이후의 역사에서 대단히 치명적인 영향을 끼치는 상징이 되었습니다. 이후 이 여리고 기사를 모델로 삼아 스스로를 신에게 부름 받은 '선택된 백성'이라고 규정한 사람들이 '약속의 나라'에 이르러, 이 나라에 이미 살고 있던 '가나안인'을 희생시키고 그 땅을 자신의 것으로 만드는 일이 행해졌기 때문입니다.

북아메리카에 건너왔던 퓨리턴들의 건국의 역사는 선주 인디언들의 비극, 곧 '미국사의 원죄'(齋藤眞)를 수반하는 것이었습니다. 물론 잉글랜드로부터의 이주를 촉진했던 다양한 동기 중에는 인디언들에 대한 선교와 그들의 회심에 대한 바람도 작용하고 있었습니다. 그러나 뉴잉글랜드 사람들 중에는 거기에 대해 부정적인 생각을 가진 사람도 적지 않았습니다. 매사추세츠의 유력한 성직자 중 한 사람이었던 존 코튼(John Cotton)과 같이, '특정한 별도의 사건'이 실현되고 나서야 비로소 인디언들이 회심하게 될 것이라는 신의 의지를, 성서 텍스트의 한 절에서 발견했다고 생각하는 사람도 있었습니다. 여기에서 '별도의 사건'이란, 반(反)그리스도의 멸망과 유대인 모두가 회심하는 것을 의미합니다(Schneider, 1958).

그 전까지는 회심시키는 것보다 정복하는 것이 중요한 목표가 되었습니다. '붉은 인디언'의 학살을 '신적 도살'(T. 셰퍼드)로 표현한 성직자조차 있었습니다. 거기에서 선주민들은 기껏 해야 '가나안인', 심할 경우 '악'의 병사로 간주되어, '선택받은 백성'으로부터 하등의 권리도 인정받지 못했습니다. 실제로 생명·자유·재산에 대한 만인의 자연권을 말하며 영국 명예혁명의 근거를 제시했던 존 로크(John Locke)조차 식민지 사람들의 대인디언 전쟁을 찬성하는 입장에 서서 당시 행해지고 있던 식민 정책에 동조하고 있었습니다(三浦永光, 1997).

이러한 가운데 윌리엄 펜(William Penn)이 펜실베이니아에서 시작했던 '성스러운 실험'은 위대한 예외가 되었습니다. 주위의 식민지 이주자들이 인디언과 싸우며 그 요새의 장벽을 수복하는 데 여념이 없었을 때, 펜실베이니아에서는 퀘이커의 평화와 비폭력 정신에 근거하여 인디언과 70년간 평화협정이 지켜졌던 것입니다.

식민지 건설의 역사에서 '출애굽'이 상징하는 어두운 영향은 1836~1838년에 남아프리카에서 보어인 내지 '아프리카너'들이 '대트렉(大trek: 가재도구를 싣고 이주하는 난민 차)'을 타고 대이주를 하던 때에도 선명히 나타납니다. 그들은 17세기 중반 이래 남아프리카에 식민지를 세우고 있던 네덜란드와 독일 사람들의 자손이었습니다. 노예소유자였던 그들 백인의 사회는 영국 제국주의의 진출에 위협을 느끼고 내륙의 오지로 이동하려 했습니다.

군사적으로 우세했던 그들은 선주하고 있던 흑인 부족을 제압해갔습니다. 그때 그들은 선주민의 땅과 들판으로 들어가면서, 직접적으로 '출애굽'

의 표상 아래 행동했습니다. '그들은 가나안 땅을 향해 가는 신의 선택받은 백성이었고, 그 지도자는 제2의 모세였다'(Jaarsveld, 1964). 그들의 눈에 선주민의 존재는 법 밖에 사는 '가나안인'이나 '블레셋인'으로 비추어졌을 것입니다. 즈루족을 정복했던 보어인 지도자는 스스로를 여호수아에게 주어진 신의 율법에 따라 행동하는 자로 확신하고 있었다고 합니다.

아프리카너 시인 중 한 사람은 이들 트레커(trekker)들을 영국 제국주의의 박해에서 탈출하여 미개의 땅에 문명과 문화를 가져올 개척자로 찬미하고 있습니다.

> 가장 검은 아프리카!
> 미개의 세계! 나는 그대의 검은 모습을 보고,
> 끝없이 계속되는 미개의 해안을 본다.
> 폭풍우에 둘러싸여 들끓으며 길손에게 매정하게! ……
> 하지만 기다려라! 가까이 오는 것은 누구? 빛을 발하며?
> 그대의 남쪽 국경에 빛은 움직인다!
> 명령이다―무기와 차와 성서를 가진 트레커
> 그는 그대의 내륙부에 자유를 구한다(トゥウォルシュカ, 1996).

여기에서 언급한 두세 가지 해방사의 예를 통해, 신에게 '선택받은 백성'의 역사 모델로서 '출애굽'이 갖는 영향의 크기를 읽어낼 수 있을 것입니다. 그것은 탈출을 통한 해방과 광야에서의 시련 끝에 마침내 약속의 땅에 도달한다는 구약의 이야기가 간직한 '상징'의 힘을 가르쳐주고 있습니다. 자유를 바라는 많은 사람들은 이 상징으로부터 결단할 것, 고난에 견딜 것, 희망을 잃지 않을 것을 배워왔던 것입니다.

그러나 동시에 거기에는 '출애굽'에 관련된 또 다른 일면이 뒤따르고 있음을 간과해서는 안 될 것입니다. 뉴잉글랜드의 '가나안인'이나 '이방인'에 대한 가혹한 대우, 나아가 그 땅을 지배했던 '신정정치'에 의한 비(非)관용의 역사(너대니얼 호손이 쓴 『주홍글씨』에 나타난 것 같은)처럼 말입니다. 믿음의 자유와 해방을 향한 열광은, 이후 자신들의 믿음만을 엄격하게 강제하는 '성스러운 체제획일주의'(A. 바이라)로 뒤바뀌어 버렸습니다. 이러한 범죄의 다수는 구약성서의 기술을 문자 그대로 해석하는 것에 대한 중대한 경고를 의미하는 것이라고 말하지 않을 수 없습니다.

해방사의 '상징'으로서의 '출애굽'은 희망에 가득 찬 패러다임인 동시에 위험에 가득 찬 패러다임일 수도 있는 것입니다.

'선민의식'의 도착(倒錯)

오늘날에 이 '상징'은 이중적인 의미에서 받아들여지고 있습니다. 예를 들면 파라오에 의한 강제노동이나 학살에 맞서 싸운 이스라엘 백성의 이야기는 오늘날 제3세계에서 발생하고 있는 민중 투쟁과 유사성을 보인다는 점에 주목할 수 있습니다. 그 때문에 그야말로 '해방의 시점'에서 새롭게 출애굽기를 '다시 읽는' 일이 행해지고 있습니다(Pixley, 1987).

라틴 아메리카의 '해방 신학'(G. 구티에레스)에서, 출애굽은 해방의 원형으로서 생생하게 상기되고 있습니다. 출애굽기 이야기가 라틴 아메리카에서 읽혀질 때 '중시되는 것은, 파라오의 억압적 지배나 모세의 억압자—피억압자 쌍방에 대한 지도(指導)의 역학이다. …… 출애굽기는 단순한 사건일 뿐 아니라, 해방의 한 모형으로 성서나 현재의 경험을 해석하는 열쇠가 된다'(ベリマン, 1989).

그 경우 '해방 신학'은 모종의 정치적 메시아니즘에 빠지기 쉽다는 위험성이 있습니다. 주목해야 할 것은 출애굽에서 지향된 '젖과 꿀이 흐르는 땅'은 결코 낙원이 아니라, 오히려 '경작지'로 생각되고 있었다는 점입니다. 그것은 확실히 비정주적인 유목민의 눈으로 볼 때 이상적인 나라로 비추어질지 모릅니다. 그러나 성서의 다른 부분(예를 들면 민수기 16:13)에서는 이집트까지도 '젖과 꿀이 흐르는 땅'이라는 이름으로 불리고 있습니다(Preuß, 1991).

따라서 '출애굽'이 기준이 되는 한, '해방'은 메시아적 왕국으로의 이행이 아니라 이집트에서의 인간 소외 상태로부터 인간답게 살 수 있기 위한 해방이라는 점을 잊어서는 안 될 것입니다. 인간적 존엄성을 가지고 살기 위해 새로운 토지로 이행하는 것은 어디까지나 역사적 시간 속에서 일어나는 사건인 것입니다. 뛰어난 해방 신학자는 '피하기 어려운 인간의 행위'를 우상시할 유혹이 있을 수 있음을 지적하고, '혁명을 절대화하는 것'에 엄중히 경고합니다(グティエレス, 1985).

이것은 상징으로서의 '출애굽'을 '빛'의 측면에서 파악하는 견해입니다. 그러나 '그림자'의 측면 역시 현재진행형입니다. 예를 들어 '기독교국 미국'이라는 건국신화의 입장을 견지하고 있는 미국 종교 우익의 논리에도 이 점이 확실히 드러납니다.

미국의 '시민종교'에는 예언자형과 사제형 두 종류가 존재한다는 주장이 있습니다(ピラード/リンダー, 2003). 예언자형의 지도자는 초월적인 힘에 호소하고, 우상숭배적인 내셔널리즘에 대항하여 국가를 정의의 길로 인도하고자 움직입니다. 앞서 봤던 킹의 공민권 운동 등도 확실히 이러한 유형에 들어가는 것입니다.

그러나 사제형의 경우, 미국을 지상에서 가장 위대한 나라로 간주하고, 스스로를 자유의 보급을 종교적인 사명으로 여기는 애국주의와 연결시킵니다. 이러한 '신의 축복 아래 있는 미국'이라는 건국신화의 입장에 설 경우, 세계를 선과 악으로 양분하여 우리 편 아니면 적으로 파악하는 사고, 또는 미국적 가치나 입장을 절대화하는 단독행동주의로 기울기 쉽습니다. 그것은 아프가니스탄=이라크 전쟁에서 드러난 부시 정권의 행동원리에서 전형적으로 나타났습니다.

미국은 이제 세계 평화를 지탱하는 요인이 아닌, 오히려 그것을 불안하게 만드는 요인이 되고 있습니다. '제국'으로서의 미국은 '불안의 문화'를 수출하고, 스스로 불안에 각인된 정치양식을 그 규범으로 삼기에 이르렀다고 지적되고 있습니다. '제국의 불안은 불안의 제국을 낳고 자유도 안전보장도 촉진하지 않는다'(Barber, 2003).

이러한 가운데 주목되는 것은 미국의 중동정책, 특히 이스라엘 국가에 대한 일방적인 동조의 자세입니다. 언뜻 보면 이것은 '출애굽'의 원체험에 기반을 둔 건국신화의 공통성에서 기인한 것 같기도 합니다. 그러나 지금과 같은 상황에서 이스라엘의 행동을 옳다고 여기는 것은, 말하자면 악을 편드는 것이 되어버리는 것은 아닐까요. 그것은 미국이 자기의 행동에 대해 마음속 깊은 곳에서 느끼는 '양심의 가책'을 정당화해주는 듯이 보이기 때문이라고 하는, 정말로 정곡을 찌르는 지적까지 나오고 있을 정도입니다(トッド, 2003).

이스라엘 정부가 요르단 강 서안에서 실시하는 식민지 확대정책을 배후에서 지지하는 '대이스라엘주의'의 주장에는 '출애굽'에 대한 경직된 이해가 있는 것인지도 모릅니다.

실은 '출애굽'이 행해졌던 '갈대 바다'의 위치에 대한 구약성서의 기술이 반드시 일정한 것은 아닙니다. 나일 델타 호 늪지라고도 해석되지만, '이집트의 바다'(이사야서 11:15)라고도 불리고, 홍해 내지 현재의 수에즈 만을 가리키는 듯이도 보입니다. 더욱이 열왕기(상, 9:26)에서는 에시온게벨이라는 지명과 결부시켜 명백히 오늘날의 아카바 만을 지시하고 있습니다. 즉, 구약성서에서 '갈대 바다'란 '신학적 지리학'의 개념이었다는 사실에 주의해야 할 것입니다(Lamberty-Zielinski, 1993).

즉, 신명기(2:1)나 민수기(21:4)에서 '갈대 바다'는 동요르단으로 곧장 연결되는, '약속의 땅'으로 향하는 관문으로 평가되고 있음을 알 수 있습니다. 이른바 '토지취득'은 '출애굽'의 기적과 직접적으로 연동되어 있다고 말해도 좋을 것입니다. 이렇게 보면 다윗왕국의 판도의 확대 자체가 '출애굽'과 연결된 신의 약속 아래에 서 있는 듯이 보이지 않는 것도 아닙니다.

그러나 폰 라트의 선구적인 연구(Rad, 1969)는 역사를 비판적으로 재구성하여, 야훼와 함께 싸우는 이스라엘 초기의 '성전'은 자기방위에 가까운 싸움이었을 뿐 결코 침략적인 정복 전쟁은 아니었다고 추정하고 있습니다. 그 후 라트의 주장과 관련하여 많은 연구가 발표되고 있습니다만, 어쨌든 대국을 설립하기 위해 다윗이 행했던 전쟁은 결코 '야훼의 전쟁'으로 기술될 수는 없었던 것입니다.

그럼에도 오늘날 신에 의한 '약속의 땅'을 문자 그대로 이해하고, 다윗의 판도에 고집하고 있는 것이 유대교의 우익보수주의적 입장입니다. 이러한 식민지 건설 정책에 반대하는 팔레스타인의 레지스탕스에 대해, 이스라엘 정부는 압도적인 무력에 의한 '국가적 테러'로 대응하고 있습니다. 그러나 이라크 내외에 확대된 과격파 테러리즘에 '성전'의 구실을 주고 있는 것은 미국이나 이스라엘 정부 그 자신의 침략=점령 정책이 아닐까요. 이라크나 이란에 대해 왈가왈부하는 부시 대통령이나 네타냐후, 샤론 등의 이스라엘의 역대 총리야말로 '악의 축' 그 자체라고 말해야 할 것입니다(Alkier, 2005).

이러한 정책에 정면으로 대립하는 새로운 움직임이 팔레스타인 기독교인 측에서 제기되고 있습니다.

동예루살렘에 있는 성공회의 나임 아틱(Naim Ateek) 목사는 '팔레스타인 해방 신학'을 설파하고 있습니다. 그는 홀로코스트의 고난에 대해 이해를 표명하고, 또한 유대인의 토지 일부를 길게 점유하면서 그들의 존재를 무시해왔던 팔레스타인 측의 잘못을 인정하고 있습니다. 그러나 동시에 현재 이스라엘의 점령 정책이 불법이라는 점도 확실히 지적하고, 그에 대한 인티파다(Intifada)의 행동에는 정치적·사회적인 자결권과 문화적 정체성에서 비롯된 정당성이 있음을 분명하게 주장합니다(Ateek, 1989).

그것은 다른 한편으로는 미국의 유대교 신학자 마크 엘리스(Marc Ellis)의 동일한 문제제기와 호응합니다. 엘리스는 자기의 입장을 '유대교적 해방 신학'이라고 이름 붙이고 있습니다. 엘리스의 입장이 라틴 아메리카에서의 '해방 신학'에서 크게 자극을 받아 그것과 연대하려 한다는 점은 명백합니다. 실제로 그는 구티에레스의 60세 탄생기념 논문집 『해방 신학의 장래(The Future of Liberation Theology)』(1989)의 공동편집자이고, 또한 페미니즘 신학자인 로즈메리 류터와 함께 팔레스타인의 평화나 인티파다를 테마로 한 저작에도 관여하고 있습니다(『점령을 넘어 평화를 추구하는 미국 유대인·기독교인·팔레스타인의 소리(Beyond occupation: American Jewish, Christian, and Palestinian voices for peace)』, 1990; 『신앙과 인티파다(Faith and the Intifada)』, 1992 참고).

엘리스는 기독교적 반유대주의를 회개하는 것은 '오늘날에는 팔레스타인 민중의 정당한 권리가 승인되는 문맥에서만 진실하다'라고 단언하고 있습니다. 그것은 류터적인 기독교적 자기비판이 빠지기 쉬운 위험성에 대한 날카로운 지적이기도 합니다. 아틱이나 엘리스의 목소리는 '때의 징조'를 알리는 것으로 결코 간과되어서는 안 될 것입니다.

엘리스에 의하면, 국제연합 결의에 반하여 1967년 이후 지속되고 있는 팔레스타인 점령지의 지배와 확대는 '어리석고 동시에 비도덕적'이며, 유대의 '윤리적 증언에 대한 배신'이라는 것입니다.

> 이스라엘에서의 유대인은, 아니, 전 세계의 유대인은, 팔레스타인 민중이 해방되지 않고서는 해방될 수 없는 것이 아닐까. 팔레스타인인의 문제를 한 번이라도 이해했다면 더 이상 점령을 계속할 수 없다(Ellis, 1992).

실제로 인티파다 이후 이스라엘 건국에 협력해왔던 홀로코스트 생존자 사이에서도 '점령을 멈추자'라는 목소리가 높아지고 있는 것은 결코 이상한 일이 아닙니다.

예언자의 보편주의적 전망

앞서 엘리스에 의하면 '우리가 형성하지 않으면 안 되는 신학적 틀'은 '우리 전통의 중핵에 있는 저 테마를 혁신하는 것'이고, 그것이야말로 '출애굽과 예언'에 입각하여 '오늘날의 세계를 이해하는 것'이라고 합니다. 실제로 이러한 목소리는 구약성서의 예언자적 전통과 연결되어 있습니다. 예를 들어, 아모스서에 기록되어 있는 대표적인 심판 예언을 인용해봅시다.

> 나는 너희를 사십 년 동안 광야에서 이끌어주었고 아모리족을 너희 앞에서 멸해버렸다.
>
> (아모스서 2:10)

출애굽은 기원전 1300년경에 일어났던 사건으로 예언자 아모스는 겨우 기원전 750년 무렵에 등장했습니다. 이것을 생각하면 이미 아모스는 과거의 출애굽과 그가 당시 호소하고 있던 사람들 사이에 존재하는 '동시성'을 부르짖고 있었다고 할 수 있습니다. 그것은 유대 왕 웃시야와 이스라엘 왕 요아스의 아들 여로보암 2세 시대의 일이었습니다. 아모스는 당시의 이스라엘 국가의 현실을 신으로부터 위탁받은 예언으로 명확하게 부정합니다.

이스라엘 백성들아, 들어라.
내가 친히 이집트에서 데려온 이 백성들아,
너희를 두고 하는 나 야훼의 말을 다들 들어라.
세상 많은 민족들 가운데서
내가 너희만을 골라내었건만
너희는 온갖 못할 짓을 다 하니
어찌 벌하지 않으랴?

(아모스서 3:1~2)

내 백성 이스라엘이 끝장났다.
더 용서해줄 수도 없구나.

(아모스서 8:2)

아모스에 의하면 그것은 이스라엘이 위선으로 가득 찬 예배를 행하고, 또한 일상생활에서도 신의 선택에 전적으로 위반되는 사회적 부정을 저지르고 있기 때문입니다. 예를 들어 '너희는 힘없는 자의 머리를 땅에다 짓이기고 가뜩이나 기를 못 펴는 사람을 길에서 밀쳐낸다'라고 날카롭게 비판하고 있습니다(아모스서 2:7). 이러한 기존의 질서를 정당화하기 위해 출애굽의 신으로서의 야훼를 이스라엘의 전유물이기라도 한 듯이 입에 발린 신앙고백을 남용하는 것은 허락될 수 없는 것입니다. 그것은 아모스의 눈으로 보면 '출애굽에 대한 도착(倒錯)' 이외에 아무것도 아닙니다.

아모스의 신은 그 시대 이스라엘에 나타난 정치·사회 체제의 지지자가 아니고, 또한 그 문제 많은 '성과'의 지지자도 아니다. …… 아모스의 야훼는 작은 자의 신 …… 희생자들의 신이다. 아모스는 이 신을 이스라엘을 뛰어넘는 초월자, 세계신으로 여겼다(ショットロフ/シュテーゲマン, 1981).

아모스는 신의 가차 없는 계시를 이야기합니다.

이스라엘 백성들아,
너희가 나에게 에티오피아 백성과 무엇이 다르냐?
야훼의 말씀이시다.
이스라엘을 이집트에서 이끌어낸 것이 나라면,
블레셋 백성을 크레테에서 데려오고
시리아 백성을 기르에서 데려온 것도
내가 아니겠느냐?

(아모스서 9:7)

'출애굽'이라는 야훼에 의한 구원사를 원체험으로 가진 이스라엘인도 지금은 땅끝에 사는 구스인처럼 야훼로부터 멀리 떨어진 이방 사람이 되어 있다는 것입니다. '출애굽'의 기적은 이스라엘 백성만의 특권이 아니라, 이스라엘에 적대하는 블레셋인이나 아람 사람 역시 경험 가능한 신의 은혜인 것입니다. 아니, 그뿐 아니라, 야훼는 지금 이스라엘에 대해 새로운 '출애굽'으로 대답하려 합니다. 그것은 '반(反)출애굽', 즉 이스라엘 백성이 다시 적에게 끌려가는 것 — 자유의 길이 아닌 노예의 길로 끌려가는 것 — 을 가리킵니다.

> 내가 너희를 다마스쿠스 저편으로 잡혀가게 하리라.
> 야훼의 말씀이시니,
> 그 이름 만군의 하느님이시다.
>
> (아모스서 5:27)

고대하던 야훼의 날은 이스라엘에게는 심판의 날이 됩니다.

> 저주 받아라! 너희 야훼께서 오실 날을 기다리는 자들아.
> 야훼께서 오시는 날, 무슨 수라도 날 듯싶으냐?
> 그날은 빛이 꺼져 깜깜하리라.
>
> (아모스서 5:18)

야훼는 더 이상 예전의 유월절 밤과 같이 이스라엘을 묵과해주시지 않습니다(아모스서 7:8, 8:2). 이제 야훼는 갈대 바다의 기적 때와 같이 이스라엘을 구원하기 위해서가 아니라 그들을 멸망시키기 위해 눈을 집중하십니다.

> 내가 놓칠세라 노려보며 재앙을 내리리라.
> 저자들에게 무슨 복을 내리겠느냐?
>
> (아모스서 9:4)

물론 이러한 '반출애굽'의 고지는 아모스에게 숙명론적으로 고정된 도그마는 아니었습니다. '출애굽에 대한 도착'을 비판하는 아모스의 항의와 '반출애굽'의 선고란 오히려 이스라엘이 '출애굽'의 진실과 원체험으로 돌아갈 것을 촉구하는 것이었습니다. 그것을 통해 '반출애굽'의 위험에서 몸을 돌리도록 호소하는 시도였던 것입니다. 그렇게 본다면 아모스의 '출애굽' 설교는 이스라엘이 단 하나의 진실된 신앙과 복종의 생활에 다시 눈을 뜨도록 유도하는 도발(挑發)이라고도 할 수 있습니다. 야훼의 은혜로 해방된 백성이라는 증표로서 '정의와 공의'를 모든 일상생활에서 실현하기 위해서 말입니다.

다만 정의를 강물처럼 흐르게 하여라.
서로 위하는 마음 개울같이 넘쳐흐르게 하여라.

(아모스서 5:24)

아모스는 이스라엘을 비판하면서 '출애굽'을 자민족중심주의적인 특별한 전유물로 파악하는 견해를 수정하도록 촉구하고 있었던 것입니다.

실제로 신의 은혜에 의한 출애굽과 구원을 향한 희망은 보편주의로 연결되어 있는 것이 아닐까요. 출애굽 전승은 그 희망이 인류 전체를 포괄함을 가르쳐주고 있습니다. 이 점과 관련해 '갈대 바다의 노래'에 대한 유대교 랍비의 주석 가운데 대단히 풍부한 시사점을 주는 것이 있습니다. 그것은 출애굽에서 승리의 기적이 일어났을 때 '신이 울었다'라고 기록하고 있습니다. 왜냐하면 그의 백성, 즉 이집트인들이 거기에서 죽어갔기 때문입니다.

이 점과 관련해서 코란의 기술도 흥미롭습니다. 모세의 이름은 코란에서도 – '무사'라는 호칭으로 – 40개의 장에 등장합니다. 가장 빈번히 언급되는 부분은 그가 파라오 앞에 설 때의 장면과 더불어, 바다를 건너는 이스라엘 백성과 익사하는 이집트 대군을 묘사하는 장면입니다. 인상적인 것은 출애굽기의 기술과는 달리 파라오가 물에 빠져 죽으면서 회심한다는 점입니다. '나도 믿습니다. 이스라엘의 자손들이 믿는 신 외에 절대적인 신은 없습니다. 나도 정말로 신자입니다'. 이에 대해 신은 대답합니다. '오늘은 너를 신체만 구해, 뒤이어 올 자에게 보내는 경고의 징표로 한다'(코란 10:90~92).

그런데 이 '신체만'이라는 것은 독일어 역 코란 주석에 의하면 '생명이 없는 신체로서' 혹은 '영혼은 괴롭다고 해도 신체만큼은'이라고 해석할 여지도 있는 것 같습니다(Khoury, 2004).

이 해석에 따르면, 파라오의 신앙고백은 너무 늦어 시기를 놓쳐버렸던 것입니다. 신은 파라오의 회심을 받아들이려고 하지 않고 그의 신체만을 구했기 때문입니다. 이것은 아마 파라오를 매장할 때 미라로 만들기 위해 보존 조치를 하는 종교적 전통에 대한 빈정거림일지도 모릅니다. 장대한 이집트 왕묘는 가공할 만한 우상예배의 기념비이기 때문입니다.

이야기를 처음으로 돌려봅시다.

출애굽 사건에서 신이 이집트 백성의 운명에도 마음을 기울인다는 보편주의적인 해석을 취했던 것은 앞서 언급한 랍비 주석이 최초는 아니었습니다. 이미 훨씬 먼저 예언자 이사야도 또한 신이 이집트인들을 구원할 것이라는 광대한 세계사적 전망을 이야기하고 있었습니다.

야훼께서 이집트를 향하여 매를 드시더라도 그 뜻은 치는 데 있지 아니하고 고쳐주는 데 있다. 그러므로 그들이 야훼께 돌아오면 그 간구를 들어주시고 고쳐주실 것이다.

그날에 이집트에서 아시리아로 가는 큰길이 트여 아시리아 사람과 이집트 사람이 서로 오가며 이집트 사람이 아시리아 사람과 함께 예배하리라.

그날에 이스라엘은 이집트와 아시리아 다음의 셋째 번 나라가 되어 세상에서 복을 받으리라.

만군의 야훼께서 복을 주시며 이르시는 말씀을 들어라.

복을 받아라. 내 백성 이집트야, 내가 손수 만든 아시리아야, 나의 소유 이스라엘아.

(이사야서 19:22~25)

조지 부시 대통령이 이라크 전쟁 초기에 행했던 전투종결선언(!)의 말미에 이사야서의 말이 인용된 것은 잘 알려져 있습니다. '감옥에 갇혀 있는 자에게는 나오라고', '어둠 속에 사는 자에게는 몸을 드러내라고 말하겠다'. 이것은 이사야서 49장 9절의 말씀입니다.

아마도 부시 대통령은 이 '감옥에 갇혀 있는 자'라는 구절을 통해 바스당(Baath Party)에게 잡혀 있던 정치범을 암시하고 싶었는지 모릅니다. '어둠 속에 사는 자들에게는 몸을 드러내라고 말하겠다'에서 '어둠 속에 사는 자'라는 것은, 당시 문자 그대로 지하에 잠행하고 있던 사담 후세인에 대한 비아냥거림이었겠지요. 그러나 전투종결선언 이후 현재까지 수렁에서 헤어나지 못하고 있는 이라크 전쟁은 조금도 끝날 기미가 보이지 않습니다. 이런 가운데 부시 대통령이 성급하게 이라크의 해방자인 양 득의양양하게 예언자 이사야의 말 — 바빌론 유수에서의 해방을 고하는 신의 축복의 말씀 — 을 인용해보였던 것은 그저 신성모독이었을 뿐입니다.

그러나 진정한 해방자인 야훼는 이 지상의 자칭 해방자 모두에 대해 중대한 비판적 의문을 던지시는 분이기도 합니다. '출애굽'의 상징은 아모스의 예언이 보여주듯 참다운 해방을 낳는 심판의 폭약을 감추고 있는 것입니다.

부시 대통령이 '악에 대항하는 십자군'을 제창하는 것에 대해 미국의 비판적인 신학자들 사이에서 비판적인 동시에 건설적인 문제제기가 나오기 시작한 것도 당연합니다. '시니컬한 사람들이나 세속적인 리얼리스트, 나아가 환멸을 느끼는 이상주의자들의 비웃음을 받는 미국인의 사명관은 버릴 것이 아니라 오히려 변형될 필요가 있다'라고(Jewett and Lawrence, 2003).

즉, 미국적 도덕관의 절대화, '세계적 음모'라는 착각, '십계'의 우상숭배적 이해 등을 내용으로 하는 '열광적 신화'는 세계를 자유와 평화로 이끈다는 사명감을 지금까지 잘못된 방향으로 인도해왔다. 이제 우리가 해야 할 일은 이러한 유산에서 우리 자신을 잘라내고, 우리 자신 안에 있는 어두운 부분에 대한 긴 투쟁에 들어가는 것이다. 변하지 않으면 안 되는 것은 우리의 적대자가 아니라 우리 자신인 것이다. 그것은 우리의 문화를 만들어왔고, 우리의 정치적 패턴을 규정하고 있는 신화의 형태를 변환할 것을 요구하고 있다(Jewett and Lawrence, 2003).

이것은 미국이 그 단독행동주의적인 외교정책을 엄격하게 자기비판적으로 다시 묻고, 국제적 협조를 통한 평화의 가능성에 희망을 가짐으로써 진정한 리얼리즘을 회복할 수 있다는 호소입니다. 여기에서 필요한 것은 이슬람을 적대시하기 쉬운 헌팅턴류의 '문명의 충돌' 대신해, '여러 문명의 대화'에서 시작되는 보편주의적 시점의 회복이 아닐까요(ゼンクハース, 2006).

III. 홀로코스트가 묻는 것

〈대화에의 촉구〉
(비아지오 프리사, 1978년)

아우슈비츠의 원체험으로부터

(1) 엘리 비젤의 『밤』을 읽다

　엘리 비젤은 1928년 카르파티아 산맥에 있는 헝가리의 작은 도시 시게트에서 태어나, 유소년기에는 동유럽 유대인의 경건한 전통을 익히며 성장했습니다. 이 하시디즘 전통은 마르틴 부버를 통해 서유럽에도 알려졌습니다.
　비젤에게 유대교의 특수한 분파인 이 신앙=생활양식은 하시디즘적인 내면성, 이웃 사랑, 기도나 명상, 교제나 축제 등의 계기와 더불어, 특히 즐거움을 중심으로 한 '종교적 휴머니즘'을 의미하는 것이었습니다. 비젤에 의하면 이 즐거움이야말로 천국에 이르는 문을 열고, 거꾸로 우울함은 그것을 닫는 것이었습니다.
　고향인 이 작은 도시가 1944년에 독일군에게 점령되었을 때, 비젤은 얼마간 게토에서 생활한 후 아우슈비츠를 거쳐 부헨발트의 강제수용소로 이송되었습니다. 거기에서 많은 유대인 동포의 죽음을 목격했을 뿐만 아니라, 자기 아버지의 죽음도 체험할 수밖에 없었습니다. 미군에 의해 해방되고 나서, 비젤은 홀로코스트의 기억, 즉 유대 백성의 이 최대의 비극을 사람들의 마음에 새기는 것을 그의 일생의 업으로 삼았습니다.

증언의 문학

그 작업은 파리에서 만난 작가 모리아크(Francois Mauriac)가 그 체험을 집필하라고 권유하면서 시작되었습니다. 부헨발트 해방 후 10년이 흘러, 이때까지 참고 견뎌왔던 침묵을 말로 바꿀 시기가 충분히 무르익었던 것입니다. 1956년에는 이디시어로 최초의 자서전『세계는 침묵하고 있었다(Un di Velt Hot Geshvign)』를 완성했습니다. 비젤은 젊은 날 집필에 임했던 자신의 마음을 40년 후의 자서전 제1부에서 이렇게 쓰고 있습니다.

> 내가 쓴 것은 증언하기 위해, 죽은 자들을 죽지 않게 하기 위해, 내가 살아남았던 것을 정당화하기 위해서였다. 내가 쓴 것은 죽은 사람들에게 말을 걸기 위해서였다. 내가 그들에게 계속 말을 거는 한 그들은 계속해서 나의 기억 속에서 살아 있을 것이다(ヴィーゼル, 1995).

이 최초의 초고는 862쪽이나 되었습니다. 이것을 압축한 이디시어판도 245쪽이었고, 2년 후에 개정을 거쳐 더욱 짧게 줄인 프랑스어판『밤』이 출판되었습니다. 그리고 이 책은 단번에 국제적인 유명세를 탔습니다. 그것은 나치의 멸절수용소의 참담한 현실을 가장 인상 깊게 전했던, 가장 저명한 작품이 되었던 것입니다.

『밤』에서 서문을 썼던 모리아크는 그를 찾아왔던 비젤에게 강하게 끌렸는데, 그 당시의 모습을 대단히 인상적으로 표현하고 있습니다. '부활했음에도 여전히 생과 사의 경계 — 그는 겹겹이 쌓인 모욕당한 시체에 발이 걸려 비틀거리면서 그 부근을 방황했던 것이다 — 에서 죽음의 포로로 잡혀 있는 나사로의 눈빛'과 만났다고. 실제로 『밤』의 최후에는 부헨발트 강제수용소로부터 해방되어 — 게토 이후 비로소 — 자신의 얼굴을 거울로 봤던 비젤의 마음이 기록되어 있습니다.

거울의 밑바닥에서 한 시체가 나를 보고 있었다.
내 눈 속의 그 시체의 눈빛은 그 후 잠시도 나를 떠나는 일이 없었다.

그것은 이 소설을 최후까지 더듬어갔던 자에게 그다지 놀랄 만한 것도 새로운 발견도 아닌 사실일 것입니다.

그 이후 비젤은 작가로서만이 아니라, 탈무드나 유대교 철학의 연구자로서, 또한 아우슈비츠에 관계하는 기독교 신학자들의 대화 상대로서 신학적 사색에 깊이 들어가지 않을 수 없게 되었습니다. 나아가 과거의 기억 속에서만 사는 것이 아니라, 오히려 현대에 눈을 돌려 부정과 박해에 고통 받는 자가 있는 곳이라면 어디를 향해서든 항의의 목소리를 내왔습니다. 그리고 1986년에 노벨평화상을 받았습니다.

『밤』은 사실상 초기 비젤의 작가활동을 대표할 뿐만 아니라, 이후의 그의 문학작품 전체의 초점을 형성하는 것이라고 할 수 있습니다. 왜냐하면 그의 일은 — 문학작품이든 에세이 혹은 신학적 성질의 것이든 — 모두 기본적으로 이 『밤』이라는 작품의 속편과 다름없기 때문입니다.

예를 들면, 비젤의 두 번째 작품은 『새벽(L'Aube)』이라는 제목입니다. 이 짧은 소설은 홀로코스트에서 살아남은 청년 엘리샤의 초상을 그리고 있습니다. 그는 부헨발트에서 해방된 후 팔레스타인으로 건너가 영국의 위임통치하에서 독립하기 위한 해방 전투에 참가합니다. 그 가운데 엘리샤는 이스라엘 지하조직의 멤버를 죽인 보복으로 영국군 장교 존 도슨을 처형하는 역할을 맡게 됩니다.

    해냈다. 나는 죽였다. 나는 엘리사를 죽였다.

  살기 위해 결단하는 것은 죽음(死)=살해(殺害)를 결단하는 것을 의미하기도 했던 것입니다.
  소설의 최후의 장면. 『새벽』이 여전히 '한 조각의 밤'을 지니고 있어 완전히 밝지 않은 것처럼, 새벽의 빛에 비추어졌던 엘리사의 얼굴에는 '한 조각의 어두움'이 씻기지 않은 채 남아 있었습니다. "최종적 해결(홀로코스트)"의 긴 그림자는 건설적인 해결에 대한 동경 역시 깨부수고 마는 것입니다. 아우슈비츠 이후, '밤'은 여전히 살아남은 자들을 지배하고 있었고, 절망은 남은 자의 내면적 실존 속에 숨어들어 오는 것입니다. "새벽"이라는 타이틀에는 이러한 아이러니한 울림이 담겨 있습니다.
  홀로코스트를 기억한다=마음속에 새긴다는, 그의 생애를 규정하는 상상을 초월하는 이 부담은 그의 이야기에 독특한 어조 — 즉, 이야기할 수 없는 사정을, 그럼에도 말할 수밖에 없게 하는 표현형식 — 를 부여하게 되었습니다.

  『밤』의 허덕이는 듯한, 그리고 고의로 장식을 떼어낸 문체를, 나는 그 후의 이야기에서도 그대로 사용했다. 나는 여기에 애착을 느끼고 있다. 그것은 각지에서 게토에 관한 기록을 남겼던 이들의 문체였다. 게토에서는 무엇이든 단숨에 행하고, 이야기하며, 민첩하게 살지 않으면 안 되었다. 적이 언제 어느 때 문을 노크하고, 모조리 정지시키며, 모든 것을 허무로 날려버릴지 알지 못했기 때문이다. 하나하나의 어구가 유언이었다. 본질적인 것을 말하며 반복하

고, 불필요한 것은 일절 생략하지 않으면 안 되었다(ヴィーゼル, 1995).

듣는 이들이 현실에서는 접근할 수 없는 '밤의 제국'을 이야기하면서, 비젤은 명령법을 통해 그들에게 전하는 이야기를 직조해냅니다. 그는 그 이야기를 통해서 우리로 하여금 아우슈비츠의 사실과 직면하게 하고, 우리를 그 사건 속으로 끌어들입니다. 우리는 아우슈비츠가 흡사 존재하지 않았던 것처럼 그것을 무시하고 사는 것이 더 이상 불가능하게 되어버리는 것입니다.

내가 살았던, 혹은 살아남았던 것은 '소설을 만들기' 위함이 아니다. 이것에 '증언 문학'이라는 이름을 붙일 수도 있겠지만, 이 문학의 목적은 마음에 들게 하는 것도 안심시키는 것도 아닌, 어지럽히는 것이다(ヴィーゼル, 1995).

아우슈비츠에 도착

『밤』의 주인공 엘리에젤이 작자 비젤을 투영한 등장인물이라는 것은 쉽게 간파할 수 있습니다. 랍비적=하시디즘적 세계에서 태어나 유대교 신비주의나 탈무드에 아주 익숙한 환경 속에서 자랐던 비젤은 아우슈비츠에 끌려와서 그가 그때까지 믿어왔던 모든 것의 붕괴를 경험하게 됩니다. 작자는 아우슈비츠 체험이 그에게 의미하는 것을 이미 이 소설의 앞부분에서, 즉 아우슈비츠에 도착했을 때 확실하게 묘사하고 있습니다.

우리가 있는 장소로부터 그리 멀지 않은 곳의 구덩이에서 불길이 피어오르고 있었다, 거대한 불길이. 거기에서 무엇인가를 태우고 있었다. 트럭 한 대가 구덩이에 가까이 가서 싣고 있던 짐을 안에 떨어뜨렸다. 아기들이었다. 갓난

아기! 그렇다, 나는 그것을 보았다, 내 눈으로 직접 보았던 것이다. …… 아이들이 불길 속으로…….

이 밤의 일은, 내 삶을 일곱 겹으로 봉해진 하나의 긴 밤으로 바꾸어버렸다. 수용소의 이 최초의 밤의 일을 결코 잊지 않으리라.

그 연기를 나는 결코 잊지 않으리라.

몸뚱이가 고요한 하늘 아래 연기로 화해버린 어린아이들의 얼굴을 결코 잊지 않으리라.

나의 '신앙'을 영원히 불살라 버린 그 불길을 결코 잊지 않으리라. 살고자 하는 마음을 영원히 앗아간 밤의 침묵을 결코 잊지 않으리라.

내 신과 내 영혼을 죽이고 내 꿈을 잿더미로 만들어버린 그 순간들을 결코 잊지 않으리라.

설령 내가 신처럼 영원히 사는 벌에 처해진다 해도 이것들을 결코 잊지 않으리라. 결코.

여기에서 '불살라진' 신앙이나 '죽임 당한' 신이라는 표현이, 마치 신의 문제 — 동시에 신의 존재 — 가 아우슈비츠 체험에 의해 정리되었다=추방되어 버렸다는 식으로 해석해서는 안 될 것입니다. 오히려 이 문장을 좀 더 정확히 읽으면, 아우슈비츠 체험에 의해 지금까지 가지고 있었던 신에 대한 이미지가 파괴되었고, 지금까지 확실한 것으로 전제되어 있었던 개인적인 신앙('나의 신')이 종말을 맞이하게 되었다는 의미임을 알 수 있습니다. 이 신과 함께 전통적인 유대교적 신앙 세계가 붕괴해버렸던 것입니다. 종래의 신학이나 경건한 말을 가지고는 지금 새롭게 직면한 현실의 경험을 정면에서 맞서기에 충분하지 않다는 것이 분명해진 것입니다. 40년 후에도 이때의 기억은 선명합니다. 자서전 제1부의 1절.

다른 어떤 밤과도 닮지 않은 저 밤의 흔적이라고 하면? 돌이킬 수 없을 것 같은 상실감, 단절감. 어머니와 여동생은 떠나버리고, 그런데도 나는 두 사람에게 작별을 고하지 않았다……

오늘도 어린아이에게 눈을 둘 때마다 나는 놀라 평정을 잃는다. 그 아이의 배후에 다른 아이들이 보이기 때문이다. 굶주리고, 공포에 전율하며, 빈혈에 걸린 채, 그 아이들은 '진실'과 '죽음' – 양자는 필시 동일물인 것이다 – 을 향해 뒤도 돌아보지 않고 걸어간다. 그들은 울며 슬퍼하지 않고, 항의하지 않으며, 누구에게도 동정을 구하는 일이 없다…….

그들에게 있던 기쁨의 힘이, 가차 없는 슬픔에 의해 어두운 그림자에 포위되어버렸던 것을 상기하지 않을 수 없다. '신'의 모습을 닮게 창조되었다고 말하나, 이 아이들도 그러했는가. 불완전한 '신'을 닮았던 것인가.

공개처형

또 하나, 『밤』에서 유명한 공개처형 장면을 들어봅시다. 섬멸수용소에서 나치 친위대에 의한 처형은 처벌을 위해서라기보다는 포로들을 위협하고 겁을 주기 위한 것이었습니다. 비젤은 무기 은닉 혐의로 세 명의 포로들이 어떠한 재판도 없이 세 개의 교수대 위에 걸리는 모습을 묘사하고 있습니다. 그중 한 사람은 어린아이였습니다.

라겔카포는 사형집행인의 역할을 수행할 것을 거부했다. 세 명의 친위대원이 그를 대신했다.

세 명의 사형수는 각각 의자에 앉았다. 세 명의 목은 동시에 교수형 밧줄 고리 속으로 들어갔다.

"자유만세!"라고 두 사람의 어른은 외쳤다.

어린아이는 가만히 있었다.

"신은 어디에, 어디에 계시는 것인가." 내 뒤에서 누군가가 그렇게 물었다.

수용소장의 신호로 세 개의 의자가 쓰러졌다.

전 수용소 내에 절대적 침묵. 지평선에서는 태양이 지고 있었다.

"탈모(脫帽)!"라고 수용소장이 외쳤다. 그 목소리는 잠겨 있었다. 우리는 눈물을 흘리고 있었다.

"착모(着帽)!"

이어서 행진이 시작되었다. 두 명의 어른은 이미 살아 있지 않았다. 부풀어 오르고, 푸르스름하게 되어, 그들의 혀는 힘없이 축 늘어져 있었다. 그러나 세 번째의 밧줄은 가만히 있지 않았다—어린아이는 매우 가볍기 때문에 아직 살아 있었던 것이다…….

30여 분 정도 그는 우리의 눈앞에서 임종의 고통을 겪으며, 삶과 죽음 사이에서 투쟁하고 있었던 것이다. 그리고 우리는 바로 정면에서 그런 그를 바라보지 않으면 안 되었다. 내가 그의 앞을 지날 때 그는 아직 살아 있었다. 그의 혀는 아직 붉고, 그의 눈은 아직 생기가 있었다.

내 뒤에서 조금 전의 남자가 다시 묻는 소리가 들렸다.

"도대체, 신은 어디에 계시는 것인가."

그리고 나는 내 마음속에서 어떤 소리가 그 남자에게 이렇게 대답하고 있는 것을 느꼈다.

'어디라니. 여기 계신다—여기, 이 교수대에 매달려 계신다…….'

그날 밤 스프에서는 시체 맛이 났다.

교수대에서 괴로워했던 어린아이는 '슬픈 눈을 한 천사'와 같았다고, 비젤은 적고 있습니다. 태양이 지평선에 가라앉고 있는 황혼 속에 서 있던 세 개의 처형대는, 흡사 골고다에 섰던 세 개의 십자가를 상기시킵니다.

때때로 이 장면은, 언뜻 보이는 것처럼 '신의 죽음'에 관한 이야기로 받아들여져 왔습니다. 거기에 기독교적인 '십자가 신학'이 표명되어 있다는 해석(예를 들면 위르겐 몰트만)까지 더해져, 논의를 불러일으킨 것은 잘 알려진 일입니다. 가톨릭 신학자 요한 B. 메츠, 칼-요제프 쿠셀(Karl-Josef Kuschel) 등은 이미 이러한 해석에 대해 혹독한 비판을 제시한 바 있습니다. 아우슈비츠의 사건을 앞에 두고 '신정론(神正論)'적 회답으로서, 십자가에 의한 구원 신학을 인용하는 것은 너무 안이하다고 해야 하는 것은 아닐까요.

어쨌든 비젤에게 이 교수대에 걸린 신이라는 것은 기독교에서 적극적으로 의미를 부여한 것과 같은 '수난의 신'이 아니었습니다. 오히려 이 정경 전체의 무신성(無神性)을 표현한 것이라 할 수 있습니다. 여기에 있는 것은 절망이지 희망이 아니었다. 신은 교수대에 걸려 있다. 신은 인간의 악마적인 행위에, 죽음과 악의 힘에 몸을 맡기고 있다. 이를테면 '시체 맛'이 나는 스프 속에서 무력한 신은 그 존재를 드러내고 있다고까지 말할 수 있는 것입니다(Brown, 1983).

『밤』의 속편 『새벽』의 최후에는 주인공 엘리사가 그의 손으로 처형하게 된 영국군 장교 도슨과 친하게 대화를 주고받는 장면이 나옵니다. 엘리사의 마음속 독백으로 말입니다.

두 사람뿐이었다. …… 애당초 이 세상에 우리밖에 없었던 것이다. 그는 앉고 나는 서서 …… 그러면 신은? 신은 아마도 어딘가 그 부근에 있었다. 필시 신은 존 도슨이 내 마음에 불러일으키는 이 호감이었던 것이다! 사형집행인 측에서는 자신의 희생자에 대해, 또한 희생자 측에서는 자신의 사형집행인에 대해 미움이 없다고 하는 것. 그것이야말로 아마도 신인 것이다.

3부작의 세 번째 소설 『낮』의 최후의 장면에도 신이 나옵니다. 여기에서 주인공 — 재차 엘리에젤이 주인공입니다 — 에게 친구 주라가 필사의 설득을 시도합니다.

알겠는가. 신은 틀림없이 죽었다. 하지만 인간은 어떠냐면, 살아 있다. 증거는 이것이다—인간은 우정을 품는 것이 가능하다.

다시 한 번 『밤』의 장면으로 돌아가면, 그해 여름이 끝나고 유대력의 최후의 날 로시 하샤나(Rosh Hashanah: 유대교의 신년제)의 전야, 포로들이 기도하기 위해 점호광장에 속속 집합합니다. 엘리에젤은 분노를 담아 이렇게 생각합니다.

당신을 향해 각자의 믿음과 분노와 반항의 외침을 토해내러 온, 이 가슴 아파하고 있는 사람들과 비교할 때, 신이여, 당신은 도대체 어떤 존재이십니까. 우주의 주여, 이 연약한 사람들 앞의 이 붕괴와 이 부패에 직면해서, 당신의 위대함은 무엇을 의미하고 있는 것입니까. 왜 이 사람들의 아픈 몸과 마음을 계속해서 괴롭히시는 것입니까.

여기에서 주인공은 동료 포로들이 죽은 자들을 위해 드리는 기도인 카디시를 외우는 것을 들으면서, 너무나 분노한 나머지 처음으로 마음속에서 반항심이 솟아나는 것을 느꼈습니다. 이 순간부터 일찍이 경건한 유대인으로서 토라가 명하는 대로 자주 카디시를 입에 올려왔던 엘리에젤=비젤은 영원한 분을 찬미하는 것도, 그 거룩한 이름을 성스럽게 하는 것도, 전능자에게 감사하는 것도 멈추고 말았던 것입니다. 그는 이제 로시 하샤나에 정해진 기도를 입에 올리는 일이 없게 되었고, 욤 키푸르(큰 용서)의 날에 단식하는 것도 하지 않겠지요. 그 이후 '나도 모르게, 내 마음속에서, 이제는 믿고 있지 않은 저 신을 향해 …… 기도가 눈을 뜨는' 일이 있다고 해도.

강제이송

『밤』에서 비젤은 아우슈비츠에 아직 살아남아 있던 유대인들에 대한 최종단계의 살육을 기록하고 있습니다. 그것은 불에 의한 것이 아니라 추위에 의한 살해였습니다. 1944년 겨울에 적군(赤軍)이 접근해왔을 때, 나치는 아우슈비츠 수용소를 포기합니다. 물과 식료품이 없어도 여전히 죽음의 행진을 견딜 만한 체력을 가졌던 포로들을 강제로 지붕 없는 가축 운송열차에 태워 부헨발트 수용소로 이송했던 것입니다. 이 광기에 가까운 작전에서 살아남을 수 있었던 포로는 극소수였습니다. 오늘날에 이르기까지 이 작전의 의도는 완전하게 밝혀지고 있지 않습니다.

열차는 종종 장시간에 걸친 혹독한 추위 속에서 오도 가도 못하는 상태에 빠졌습니다. 특정한 정차장에서는 명령에 따라 동사자들을 열차 밖으로 내던졌습니다. 식사를 전혀 받지 못한 채, 포로들은 눈을 먹으며 살아갔습니다. 비참한 상황을 비젤의 펜은 적나라하게 그리고 있습니다.

> 돌연 울부짖음, 상처 입은 짐승이 울부짖는 소리가 들렸다. 또 한 사람이 막 숨을 거두었다. 죽어가는 사람들이 그를 따라 울었다.

그 울음소리는 무덤 너머에서 들려오는 것 같았다. 이제 모두 울고 있었다. 신음하고 있었다. 비탄에 젖은 울음소리가 바람과 눈에 부딪혔다.

비탄은 이 칸에서 저 칸으로 퍼졌다. 너무나 빨리 전염되었다. 수백 명이 같이 울었다. 누구를 위해 우는지도 모른 채. 무엇 때문에 우는지도 모른 채. 끝이 다가오고 있음을 느낀 호송대 전체로부터 나오는 임종의 울음. 각자가 이곳에서 목숨을 다할 것만 같았다. 이미 모든 한계를 뛰어넘어 버렸다. 힘이 남아 있는 사람은 단 한 명도 없었다. 그리고 밤은 끝없이 이어질 것 같았다.

이것은 신과 세계로부터 완전히 버려진 정경이라 말해도 좋을 것입니다. 살을 에는 듯한 추위와 더불어 끝없는 고독이 희생자들을 에워쌉니다. 일체의 희망은 없어지고 기도도 침묵합니다. 거기에서 나오는 것은 희생자들의 울부짖음, 노골적인 비명입니다. 이 외침은 들어줄 상대를 가지고 있지 않습니다. 누구를 향해 부르짖는가를 알지 못한 채 나온 절규입니다. 외침은 열려진 채로 멎어 있습니다. 어디를 향해서인지 무엇을 위해서인지를 명시하지도 않고, 구체적인 도움을 기대하지도 않는, 이를테면 침묵의 외침이 토해지고 있는 것입니다.

비젤은 40여 년 후에 아우슈비츠 비르케나우(Birkenau) 강제수용소를 다시 방문했습니다. 거기에서 그는 '당시의 내 모습 그대로의 소년과 만날 수 있을 것 같은 비현실적인 인상'을 받았습니다.

정적, 비르케나우의 정적. 비르케나우의 정적은 어느 것 하나 변하지 않은 듯하다. 그것은 몇 천 명의, 몇 만 명의 사람들의 공포의 울부짖음을, 질식당한 기도를, 그 안에 감추고 있었다. 적에 의해 뿌리째 뽑혀 끝없이 이름 없는 밤의 어둠 속에 삼켜질 운명에 처해져 …… 빛바랜 파란 하늘 아래 퍼져가는 영원의 침묵(Bujak, 1989).

이 재방문기의 마지막에서 비젤은 재차 비르케나우를 둘러싼 정적으로 되돌아갑니다. 그것은 마치 '시나이 산 위에서의 계시에 앞선 정적과도 닮아 있었다'는 것입니다.

탈무드는 우리에게 감동적이면서도 시적인 기술(記述)을 주고 있다. 너무나도 고요한 나머지 가축들도 소리를 내지 않고, 개도 짖지 않고, 바람도 멈추고, 바다도 움직이지 않고, 새들도 지저귀는 것을 멈추었다. 우주 전체가 숨을 죽이고 지금부터 전해지려고 하는 신의 말씀을 기다리고 있었다. …… 이것이야말로 비르케나우를 앞에 두고 우리가 하지 않으면 안 되는 것이다. 숨을 죽이고 기다리는 것, 서로 함께 아주 조금이라도 이 시대의 강한 호소를 듣기 위해, 즉 타도 타도 결코 다 타지 않는 기억의 소리를 듣기 위해(Bujak, 1989).

(2) 신의 침묵에 대한 질문

현대의 욥

비젤의 작품에서 기도가 외침으로 변하는 '모티브의 전환'을 지적하는 의견도 있습니다(Dienberg, 1997). 그것은 반항하는 자세이자, 하늘을 향해 부르짖는 '그럼에도 불구하고'라는 반역이라는 것입니다. 비젤 자신은 『밤』에서 이렇게 말하고 있었습니다.

나로 말하면, 기도하는 것을 그만두어 버렸다. 나는 저 욥과 가까운 곳에 있었던 것인가! 나는 신의 존재를 부인하지 않았으나, 신의 절대적 정의에는 의심을 품고 있었던 것이다.

실제로 『밤』에서는 성서 속 욥의 목소리가 울려 퍼지고 있습니다. 그러나 이 목소리는 저자 자신의 동시대적 악센트를 수반하며 울려 퍼지는 것입니다. 비젤의 모든 작품은 그 자신과 마찬가지로 욥의 그림자 아래 서 있다고 말해도 좋겠지요. 거기에 등장하는 욥적 인간은 포그롬 혹은 홀로코스트에서 살아남은 자로 자신들의 과거의 중압 아래 그 기억과 싸우며, 신과 맞서지 않으면 안 되는 것입니다.

비젤은 『밤』뿐만 아니라 홀로코스트의 고난을 기반으로 아담이나 구약의 족장들에 관한 미드라시 이야기의 '다시 하기'를 시도하고 있습니다. 이러한 비젤의 새로운 욥 이야기에는 '욥 혹은 혁명적 침묵'이라는 타이틀이 붙어 있다는 사실이 이목을 끕니다(ヴィーゼル, 1985).

이 서두(冒頭)에서 비젤은 강조하고 있습니다.

선구자 내지 동시대인으로서 이 인물은 우리에게 친근하게 보인다. 그의 시련과 문제는 현재에 뿌리를 내리고 있다. …… 그는 우리 내면의 황폐한 풍경의 일부이다.

이어서 그는 욥의 이야기에 하시디즘적인 설화에 입각한 새로운 해석을 더해갑니다.

욥은 역사적 인물이 아니고 유대인도 아니다. 그러나 욥은 그 고난을 통해,

그야말로 고난 속에서 반역하며 호소하는 신에 대한 충성에 의해 유대 백성의 집단적 상징이 된다. 욥은 그 반역행위를 통해 자신이 이겼다고 믿는다. 그러나 돌연 신이 이야기 속으로 들어와 자신의 목소리를 들려준다. 그리고 개별적인 회답이 될 수 없는 대략적이면서도 일반론적인 회답을 준다. 그러자 분개하기는커녕 욥은 만족했다고 표명한다. 복수는 끝나고 명예회복은 이루어졌다고. 그는 더 이상 어떤 것도 요구하지 않는다. 그에게 정의는 회복되었다./ 난폭한 투사, 하늘을 향한 자유로운 고발자로 표현할 수 있었던 대담한 반역자가 이렇게 해서 시작과 동시에 이마를 숙인다. 신이 말하기가 무섭게 욥은 잘못을 뉘우친다. …… 우리의 영웅, 우리의 기수인 욥이 이렇게 얻어맞고 졌다. 굴종하고, 무릎 꿇고, 항복한다. 무조건적으로. 관대한 신은 그가 일어서 다시 살 것을 허락한다.

그러나 비젤은 전능자인 신 앞에서 이렇게 최후에 굴종한 욥에게 만족할 수는 없었습니다. 그것이 '잘못되었다고 말하는 항의의 소리를 올려보고 싶다'고 말입니다. 그에게는 불행하고 저주받은 욥이, 회복된 신앙 아래 호화스러운 주택을 재건한 욥보다 인간답고 위엄 있게 여겨지기 때문입니다.

더욱이 비젤에 의하면 이 결말은 '진짜가 아니라 본래의 욥기에 덧붙여져 가필된 것'입니다. 신심 깊은 사람들을 안심시키기 위해, 혹은 박해받고 있는 사람들에게 모든 것을 잃어도 희망은 버리지 말아야 한다고 가르치기 위해서. 그러나 비젤은 '욥기의 진짜 결말은 후세에 전해지고 있지 않다고 생각하는 편을 좋아한다. 욥은 잘못을 뉘우치지 않고, 물러나지 않고 죽었다. 그는 선 채로, 완전한 자세로 재난에 쓰러졌던' 것이라고 말입니다.

특히 비젤이 현대의 고난에 비추어 강한 반발을 느끼는 부분이 있습니다. 그 당시 '유럽의 모든 길에서 사람들은 욥과 만났다. 상처받고, 도둑맞고, 손발을 잃고. 확실히 행복하지 않았다. 포기하지도 않았다'. 이렇게 해서 성서 속의 욥의 굴종은 비젤에게는 '모욕'으로밖에 보이지 않았습니다. 그는 그렇게 간단히 양보해서는 안 된다. 항의를 계속해야 했다. '욥의 비극은 욥과 함께 끝나는 것이 아니다'.

그러나 최후에 비젤은 욥의 굴복을 한층 깊은 차원에서 해석하며 그 자신의 욥 이야기를 전개해보입니다. '왜 욥 — 의인, 현자 — 이 그렇게 빨리 전면적으로 복종했는가? 상대를 속이기 위해서였다'.

싸움의 끝 — 그 싸움에서 질 것을 욥은 미리 알고 있었다. 어떻게 사람이 신에게 이길 것을 바랄 수 있겠는가? — 욥은 저항을 계속하기 위한 교묘한 방법을 발견한다. 전투를 시작하기 전에 포기하는 척하는 것이다.

만일 그가 버티며 신의 논거를 하나씩 하나씩 논할 경우, 결국 대화 상대의 웅변 앞에서 패배를 인정할 수밖에 없다는 결론에 이르렀을 것이다. 그래서 그는 신에게 '네'라고 즉시 말한다. 망설이지 않고, 생각하지 않고, 우물쭈물하며 반론을 제기하지 않는다. 이렇게 해서 우리는 이해한다. 겉으로 보이는 행동과 무관하게, 혹은 겉으로 보이는 행동으로 인해 욥이 하늘에 계속 묻고 있음을. 그가 범하고 있지 않은 죄를 뉘우치고 이유 없는 고통을 정당화하는 것은 그가 자기 자신의 고백을 믿지 않고 있음을 우리에게 나타내기 위한 것이다. 그 고백은 책략에 지나지 않는다.

전면적으로 항복하고 겉으로는 평화를 받아들이는 척하면서, 실제로는 항의를 계속하고 있다는 것입니다. 압도적인 존재인 신에 대한 인간 항의의 최후의 피난처는 침묵인 것입니다. 여기에서 이 욥 이야기의 제목에 암시되어 있는 '혁명적 침묵'의 의미가 드러나는 것입니다.

비젤의 이러한 비꼬인 해석은 그가 말하는 '현대사의 교과서'에서 끌어낸 것입니다. 그것은 1930년대 스탈린 재판에서 확고한 신념의 혁명가들이 스스로를 단죄하고, 사형대에 서둘러 오르려는 듯이 공개 자백을 해보였던 계략의 비밀을 시사하고 있는 것입니다. '러시아 군주의 의지를 분쇄하고 역사의 조류를 무리하게 바꾸었던' 이 영웅들이 '육체적 고문, 심리적 압박' 때문에 투쟁을 포기했다고 하는 일은 있을 수 없다. 그들의 자백은 굴종의 표시가 아니었다.

오히려 열심히 자백하고 자백을 그로테스크의 한계 그 이상까지 밀고 가는 것으로 그들은 최후에 승리하고, 스스로의 무죄를 증명하려 했던 것이다. 심판자에게 '네'라고 말하고, 그것을 자기 파괴적인 정열로 부르짖음으로써 우롱했다. 유치하고 익살스럽고, 바보스럽고 거짓말 같은, 있을 것 같지 않은 범죄를 저질렀다고 스스로 주장함으로써 그들은 범죄의 신빙성을 빼앗았다. 조사관의 게임에 참가할 것을 받아들이고, 그들에게 열심히 협력하면서, 그들은 조사관들의 가면을 벗겼다. 만일 저 실각한 사람들이 자기를 변호하고, 명예나 생명을 위해 싸우고 있었다면 그들은 의심받았을 것이다. 그 때문에 그들은 자기변호가 아닌 자기비난을 선택했다. 재판의 진정성 없음을 강조하기 위해. 자기를 고소하여 그들은 고소인이 되었다. 그들의 무기는 웃음. 압살당하고 억제된 시한부의 웃음이다.

이 해석의 옳고 그름은 차치하고, 비젤에 의한 '진실의 욥' 이야기의 결론은 이렇습니다. '욥 덕분에 신의 불의를 사람의 정의로 바꿀 수 있음을 우리는 알게 되었다'. 이렇게 해서 욥은 오늘날에 이르기까지 신을 향해 인간이 추궁하는 유례없는 범례가 된 것입니다. '정의와 진리의 끊이지 않는 탐구를 체현한 욥은 굴복하지 않았다. 즉, 그의 시련은 헛되지 않은 것이다'.

이러한 욥관(觀)을 통해 비젤은 자기 자신에 관해, 또한 그 문학작품의 본질과 내용에 관해 말하고 있는 것이 분명합니다. 비젤의 인격과 작업에서 홀로코스트 해석은 욥의 모습과 불가분하게 연결되어 있습니다. 아우슈비츠의 생존자인 비젤 자신이 한 사람의 욥으로서 신과 논쟁하며, 욥의 싸움을 구현하고 있는 것입니다. 그가 '아우슈비츠의 욥'으로 불리는 것은 결코 우연이 아닙니다(Langenhorst, 1995).

『밤』의 장면에서 로시 하샤나 전야에 기도하는 포로들 사이에서 엘리에젤은 이렇게 느끼고 있었습니다.

> 오늘 나는 더 이상 탄원하지 않았다. 나는 더 이상 신음하지도 않았다. 그러기는커녕 내가 매우 강해진 것을 느꼈다. 나는 고발자였고, 고발당하는 쪽은 신이었다. 나는 두 눈을 뜬 채 혼자 있었다. 하느님도 없고 사람도 없는 이 세상에 정말 나 혼자 있었다. 사랑도 없고 자비도 없었다. 나는 잿더미에 지나지 않았다. 그러나 내 삶은 나를 오랫동안 지배해왔던 전능자보다 강하다고 느꼈다.

여기에는 아우슈비츠의 한복판에 선 비젤의 종교적·사상적 프로필이 잘 나타나 있습니다. 그 이후의 작품에서도 기본적으로 변하지 않은 주요한 모티브를 간추려봅시다.

① 홀로코스트 체험은 비젤에게 신의 존재를 거부하는 계기는 결코 되지 않았으나, 신과의 래디컬(radical)한 대결을 촉발하는 지속적인 원인이 되었다. ② 이 대결의 래디컬리즘(radicalism)은 '신 앞'에서 반항적인 대화의 거부 내지 신의 자비와 정의에 대한 회의의 형태를 취한다. ③ 이렇게 해서 약

자를 비참한 고난 상황에 빠뜨리고 경건한 자에게 잘못된 희망을 품게 하는 신의 비도덕=냉혹함과 기만에 대해, 인간의 도덕적인 위대함이 대치된다. 고난의 한가운데에 선 인간 측이 다수의 무고한 사람들의 학살을 저지할 의지도 힘도 가지지 않은 신보다 한층 위대하고, 한층 힘 있다고.

비젤의『예루살렘의 거지』(1974)는 카르파티아 산악지방에서 벌어진 유대인 대량 학살의 장면을 묘사하고 있습니다. 숲 속에 굴을 파게 하고, 가족마다 떨어뜨려 집단적으로 처형한 것입니다. 마을의 지도자였던 랍비가 마을 사람들을 향해 최후의 설교를 합니다. 그는 족장 아브라함, 이삭, 야곱에 대해서, 신 앞에서 마을 사람들을 위해 증언하고 싶다고 호소합니다. 이스라엘의 신 자신이 여기에서 율법을 범하고 있음을 증언하고 싶다고.

토라에 의하면 같은 날 암소와 송아지의 목을 잘라 죽이는 것은 금지되어 있는데, 이곳에서는 양친과 아이들이 동시에 죽임을 당하려고 합니다. '지금, 짐승들에게는 허락되었던 것이, 이스라엘 아이들에게는 거부되려 하는 것입니다!'

비젤은 이 장면에 이런 주석을 달고 있습니다.

> 그가 신을 모독하고 있는 것인가, 그렇지 않으면 [신의] 계약에 대한 신앙과 이 계약에 대한 충성을 말하고 있는 것인가. 이제는 모르겠다. 그가 사랑을 거부하는 노여움에 사로잡혀 있는 것인가, 그렇지 않으면 사랑을 갈구하는 노여움에 사로잡혀 있는 것인가, 이제는 모르겠다. 짙은 눈썹 아래 눈은 초롱초롱 빛나고, 화염에 둘러싸인 신전이 거기에 비치고 있다(ヴィーゼル, 1974).

신에 대한 항의는 자신의 목적을 위해서가 아니라 인간을 위해 행해지는 것입니다. 희생자들과 연대하면서 고뇌하는 사람들을 위해 행해지는 것입니다. 비젤 작품의 다양한 장면에서 묘사되고 있듯이, 이러할 때 창조자인 신과 싸우는 것이 유대인에게 허락되어 있다는 것입니다.

이러한 기본적인 문제의식은 그 이후에도 일관됩니다. 다만 『밤』이, 이를테면 절망의 책이라고 한다면, 그 뒤에 이어지는 작품에서는 희망에 대한 물음이 숨겨진 모티브가 되어 있음을 간과해서는 안 됩니다. 실제로 비젤의 많은 독자들은 이러한 희망의 표명을 기다려왔다고 해도 좋을 것입니다.

『아니·마아민』

여기에서는 1973년에 발표된 비젤의 드라마 『아니·마아민—잃어버렸다가 다시 찾은 노래』의 1절을 보도록 합시다. '아니 마아민(Ani Ma'amin)'이라는 것은 굳게 믿는다는 의미로, 마이모니데스(Maimonides)의 '13개 신앙 명제' 중 12번째 명제에서 취한 것이라고 합니다. 이 말은 '나는 메시아의 도래를 굳게 믿는다. 설령 메시아의 도래가 늦어진다고 해도'라는 뜻입니다.

이 드라마에서 족장들=아브라함, 이삭, 야곱이 차례차례로 같은 테마를 둘러싸고 신에게 불평합니다. 지상에서는 사람들이 — 무고한 아이들이 — 가스실에서 태워지고 있는데 신은 조용히 왕좌에 앉아 아무 일도 하려 하지 않는다고 말입니다. 드라마의 끝이 가까워지면 돌연 신을 변호하는 '목소리'가 등장합니다. 신을 대신해 대답하는 천사의 목소리로서.

> 신의 생각은 다 알기 어렵다. …… 어떠한 것도 무의미하지 않다. 시험 후에는 구원이 있다.

그러나 아브라함은 끈질기게 물고 늘어집니다.

나는 알고 있습니다. 모든 시험 가운데서 알고 있습니다. …… 만물의 끝, 시간의 끝, 최후의 구원, 최후의 속죄, 최후의 위로. …… 당신은 메시아의 때를 보여주고 있었습니다. 그러나 메시아를 맞이하기 전에, 600만의 희생자를 요구하는 메시아란 도대체 어떤 메시아인 것입니까.

그에 대해 '목소리'는 답합니다.

    신은 알고 계신다, 그것으로 충분하다.
    신은 바라고 계신다, 그것으로 충분하다.
    신은 빼앗고, 주신다. 그것으로 충분하다,
    신은 무너뜨리고 위로해주신다, 그것으로 충분하다.

아브라함은 여전히 끈질기게 맞섭니다.

    아니, 그것으로 충분하다고 말할 수 없습니다. 결코.

그러나 '목소리'는 계속 단호하게 잘라 말합니다.

    들으라. 어떤 권리가 있어 너는 그와 같이 말하는가. 신이 너희들에게 빚이 있다고 하는 것인가. 신만이―이 모든 것에 오직 신만이 책임이 있다고? 그러면 인간은? 그들은 어디에 있는 것인가? 신이 너희들에게 같은 질문을 할 권리가 없다고 하는 것인가. 인간에게 이렇게 물을 권리가―너는 도대체 나의 피조물에게 무슨 짓을 한 것이냐고(Wiesel, 1987).

족장들의 고소는 다시금 계속됩니다. 그러나 그들은 신의 침묵에 만족할 수밖에 없습니다. 그들은 어떤 대답도 얻지 못하고 지상으로 되돌아가야 했습니다. 그러나 그들이 항의하고, 그들이 멸절수용소에서의 고난을 호소한 것이, 아무 영향력도 가지지 못했던 것은 아니었습니다. 세 번, 그들은 그 고소를 통해 우주의 주재자인 '신의 눈물'을 불러일으켰기 때문입니다.

그런데 여기에서 중요한 것은 족장들은 이러한 신의 반응을 인식하는 것도 아는 것도 불가능했다는 사실입니다. 비젤은 텍스트에서 세 번, 해당 부분에서 아브라함도 이삭도 야곱도 신이 눈물을 흘렸던 것에 관해 '아무것도 보지 않았고, 보는 것도 불가능했다'라고 기록하고 있습니다. 그들이 하늘 보좌에서 물러나갈 때, 신이 '울면서, 미소 지으면서, 머뭇거리면서' 그들과 동행하셨다는 것도 세 명의 고소자들은 알아차릴 수 없었던 것입니다.

어째서 그들이 알아차릴 수 없었는지, 그 이유는 나와 있지 않습니다. 거기에는 아우슈비츠에서 발생했던 창조자와 피조물 사이의 단절이 표현되어 있습니다. '신의 눈물'로 표현되는 정감적인 신의 이미지에는 비젤이 친하게 지내던 유대교 신학자 헤셀(Abraham J. Heschel)의 영향이 있다는 의견도 있습니다(ヘッシェル―, 1992). 어쨌든 비젤의 경우 신의 고뇌라는 모티브는, 그 고뇌가 희생자들의 구원을 야기할 것이라는 구원론적 모티브와 직접적으로 연결되지 않는다는 점에 주의해야겠지요.

그러나 '신의 눈물'을 야기했던 족장들의 호소는 인간과 신을 한층 가깝게 합니다. 비젤은 이 거절을 통해 신에게서 떨어져 나가려는 것은 아니었습니다. 인간이라는 이름으로 그가 신에게 항의하면 할수록 점점 그는 신에게 가까워지는 것입니다. 비젤의 이야기는 기도에 가까운 것입니다.

비젤은 오래된 중세의 연대기에 나오는 이야기, 배교를 강요했던 스페인의 유대인 박해하에 벌어진 이야기 하나를 언급합니다. 북아프리카의 사막 한가운데에서 기아와 갈증을 견디지 못하여 차례차례 아내와 아이들이 죽어간다. 그들을 위해 무덤을 파고 카디시를 부르지 않으면 안 된다. 마지막으로 홀로 남은 아버지는 자신의 죽음을 앞에 두고 새벽에 신에게 외친다.

세계의 주여, 나는 알고 있습니다. 당신이 무엇을 바라고 계신지를. 나는 당신이 하고 계신 일을 알고 있습니다. 당신이 나를 절망시키려는 것을 알고 있습니다. 당신은 내가 믿는 것을 멈추는 것, 기도를 입에 올리는 것을 멈추는 것, 당신의 이름을 부르고 높이며 거룩하게 하는 것을 멈출 것을 바라고 계시는 것입니다―이에 대해 나는 말씀드립니다. 절대로, 절대로, 절대로! 당신은 그것에 성공하실 수 없을 것입니다. 이 모든 것에도 불구하고, 나는 죽은 자를 위한 기도인 카디시를 계속 외울 것입니다!

비젤이 지치지 않고 신에게 계속하는 항의는 신앙의 내부에서 제출되는 것입니다. 앞서 언급했던 '홀로코스트 신학자' 리처드 루벤스타인이 아우슈비츠에서의 신의 최종적인 죽음이라는 전제에서 출발하는 것에 반해, 비젤은 니체에서 사르트르에 이르는 근대적인 '신의 죽음'의 철학으로부터 전혀 영향을 받지 않았습니다. 그의 경우, 신의 죽음의 모티브는 철학적인 문맥보다는 오히려 유대교적 경건과 신학의 지평 위에 기초를 두고 있습니다. 신에 대한 그의 항의는 신의 외부에서가 아니라, 이를테면 신의 내부에서 행해지고 있는 것입니다.

비젤은 자서전 제2부 "그러나 바다는 넘치지 않고"에서 저 『밤』의 아이의 죽음 장면에 관해 다시금 이렇게 기록하고 있습니다.

나는 '신'의 죽음이라는 표현을 썼으나 그때조차도 의미하고 싶었던 것은 '살인청부업자는 죄가 없는 용감한 어린아이를 죽임으로써 어떻게 해서든지 신을 학살하려 했다'는 것이다. 그러나 내가 그렇게 언명하는 것은 신앙의 내측에서이다. 말을 바꾸어보자. 만일 내가 신앙을 잃어버렸다면, 나는 하늘에 대들며 나서지는 않았으리라. 내가 '신'과 언쟁하는 것은 지금도 여전히 '그'를 믿고 있기 때문이다. 우리의 선구자인 욥은 이렇게 말하지 않았는가. "설령 '그'가 나를 죽이려 해도 나는 '그' 안에 내 소망을 계속해서 의탁할 것이다".

비젤의 신과 인간에 대한 자세는, 유대 백성의 대파국에도 불구하고 신으로부터 떨어지려 하지 않는 것, 믿기 어려운 살인기구(機構)에도 불구하고 인간을 믿는 것, 죽음에도 불구하고 삶을 선택하는 것―거기에는 유대교의 전통이 반영되어 있습니다. 비젤에게 희망은 '그럼에도 불구하고'의 희망이고, 신앙은 끊임없이 '그럼에도 불구하고'의 신앙인 것입니다. 그는 혁신적 가톨릭 신학자 메츠와의 대담에서 이렇게 잘라 말합니다.

우리가 신에 관해 말할 수 있다고 나는 믿지 않습니다. 우리는 ― 카프카가 말했듯이 ― 신을 향해 말할 수 있을 뿐입니다. 문제는 누가 말하느냐입니다. 내가 시도하는 것은 신을 향해 말을 거는 것입니다. 내가 신에게 반항하여 말할 때조차 나는 신에게 말을 걸고 있는 것입니다. 내가 신에게 화를 마구 터뜨릴 때에도 나는 내 자신의 화를 신에게 드러내려 하고 있는 것입니다. 그러나 이 속에는 신에 대한 나의 신앙고백이 감추어져 있어, 결코 신의 부정은 아닌 것입니다(Boschert-Kimming, 1993).

그러나 비젤은 신을 향해 말을 걸 때에도 신에 관해 말하는 것이 아니라 인간에 관해 말하는 것입니다. 신에 관해 알려 하면 할수록, 신이 창조한 것에 관해 더욱더 많이 알지 않으면 안 되는 것입니다. 이런 의미에서 앞서 인용했던 『아니·마아민』의 '목소리'는 정말로 시사적입니다. 신은 인간에게 반문하는 것입니다. '너는 도대체 나의 피조물에게 무슨 짓을 한 것이냐'라고. 실제로 비젤에 의하면 신이 토라를 주셨던 것은 신의 피조물을 보전하기 위함이라는 것입니다. 신의 모습에 따라 창조된 인간에게, 인간답게 살 가능성을 주기 위해서.

비젤에게 인간의 정의와 평화를 위해 투쟁하는 것은 불가결한 일이 됩니다. 그러나 동시에 그것이야말로 그에게는 신과 가까워지고 신과 만나기 위한 방법이기도 합니다. 신에 이르는 가장 단순한 길은 동료인 인간을 통해 열리는 것입니다. 메츠와의 대담에서도 이렇게 고백하고 있습니다.

> 신이 단순한 인간관계 속에서 발견된다는 점에는 어떠한 의문의 여지도 없습니다. 사람들이 서로 인간적으로 도우며 존재하는 곳에 신도 존재하는 것입니다. 신은 인간을 향해 '너의 생명은 나의 것이다'라고 말하는 것이 아니라, '너의 생명은 너의 이웃의 것이다'라고 말씀하시는 것입니다.

신이 계시는 곳은 단지 예배를 하는 닫힌 공간이 아닙니다. 오히려 비젤에게 예배공간이란 인간의 삶 그 자체를 의미하고 있습니다. 이 아우슈비츠에서 살아남은 증인의 작품에서는, 인간을 향한 길은 신을 향한 길이며, 인간을 향한 물음과 신을 향한 물음이 깊이 결합되어 있습니다. 그리고 인간성을 추구하는 것과 신의 족적을 추구하는 것이란 현대 세계에서 고난에 대해 날카로운 감수성을 가지는 것, 인류를 위협하는 불의에 저항해 투쟁함으로써 표현되는 것입니다.

비젤의 논의를 총괄하면, 우선 우리 인간의 이성은 아우슈비츠를 이해할 수 없다는 것입니다. 신과 함께이든 그렇지 않든 어느 쪽도 이해할 수 없다는 것입니다. 그와 더불어 아우슈비츠에 의해 지금까지 사용되어왔던 신정론의 전통적인 대답의 시도는 모두 좌절되어 버렸습니다. 신이 몸을 숨겨 침묵하고 있는 이상 우리는 인간=이웃에 눈을 향하는 수밖에 없게 됩니다. 우정과 사랑은 『밤』의 어둠을 타파하고, 이웃 가운데서 신의 모습을, 어쩌면 신 자신을 발견할 수 있을지도 모릅니다. 설령 신이 어떠한 이유에 의해서건 우리가 이해할 수 없는 방식으로 수동적으로 행동한다 해도, 인간은 이 지상 세계에 대해 새로운 인간적=신적인 얼굴을 부여해야 할 과제가 있다는 것입니다. 그것을 강조하며, 비젤은 그야말로 도발적인 말을 사용하고 있습니다. '신의 불의를 인간의 정의로 전환한다'는 것입니다. 이것은 '실천적 신정론'(S. 멜하르트)이라고 이름 붙일 수 있을지도 모르겠습니다.

비젤은 한번은 그의 강연에서 독재자들은 자신의 부정행위가 기억되는 것을 말살하려 한다고 지적했습니다. 조지 오웰을 인용하며, 독재자는 과거를 지배하고 역사를 자신에게 유리하게 씀으로써 '기억'을 기만과 부정의 수단으로 만들려 한다고 말입니다. 이에 대해 '우리는 기억이라는 것을 사회적 불의에 대한 투쟁의 수단, 인간의 존엄성에 봉사하는 도구로 만들도록 노력해야 한다'라고 말합니다. 그리고 실제로 이러한 '기억' — 타자에 관한 기억 — 에 대한 태도 여하에 따라 '그 민주주의적 혹은 인도적 행동의 질이 예측될 수 있다'고까지 단정하고 있습니다(Wiesel, 1997).

비젤의 메시지는 명백합니다. 인류는 과거의, 특히 아우슈비츠의 희생자들의 말로 다할 수 없는 부르짖음을 기억할 때에만, 현재와 장래에 인간다운 얼굴을 만들어갈 수 있다는 것입니다. 망각하는 것은 고난과 부정에 대한 비인간적인 무관심으로 통하고 있습니다. 그가 노벨평화상을 수상했을 때 그 수상식장에서 오르빅 위원장은 다음과 같이 비젤의 사람됨을 소개했습니다.

그는 죽음의 수용소의 나락에서 증오와 복수가 아닌 형제애와 속죄의 메시지를 지녀온 인류의 사자이다. …… 우리는 그를 통해 암담한 굴욕을 거쳐 위대한 정신적 지도자, 영혼의 선배가 되었던 한 인간의 모습을 본다. …… 공포와 억압, 그리고 인종차별이 여전히 횡행하는 시대에 이와 같은 선배의 존재는 반드시 필요하다(リトナー, 1990).

에클레시아와 시나고그   8

(1) 에클레시아와 시나고그

 에클레시아=기독교회에게 홀로코스트 희생자들의 증언은 불가결한 것입니다. 왜냐하면 기독교회는 아우슈비츠를 회피할 수 없기 때문입니다. 기독교는 그 반유대주의의 죄책의 역사 속에, 그리고 학살에 희생된 유대 민족과의 구원사적 결합 속에 깊이 연루되어 있습니다. 에클레시아의 무리 중 한 사람이 된 자는 이 — 그리고 다른 — 고난의 상황에 서 있던 희생자들의 증언에 최대한 주의를 기울여 그들의 고난의 외침에 귀를 기울이는 것을 배우지 않으면 안 될 것입니다.
 구약학자인 롤프 렌토르프(Rolf Rendtorff)에 의하면, '아우슈비츠 이후'의 기독교회가 비젤의 메시지에서 첫 번째로 배워야 할 것은 유대교의 살아 있는 신앙이라고 합니다. 유대교는 오늘날 살아 있는 존재로, 기독교보다 오히려 생기 있어 보입니다(Mensink and Boschki, 1995).
 많은 사람들이 간과하고 있지만, 이 살아 있는 유대교는 2,000년에 걸친 기독교회의 역사를 관통해 존재해왔고, 또한 현재도 존재하고 있습니다. 이

점에서 기독교회는 지금까지 가지고 있었던 역사상을 근본적으로 고치지 않으면 안 됩니다. 즉, 지금까지 당연하다는 듯이 존재했던 유대교를 저평가하는 사고는 어떠한 형태의 것이든 버리고 극복하지 않으면 안 됩니다. 특히 기독교가 역사의 무대에 등장함에 따라 유대교의 역사를 대신하게 되었다는 식으로 생각하는 것은 큰 착각입니다. 어떤 시대에도 기독교는 유대교를 앞질렀거나 폐기처분했던 적이 없기 때문입니다.

유대교의 산 신앙―이것은 특히 비젤의 키워드라고 말할 수 있는 '그럼에도 불구하고'라는 긴장에 가득 찬 신앙고백에 잘 나타나 있습니다. '그럼에도 불구하고'라는 말은 발견하는 것보다 탐구하는 것, 회답을 얻는 것보다 계속해서 묻는 것, 목표에 도달하는 것보다 항상 도상(途上)에 있는 것을 한층 중요시하는 태도입니다. 비젤은 되풀이하여 신의 문제를 제기하는 종교적인 탐구자인 것입니다. 중요한 유대교적 전통이나 입장을 철저하면서도 지속적으로 검증하면서, 또한 일의적인 대답을 보류하면서.

비젤의 성서 텍스트 읽는 법 ― 앞서 제시했던 이삭이나 욥 등의 해석 ― 에 나타나 있듯이, 전승을 되풀이해서 현대에 대입하며 자신의 것으로 다시금 읽는 방법도 이와 관련이 있습니다. 우리 역시 그러한 텍스트 읽기를 통해 신앙 이해를 다시 배워나가지 않으면 안 됩니다. 특히 기독교적 전통이 뿌리내린 유대교와의 관계를 다시금 새롭게 묻는 작업이 필요하겠지요. 홀로코스트 이후 기독교의 역사와 현실을 근본적으로 다시 읽을 것을 요청받고 있는 것입니다.

유명한 스트라스부르(Strasbourg)의 대성당 남측 입구에는 '에클레시아'와 '시나고그'라는 조각상이 서로 바라보는 형태로 서 있습니다. 이러한 조합은 유럽의 교회 이곳저곳 ― 예를 들어 독일 밤베르크(Bamberg) 대성당에 있는 조

〈에클레시아〉　　　〈시나고그〉

각상이나 마르부르크(Marburg) 엘리자베트 교회의 스테인드글라스처럼 — 에서 보입니다. 그것들은 교회의 승리와 유대교에 대한 경멸을 형상화한 것입니다.

대표적인 스트라스부르의 '에클레시아'상은 머리에 왕관을 쓰고 화려한 의복을 걸치고 있으며, 오른손에는 십자 지팡이와 승리의 문양, 왼손에는 잔을 들고 있습니다. 우월감에 찬 시선을 '시나고그'상 쪽으로 보내는 그녀의 입은 어쩐지 상대에게 말을 걸려는 듯 조금 벌어진 것 같습니다. 후대에 새겨진 문자에는 이 '그리스도의 피(잔 속의 피)에 의해 나는 너를 이긴다'라고 기록되어 있습니다.

이에 반해 '시나고그'상 쪽은 변변치 못한 의복을 몸에 걸치고, 오른손에는 구부러진 창을, 축 늘어뜨린 왼손에는 찢어진 토라의 파편을 들고 있습니다. 천으로 눈이 가려져 앞을 볼 수 없는 그녀는 힘없이 고개를 숙인 채 서 있습니다. 왕관은 이미 그 머리 위에서 미끄러져 떨어졌습니다. 거기에 더해진 문자에는 '같은 피가 나의 눈을 보이지 않게 했다'라고 되어 있습니다.

이 두 개의 조각상 사이에 선 기둥 위에는 유명한 솔로몬이 판결을 언도하기 위해 검을 들고 군림하고 있습니다. 그의 머리 위에는 왼손에 지구본을 들고 축복하기 위해 오른손을 뻗은 세계의 심판주 그리스도상이 보입니다(Dehio, 1922).

이러한 전통적인 기독교적 구원론의 교의에 대해, 유대교는 몇 세기에 걸쳐 끊임없이 이의를 제기해왔습니다. 그중 가장 중대한 이의는 '예수는 메시아가 아니다, 왜냐하면, 이 세상은 근본적으로 전혀 변화되지 않았고, 메시아적인 구원의 흔적이 조금도 느껴지지 않기 때문'이라는 것이었습니다. 그러나 홀로코스트 이후 질적으로 완전히 새로운 물음이 제기되었습니다. 즉, '예수가 도래하지 않았던 편이 더 좋았던 것은 아닌가'(Fleischner, 1977).

이것이야말로 홀로코스트 이후 그리스도론에 대한 가장 근본적인 물음, 즉 예수 그리스도는 세계의 구세주라는 신앙고백에 대한 중대한 회의라고 말해도 좋을 것입니다. 예수의 도래가 메시아적 구원을 이루기는커녕, 그 반대로 유대인의 차별과 박해를 야기하고 근대의 반유대주의의 길을 열지 않았냐는 이유입니다.

의심할 바 없이 교회사에서 특정한 그리스도론, 즉 특정한 예수 그리스도 이해가 유대인에 대한 멸시나 증오, 나아가 적의를 낳으며 그 '종교적 상부구조'(G. W. 긴젤)를 형성해왔습니다. 홀로코스트는 그리스도론의 대가이지 않았던가. 비젤이 어떤 인터뷰에서 말했던, 한층 본질적인 표현을 쓰자면 아우슈비츠의 가스실에서 재가 되어 사라져갔던 것은 예수 그리스도에 대한 신앙이지 않았느냐고 묻고 있는 것입니다. '아우슈비츠에서 죽어갔던 것은 유대의 백성이 아니라 기독교였지 않았는가'.

어떤 의미에서 이 발언은 진실이라고 말할 수 있을 것입니다. 이것은 엄청난 울림을 가지고 있습니다. 그러나 비젤이 말하고자 하는 것은 직설법적 단정이라기보다 오히려 하나의 명령이 아닐까요. 교회는 한 치의 유보도 없이 자기 자신의 역사를 직시해야 한다는. 기독교의 역사가 어떻게 아우슈비츠에 이르게 되었는가. 그것을 철저히 되짚어보고, 다시금 배우는 것에서부터 지금까지와는 다른 기독교의 미래가 가능하지 않겠느냐는 물음입니다.

흥미로운 것은 비젤이 '아케다(이삭의 결박)'에 관해 논했던 에세이 가운데, 그것을 예수의 십자가의 '예형(豫型)'으로 본 기독교적 해석에 대해 비판적 주석을 달았다는 사실입니다. 이 이야기에서 이삭은 아브라함에 의해 실제로 희생되지 않았기 때문입니다. 그것을 '이삭의 공희(供犧)'로 불러왔던 기독교적 전통 그 자체가 이미 오류를 드러내고 있다고 보는 것입니다.

> 거기에 모리아와 골고다의 차이가 있다. 유대교적 전통에서 죽음은 신의 영광을 위해 인간이 사용하는 수단이 아니다. 어떤 인간이라도 궁극적인 자기 목적이자, 살아 있는 영원성이다. 누구라도, 신이라고 해도, 인간을 희생할 권리를 가지고 있지는 않다. 아브라함이 그 아들을 죽였다면, 그는 우리의 조상도 변호자도 되지 않았을 것이다. …… 십자가는 우리에게 진보가 아닌 퇴보인 것이다. 모리아 산 정상에서 산 자는 생에 머물렀고, 그럼으로써 의례적 살해가 종식된 새로운 시대를 열었다. 우리가 아케다를 예로 인용할 때, 그것은 [신의] 은혜를 호소하는 것이다. 이에 반해 골고다는 몇 세기에 걸쳐 사랑의 이름으로 불과 검이 지배하는 곳에서, 아들들과 아버지들의 한없는 피비린내 나는 투쟁의 구실로 사용되어왔다(Wiesel, 1975).

아우슈비츠를 골고다의 십자가에 대입해 안이하게 관련짓는 신학적 해석에 대한 중대한 이의가 제기된 것입니다. 그러한 우월주의적=승리주의적인 그리스도론은 성립하지 않음을 확실히 인식해두지 않으면 안 될 것입니다(그리스도론의 해석에 관해서는 이 책 60쪽 이하를 참조할 것).

(2) 여러 종교 간의 '대화의 촉구'

에큐메니컬 신학자 한스 큉은 저서『유대교』(1991)를 통해서 나치 독일의 강제수용소에서 많은 유대인이, 그리고 약간의 기독교인도 또한 스스로 고난을 받아들이고, 보이지 않는 신에게 기도하며, 가능한 한 다른 사람을 도우고자 노력했다는 사실에 주목할 것을 촉구하고 있습니다. '사람들이 아우슈비츠에서조차 기도했다고 해서, 아우슈비츠 이후 기도가 용이하게 되었던 것은 아니다. 그러나 그것은 결코 무의미하지 않다. 아니, 어쨌든, 그 때문에, 기도는 무의미하지 않은 것이다'라고.

큉은 기독교인과 유대인에 대해 '신에 대한 흔들리지 않는 신뢰, 즉 바닥을 알 수 없는 암흑 속에서도, 여전히 빛으로 있어주시는 신에 대한 신앙의 길'을 호소하고 있습니다. '신을 가지지 않은 자들은 아우슈비츠가 존재하기 때문에 자기에게 신을 생각하는 것은 견디기 어렵다고 한다. 믿는 자는 유대인이건 기독교인이건 이렇게 대답하는 것이 허락되어 있다. 신이 존재하기 때문에 아우슈비츠를 생각하는 것 역시 견딜 수 있는 것이다'라고.

흥미로운 것은 비젤이 자서전 1절에서 예수의 기도에 관해 주석을 달았다는 사실입니다. 그것을 통해 아우슈비츠에도 불구하고 — 어쩌면 그야말로 아우슈비츠를 기반으로 — 대화를 가능하게 하는 실마리를 발견할 수 있을지 모릅니다.

비젤은『밤』을 출판할 때 도움을 받은 이래 모리아크와 친하게 교류했고, 그런 가운데 두 사람은 예수에 관해 열심히 이야기했습니다. 어느 쪽도 대화의 상대에게 '개종을 권유'하려고 하지 않았습니다. 어느 날의 대화에서 비젤은 그의 이해에 의하면 예수가 '경건한 유대인'이고, 예수가 '유대인이었기 때문에' 로마인은 예수를 십자가에 못 박아 처형했던 것이라고 논했습니다. 비젤은 모리아크가 쓴 일기의 한 절(1963.5.29)을 인용하고 있습니다 (Wiesel, 1995).

엘리 비젤은 언젠가 나를 '성지'로 데려가 줄 것이다. 그리스도에 관해 대단히 특이한 인식을 품고 있는 그는 그것을 간절히 바라고 있다! 그는 그리스도를 샤갈(Marc Chagall)이 본 것처럼 성구상자를 몸에 지닌 모습으로, 시나고 그의 아들로서, 경건하게, '토라'에 따르는 유대인으로 그리고 있다—그의 관점에서 보면 그리스도는 "'신'이 되었던 사람 …… 이기 때문에" 죽었던 것은 아닌 것 같다. 엘리 비젤은 신약과 구약의 경계선에 서 있다. 즉, 세례자 요한의 혈통인 것이다…….

비젤은 이 문장에 대해 비판적인 주석을 덧붙이고 있습니다.

나의 출신을 생각하며 말하든 지금의 입장을 고려하며 말하든, 유대교도인 동시에 기독교인이라고 하는 것은 있을 수 없다. 예수는 유대교도였으나, 오늘날 그를 기반으로 삼고 있는 사람들은 유대교도가 아니다. 그것은 유대교도가 기독교인보다 우월하다든가 열등하다든가 하는 의미가 결코 아니다. 다만 그저 우리는 누구라도 자기가 자기일 권리 — 의무라고는 말하지 않더라도 — 를 가진다고 하는 것이다.

그렇다 하더라도 두 사람의 대화 가운데에서 하나의 합의점이 발견됩니다. 바로 유대교의 기도와 유대인 예수의 기도에 관한 견해에서 말입니다 (Dienberg, 1997).

공통의 기도라는 것은 유대교와 기독교인의 만남을 가능하게 하지 않을까요. 이에 관해 신학자 몰트만은 예수가 가르쳤던 '주의 기도'의 서두(冒頭)의 세 가지 기원(이름을 거룩하게 하시고, 나라가 임하시고, 뜻이 이루어지는 것)과 이스라엘의 특별한 사명 사이에는 놀랄 만한 일치가 보인다고 지적하고 있습니다. 그것은 문자 그대로의 일치가 아니라, 유대교 측에서는 토라와 예언자의 정신에서, 기독교 측에서는 예수의 복음과 성령의 체험에서 오는 일치라는 것입니다.

기독교인과 유대교도가 공통으로 신의 이름을 높이고, 나라의 도래와 주의 뜻이 이루어지도록, 함께 '주의 기도'를 기도할 수 있음을 발견한 것은 너무나 놀라운 일이지 않은가. 그 순간 기독교인은 성일마다 예배에서 '주의 기도'를 전 세계의 기독교인만이 아니라, 전 세계의 유대교도와 함께 드리게 되는 것이다(Lapide and Moltmann, 1980).

마찬가지의 것이 아마도 유대교도의 카디시의 기도에도 해당되지 않을까요. 그것은 신의 이름이 '칭송되고, 성스럽게 구별되는' 것을 간구하며 시작하고, 신이 세계 백성에게 '평화'를 가져다주시기를 바라며 끝나는 기원이기 때문입니다. 이 기도에는 '당신의 백성 이스라엘 모두를 위해'라는, 유대인에게 한정되고 있는 듯한 말이 분명히 있습니다. 그러나 그것을 그렇게 좁은 의미에서 이해해서는 안 된다고 경고되고 있습니다. '평화는 분할하는 것이 불가능하고, 한 나라의 백성에게만 한정되어 주어지는 것이 불가능하다는 것이 명확'하기 때문입니다(デ・ランジュ, 2002).

한편 렌토르프는 비젤에게서 신앙에 대한 문제와 더불어 인간에 대한 책임 문제를 배웠다고 했습니다. 비젤은 '부정의, 모든 부정의에 대한 무관심,

그중에서도 특히 가지각색의 인간 고난에 대해 자기만 좋으면 그만이라는 식의 무관심에 대해 경고하고 있다'는 것입니다.

비젤이 기억 — 마음속에 깊이 새기는 것 — 을 강조할 때, 그것은 과거를 위한 것만이 아닙니다. 인간의 미래를 위한 것이기도 합니다. 아도르노(Th. W. Adorno)가 말한 '아우슈비츠 이후의 교육'은 무엇보다도 아우슈비츠를 기억하는 것을 의미하고 있었습니다. 비젤의 작업도 마찬가지입니다. '교육은 마음속 깊이 새김으로써 행해진다. 교육은 마음속에 새기는 것을 포함하고 있다'.

그러나 다른 한편으로 '마음속에 새긴다'는 것은 항상 그것을 잘못된 기억에 머무르게 할 위험성도 동반합니다. 예를 들면, 내셔널리즘이나 특정한 그룹이 '타자'에 대한 증오의 씨앗을 뿌리기 위해, '그들'의, 즉 자기들의 역사상의 희생자만을 마음에 새기려는 유혹이 있지 않을까요?

'아우슈비츠 이후'라는 표현이 '무시무시한 사건의 희생자들을 제쳐놓고 자기들의 행위나 계획이 가진 중대성을 은폐하기 위해' 이용되는 일은 없을까요. 과거의 '희생자들은 자신들이 도구로 이용되는 것에 반대할 방법이 없기 때문'입니다.

홀로코스트 이후의 교육은 모든 형태의 증오에 저항할 것, 모든 형태의 폭력에 저항할 것, 모든 차별이나 고문, 구조적인 빈곤이나 억압에 항의할 것을 의미하고 있습니다. 비젤은 인권을 위한 투쟁은 그러한 교육적·윤리적 모티브에 일관되어야 한다고 가르치고 있습니다. 그의 작품은 기독교인에게도 비기독교인에게도 이러한 투쟁을 하도록 격려합니다. 왜냐하면 그것은 인간성에 대한 가장 위험한 적, 즉 무관심을 향해 눈을 돌리기를 호소하고 있기 때문입니다.

'대화에의 촉구'라는 제목의 테라코타 부조가 있습니다(177쪽 사진 참조).

남독일의 바르톨로메라는 작은 마을에 있는 개신교 교회의 벽화입니다. 이탈리아의 예술가 비아지오 프리사가 제작한 것입니다. 프리사는 원래 베네치아에서 미술사·공예학 교수를 역임한 후 자유로운 창작활동의 장을 찾아 파리로 나갔으나 성공하지 못했습니다. 그 후 남독일 친구의 초청으로 이 지방에 와서 교회당이나 학교, 경로당 등에 많은 작품을 남겼습니다. 아프리카의 코트디부아르에서도 다년간 체재했던 적이 있기 때문에 그의 작품에는 아프리카 문화의 영향도 엿보입니다.

이 〈대화에의 촉구〉는 명백히 홀로코스트 이후의 시대를 위해, 중세의 '에클레시아와 시나고그'상에 대립하는 것으로 조형되어 있습니다. 그것은 나치 독일의 유대인 박해로 유명한 '제국 수정의 밤 사건' 40주년에 해당하는 1978년에 대단한 논쟁을 거쳐 제작·공개되었습니다. 이 1938년 사건은 나치에 의해 이루어진 공공연한 유대인 박해 – 유대교 회당에 방화하고, 유대인 가정에 침입하여 닥치는 대로 약탈, 파괴, 살해를 저질렀던 – 를 가리키는 것으로 아우슈비츠에 이르는 명백한 이정표라 평가할 수 있는 사건입니다.

이 부조 중앙에는 정의를 상징하는 인물이 서 있습니다. 이 상에는 이를테면 솔로몬과 그리스도의 두 가지 인격이 종합되어 있다는 해석도 있습니다. 어쨌든 스트라스부르의 솔로몬 왕과는 달리 이 정의의 상은 왕좌 위에 군림하고 있지 않습니다. 심판의 검은 손에 쥔 채가 아니라, 허리의 칼집에 집어넣어진 채입니다. 그는 마을 광장 한가운데에 서서 손을 벌려 대화를 촉구하고 있습니다.

에클레시아와 시나고그는 동등한 권리를 가진 파트너로서 나타나 있습니다. 양자는 물론 각각 성서와 토라를 손에 가지고 있는데, 다소 머뭇머뭇하는 모습처럼 보이기도 합니다. 왕관이나 십자지팡이, 승리의 문양이나 창 등, 고전적인 세속적·종교적인 권력의 상징도 여기에서는 모두 제거되었습니다. 배후의 신전은 둥근 곡선을 그리며 시장에 모여 있는 많은 군중을 향해 열려 있습니다. 그리고 다양한 사람들이 모여 있는 것도 주목할 만합니다. 사람들이 들고 있는 바구니에 넘치는 과일을 보면 수확을 감사하는 축제일지도 모릅니다. 대지는 신의 은혜로 넘치고 풍부한 열매를 보여주고 있습니다.

사람들은 함께 모여 이야기하고, 논의하며, 서로 다른 의견을 교환하고 있습니다. 한 사람과의 대화 중에 등을 돌려 다른 사람을 찾고 있는 사람도 있습니다. 중요한 것은 대화가 이루어지고 있다는 것, 진실과 정의가 추구되고 있다는 점입니다. 에클레시아란 이렇게 서로 다른 의견의 교환과 교류가 이루어지는 열린 공간이어야 합니다. 여기에서는 상대방에 대한 관용과 존경의 마음으로 다양한 사상이나 신조 사이의 의견을 교환해야 합니다.

이 '대화'는 이미 기독교와 유대교를 넘어 — 당연히 이슬람교도 포함해서 — 세계의 모든 민중과 여러 종교를 향해 열려 있음을 암시하고 있습니다.

이슬람교는 기독교 이후 생겨난 '계시' 종교인데, 그 때문에 기독교 측은 회의적인 반응을 보이고는 했습니다. 계몽주의 시대까지는 마호메트를 '거짓 예언자'로 간주하는 것이 일반적이었습니다. 최근에는 종교 간 대화의 흐름 속에서 이러한 마호메트상은 수정되고 있습니다.

실제로 신약성서의 많은 이야기를 코란에서도 형태를 바꾸어 이야기하고 있습니다. 예를 들면 '마리암(Maryam)'이라는 제목의 장(19:16~36)에는 예수의 탄생과 마리아에게 전해지는 고지가 기록되어 있습니다. 거기에는 공관복음서 기술과 유사한 부분도 있고 상이한 부분도 있습니다.

예를 들면, 코란은 예수의 처녀강림을 부정하고 있으나, 그 문맥 가운데 '신의 말씀'에 의한 창조에 관해 이야기하고 있는 것은 흥미롭습니다. "아아,

두렵다. 뭐든지, 그렇게 하려고 결정하시면, '있으라'라고 말씀하시는 것만으로, 그렇게 하실 수 있는 분이 아닌가"(코란 19:35)라고.

이것은 창세기 서두나 요한복음 서두의 말씀을 상기시킵니다. 그뿐만이 아니라 사도 바울의 다음의 말과도 통합니다.

> 그는 죽은 자를 살리시고 없는 것을 불러내어 있게 만드시는 하느님을 믿었던 것입니다.
>
> (로마서 4:17)

잘 알려진 예수의 산상 설교에는 종교 간 대화를 촉구하는 것과 통하는 권고가 있습니다.

> 너희가 자기를 사랑하는 사람들만 사랑한다면 무슨 상을 받겠느냐? ……너희가 자기 형제들에게만 인사를 한다면 남보다 나을 것이 무엇이냐?
>
> (마태복음 5:46~47)

그리고 코란에서도 – '이사(Isa)'라고 불리는 – 예수가 '예언자'로 계시되어 중요시되고 있음은 간과할 수 없습니다.

실제로 가톨릭 신약학자 요아힘(Joachim Gnilka)에 의하면, 성서와 코란이라는 두 가지 측면은, 상호 간의 대화와 이해를 깊게 하는 데 중요하다고 합니다. 앞에서의 바울처럼 '신앙의 아버지' 아브라함이라는 공통의 유산 – 나아가 이삭과 이스마엘의 공통된 선택 – 과 함께, 성서(특히 시편)와 코란에서 창조자와 피조세계의 찬미가 반복되고 있는 점에도 주목해야 할 것입니다. '이것은 하늘에까지 올라가는 일치된 음악이며, 나아가 우리 모두로 하여금 피조물이라는 인식을 통해 피조세계에 대한 책임에 눈뜨게 하고', 그로부터 '현대의 인류적 위협에 맞서 함께 평화와 정의를 위해 인간에게 봉사할' 것을 촉구하고 있는 것입니다(Gnilka, 2004).

예언자들의 예언의 빛 아래   9

(1) 이스라엘 건국과 홀로코스트

이스라엘 독립선언

제2차 세계대전 후 많은 유대인들이 그들의 '조상의 땅'으로 귀환했습니다. 그것은 반유대주의라는 적의에 가득 찬 주변 세계의 압력 때문만이 아니라, 세기를 넘어 간직해왔던 시온에 대한 동경 때문이기도 했습니다. 1948년에 영국의 신탁통치가 끝나고, 이스라엘 건국에 임해 초대 대통령 바이츠만(Chaim Weizmann)은 정부수반 벤구리온(David Ben-Gurion)과 함께 다음과 같이 선언했습니다.

이스라엘은 유대인 이주자와 이산했던 동포의 결집을 위해 열릴 것이다. 이 나라는 모든 주민의 복지를 위해 국토를 발전시키는 데 노력할 것이다. 이 나라는 이스라엘 예언자들의 예언의 빛 아래, 자유, 평등, 평화에 기반을 두고 건국될 것이다.

이 선언에서 '예언자들의 예언의 빛 아래'라는 표현은 이스라엘이라는 명칭과 함께 이스라엘 공화국이 유대교의 성서적 전통에 기초한 것임을 명시하고 있습니다. 그러나 세속적인 국가로서의 이스라엘 건국과 더불어 메시아니즘은 사실상 그 의미를 잃었습니다. 신생 국가의 지도자들은 시오니즘의 메시아니즘적 정열에 흠뻑 젖어 있었지만, 국정 운영 그 자체는 합리적인 원칙에 근거해 실행하고자 했습니다. 유대교적 전통은 부분적 내지 상징적인 역할밖에 하지 못했다고 할 수 있습니다.

건국된 이스라엘에는 해결해야 할 곤란한 과제들이 산적해 있었습니다. 한편으로는 중동에서 유일하게 민주적인 헌법체제를 가진 국가로서, 우익적 유대교주의자들의 신정체제화를 향한 움직임에 대항해 그것을 지켜가지 않으면 안 되었습니다. 다른 한편으로 이스라엘 국적을 가진 비유대인=팔레스타인인의 완전한 참가의 권리를 법적으로 보장해야 했습니다. 바꾸어 말하면, 국가의 유대교적 성격을 견지하는 동시에 근대 민주주의에 필요한 정교분리를 관철해내야 한다는 과제였습니다.

이 과제에 관해 이스라엘 독립선언은 이렇게 규정하고 있습니다.

> 이 나라는 종교, 인종, 성의 구별 없이 모든 시민의 완전한 사회적·정치적 평등의 권리를 보장할 것이다. …… 이 나라는 모든 종교의 성스러운 장소를 보전하고 국제연합 헌장의 원칙을 지킬 것이다.

이 독립선언에서 반유대주의에 의한 홀로코스트 사건은 건국에 이르게 한 많은 요인 중의 하나로 언급되고 있을 뿐입니다. 어느 쪽인가 하면, 악센트는 홀로코스트보다, 유대 민족과 이스라엘 국토의 역사적 관계, 사회주의 시오니즘, 나아가 건국에 대한 국제적인 지지 등에 놓여 있었습니다.

홀로코스트에 관해 이 독립선언에는 다음과 같이 언급되어 있습니다.

우리의 시대에 유대 민족을 덮쳐, 유럽에서 수백만 명의 유대인을 멸절시켰던 쇼아(Shoah)는 부정하기 어려운 것으로 재차 다음의 것을 증명했다. 즉, 고향을 잃고 독립성을 결여하고 있다는 문제는, 이스라엘 국토에서 유대 국가를 재건함으로써 해결되지 않으면 안 된다는 것을.

건국 후 얼마 되지 않아 벤구리온 수상은 홀로코스트에 희생되었던 600만 명에 대해 이스라엘 국적을 부여할 것을 제안하고 법률가들의 검토를 거쳐 이를 정식으로 승인했습니다. 죽은 희생자들에게까지 소급시키는 이 '상징적' 행위는 희생자들의 이름을 이용해, 독일에게 배상을 요구하는 목소리에 도의적 정당성을 부여하려는 정책적 의도가 깔려 있었다는 지적도 있습니다(Zertal, 2003).

그렇다 해도 건국 초기 이스라엘 사회에서, 홀로코스트에 대한 논의가 꼭 왕성했던 것만은 아닌 듯합니다. 학교교육에서도 독립된 테마로 언급되는 일은 없었습니다.

영국, 나아가 아랍과의 독립전쟁을 승리로 이끌어냈다는 자랑스러운 국가의식을 가지고 있던 이스라엘인들로서는 600만의 인간이 저항조차 못하고 가스실에 끌려가 살해되었다는 사실을 믿고 싶지 않았고, 그것을 듣는다 해도 마지못해 수긍하는 정도였습니다. 특히 젊은 세대의 경우, 자연스러운 심리적 반응으로서 2,000년에 걸친 수동적인 디아스포라 역사와 전적으로 거리를 두고자 했습니다. 디아스포라의 행동 방식은 이스라엘 독립을 위한 영웅적인 투쟁과 정면으로 대립하는 것처럼 여겨졌기 때문입니다. 유대인 학살에 관해 이야기할 때에도 압도적인 독일군에 대항하는 빨치산의 투쟁이나 게토 봉기의 영웅적인 저항과 연결되는 경우가 많았습니다.

그러나 시간이 지나면서 건국과 국가 존속의 근거가 되는 다른 논거는 점차 퇴색했습니다. 그 대신 주목받게 된 것이 두 가지 요인, 즉 신의 약속과 홀로코스트였습니다.

예를 들어, 유대교 신학자 아브라함 헤셸은 이렇게 증언합니다. "성서적 시점에서 히브리어 성서를 읽는 모든 사람들에게, 이스라엘 국가는 역사에 남겨진 신의 발자취의 엄숙한 묵시이다. …… 성지에의 귀환은 만인의 속죄 가능성에 대한 심원한 지표이다". "이스라엘 국가는 메시아적 약속의 성취는 아니나 메시아적 약속이 확실한 것임을 보여준다"(ヘッシェル一, 1999).

마찬가지 관점에서 벤코린이 다음과 같이 말할 때, 원래 기다림의 대상이었던 메시아는, 이를테면 '비신화화'되어 '상징적 형태' 내지 '암호'로 간주되고 있는 것이 분명합니다. "정의와 사랑, 평화와 신에 대한 인식, 인간의 마음과 신의 뜻이 조화된 (신의) 나라가 인격적 메시아를 대신해 들어온다"(Ben-Chorin, 1975).

이 책 제1장에서 본 부버의 메시아 이해와 가까운 입장임을 확실히 보여주고 있습니다.

더욱이 홀로코스트에 대한 이해는 예루살렘에서의 아이히만(Eichmann) 재판(1961) 이후 일변했습니다. 이 재판은 젊은 세대에게 커다란 충격을 주었습니다. 홀로코스트 생존자들의 침묵이 깨지고, 깊은 고난과 악의 전모가 분명해졌던 것입니다. 이제 홀로코스트의 역사적 중요성을 무시하는 것이 불가능하게 되었습니다. 더욱이 1967년의 6일 전쟁과 1973년의 10월 전쟁은, 이스라엘 사회가 홀로코스트를 수용하는 데 결정적인 영향을 주었습니다. 1970년대 이후의 교과서나 커리큘럼에서는 홀로코스트에 이르는 디아스포라 유대인의 역사가 상세히 기록되게 되었습니다.

역사적 기억의 변질

그러나 홀로코스트를 경험했던 동시대의 증인들이 점차 사망함에 따라 집단적인 기억 속에서만 존재하게 된 역사적인 사건은 어떤 변질을 경험하지 않을 수 없었습니다. 예를 들면, 전후 예루살렘 출신의 모셰 치머만 (Moshe Zimmermann) — 그 양친은 나치 시대에 팔레스타인에 이주해 왔던 함부르크의 유대인 — 은 이러한 경과를 다음과 같이 총괄합니다.

홀로코스트가 멀어지면 멀어질수록, 그것은 이스라엘 국민의 의식과 이스라엘의 사회화에 강력한 각인을 주기에 이르렀다(Zimmermann, 1998).

즉, 이 과정에서 홀로코스트에 대한 심리적 거부감의 극복과 비(非)터부화와 함께, 이데올로기적·시대사적으로 제약된 편견이 등장했던 것입니다. 특히 1970년대 후반 이후, 보수적인 우익이 집권함에 따라 홀로코스트를 정치적으로 이용하려는 도구화, 나아가 '신화화'의 경향이 생겨났습니다. 현실의 이스라엘을 에워싼 내적·외적 상황이 홀로코스트라는 역사적인 사건으로부터 멀어져가면서 절대 악의 상징으로서의 아우슈비츠=홀로코스트 자체는 '무—역사적'인 영역에 갇혀버린 것입니다.

물론 역사의 '신화화'란 역사가 의도적으로 위조되었다든가 왜곡되었다든가 하는 의미가 아닙니다. 그것은 과거와 관계를 맺는 일, 즉 과거의 사건을 현재로 끌어들이는 일을 '매개자'를 통해서밖에 할 수 없게 될 때 발생합니다. 매개자가 되는 것은, 예를 들면 역사가, 교육자, 이데올로그 또는 정치가들입니다. 역사는 그것이 본래 있던 형태가 아닌 다른 것이 되어버립니다. 남겨진 것들은 '매개자'들의 주체적인 선택에 기반을 둔 집단적인 기억이 되는 것입니다. 이렇게 해서 홀로코스트는 이스라엘 사회의 집단적 기억 속에서 시오니즘과 이스라엘 건국에 최종적인 정당화를 부여하는 사건으로 수용되었습니다.

홀로코스트는 근절하기 어려운 반유대주의의 존재를 증명하는 동시에 이스라엘 건국이 '유대인 문제'를 능동적인 형태로 해결할 수 있는 유일한 방법임을 확증하는 증거가 됩니다. 역사적인 사건이 먼 과거가 되면 될수록, 이러한 이데올로기적인 '신화화'는 더욱더 가속화됩니다. 교육이나 미디어(홀로코스트 박물관이나 기념비의 건설), 국가적 의례 등을 통한 사회화 과정을 거치며 이스라엘 사회 내에서 홀로코스트의 기억은 높은 비중을 차지하게 되었습니다.

그러한 고양과 더불어 홀로코스트의 흔적을 찾아 동유럽으로 여행을 떠나는 것이 유행이 됩니다. 그것은 1980년대 말 냉전이 최종적으로 종결되고, '철의 장막'이 걷힌 후 폴란드와의 국교가 정상화되면서 시작됩니다. 이스라엘의 여행자 – 그 많은 수는 학생이나 젊은이 – 는 그 땅에서 학살되었던 유대인과 자기 자신을 동일화하여, 이스라엘 건국의 정당성을 확신하기에 이릅니다.

이스라엘은 자신을 둘러싼 세계가 반유대주의적인 적의에 가득 차 있다고 끊임없이 단정합니다. 홀로코스트라는 '트럼프의 으뜸패'(I. 젤탈)의 도움을 빌려 모든 비판이나 비난으로부터 스스로를 면책시키고, 주위 세계와의 이성적 대화를 봉쇄해왔던 것입니다. 이스라엘은 한편에서는 대량 학살이라는 인류적인 파국의 시대 속에서 홀로코스트라는 일회성의 역사를 반복해 주장하는 동시에 다른 한편에서는 그것을 고정관념처럼 입에 올림으로써 홀로코스트가 가진 중요한 의미와 가치를 스스로 낮추는 진원지가 되었습니다.

팔레스타인=아랍과의 대립 상황 가운데 홀로코스트의 특정한 메타포가 이데올로기적 목적을 위해 오용되었고, 심지어 정치적 우파 진영에서는 아랍이 나치에 비유되는 일까지 생겨났습니다. 홀로코스트는 왜곡된 '자기동일화와 자기정당화'(S. 프리들렌더)를 위한 정치적 심볼로 변해갑니다. 이러한 이스라엘 국가의 전개과정은 점령체제를 종식시키고 국제적으로 승인될 수 있는 국경을 만들어내고자 노력했던 라빈 총리의 살해라는 이스라엘 종교 우익의 테러로 이어집니다.

그렇다 해도 홀로코스트에 대한 태도나 자세를 일반화하는 것은 금물입니다. 공통된 기억과 공통된 희망으로 이어졌다 해도 귀환한 유대인들은 다양한 문화적 전통을 가진 다양한 나라에서 왔기 때문입니다. 이러한 유래의 차이는 이스라엘 생활에 관여하는 다양한 집단 사이에 긴장과 대립을 야기했는데, 서유럽 출신 유대인과 동유럽 출신 유대인 사이의 그것이 특히 크다는 사실은 잘 알려져 있습니다.

특히 종교적 통합은 한층 곤란해 보입니다. 그것은 유대교의 계율을 어느 수준까지, 또한 어떤 방법으로 이 나라 생활의 일반적인 규범으로 할 것이냐는 문제와도 관계되어 있기 때문입니다. 전통적인 유대교도와 신앙을 가지지 않은 세속적 집단 사이에서, 이 대립은 한층 심각합니다. 여기에 대해서는, 종교정당이 항상 연립정권에 참여하는 과정에서, 예를 들어 안식일 규정 등 '종교적'인 계율을 도입하기 위해 — 국민의 다수가 반대하고 있음에도 — 다른 정당에게 많은 양보를 강제해왔던 것도 한 요인입니다. 이 종교적-세속적인 생활양식을 둘러싼 대립은 이스라엘 사회 내부에서의 '문명의 충돌'(M. 치머만)이라 불릴 정도입니다.

그러나 홀로코스트가 집단적 기억의 계기로서 점차 이스라엘의 이른바 '시민종교'적 근거가 되어왔음은 부정할 수 없습니다. 그 점은 오늘날 서유럽 출신의 유대인과 이슬람 여러 나라 출신의 — 홀로코스트 시대의 '최종적 해결(유대인 말살)'과 관련된 적이 없었던 — 유대인 사이에 별다른 차이가 없는 것에서도 엿볼 수 있습니다. 실제로 이스라엘 국가는 많은 유대인들에게 — 이산한 유대인에 대해서도 — 그들이 다시금 박해받고 유대인으로서의 존재를 위협당할 경우 그 생존을 확보할 가능성을 제공하는 수단으로 여겨지고 있습니다.

이스라엘에서는 아랍계 시민도 전체의 20%를 점하고 있습니다. 이스라엘 국가 내외에 있는 이러한 아랍인에게, 홀로코스트 사건을 자기들의 과거 역사로 수용하는 것은 결코 쉽지 않은 일입니다. 특히 이스라엘의 확장주의와 식민지 건설 정책이 홀로코스트로부터의 당연한 귀결 내지 보상으로 해석되고 있는 한, 그것은 더욱 곤란합니다. 그들은 유럽 사람들이 지금까지 유대인에게 행해왔던 범죄의 대가를 팔레스타인 사람들에게 떠넘기고 있다는 생각까지 품고 있습니다(グロスマン, 1997).

국가 이스라엘에 대한 물음

서유럽 여러 나라 중 대부분은 지금까지의 역사 속에서 존재했던 반유대주의에 대한 죄책감에서, 또한 박해 가운데 드러났던 유대인의 신앙적 경건에 대한 경의에서 1947년 국제연합 결의를 통해 이스라엘 건국을 승인했습니다.

모리아크가 비젤의 『밤』의 서문에서 다음과 같이 썼을 때, 이는 국가 이스라엘의 성립을 흡사 아우슈비츠의 죄책에 대한 선의의 보상으로 생각한 당시 유럽 기독교 사회의 분위기를 대변하고 있었던 것입니다.

그렇다 하더라도, 시온(이스라엘)은 소각로와 사체 더미에서 다시 모습을 나타냈다. 유대 국민은 이들 몇 백만의 죽은 자 가운데 부활했다. 바야흐로 이들 죽은 자들에 의해 이 국민은 지금 다시 생명을 얻은 것이다.

이 죄책감을 공유하는 한, 기독교회도 국제법적으로 타당한 국제연합 결의를 승인하고, 유대인이 이 이스라엘 국가에서 평화롭게 살 권리를 당연히 지지해야 합니다. 물론 이스라엘 공화국은 국제질서 속에서 다른 여러 국가와 마찬가지로 하나의 국가일 뿐입니다. 다른 여러 국가에 적용되는 것과 다른 기준이 적용되어서는 안 됩니다. 이 점에 관련해 이스라엘 건국은 그 후 몇 번인가의 중동전쟁을 거쳐 기독교회 내지 기독교 사회에 새로운 중대한 물음을 제기하게 되었습니다.

언뜻 보면 지금까지 기독교인은 중동전쟁과 직접적인 관련이 없었던 것처럼 느껴집니다. 주된 당사자는 그들이 아니라 유대교도와 이슬람교도처럼 보이기 때문입니다. 그러나 이는 사실과 다릅니다. 이미 분쟁의 한편에는 기독교인, 즉 아랍 여러 나라의 기독교인들도 연관되어 있습니다. 그들은 기독교 시작 이래 예루살렘에 존재해왔고, 현재 팔레스타인인의 10%를 점하고 있습니다. 중동 분쟁의 해결을 위해서는 이러한 이스라엘 국적의 팔레스타인 시민을 포함하여, 관계되는 당사자 모두의 요구를 시야에 넣는 '연대'가 요구되는 것입니다(Rendtorff, 1989).

팔레스타인 기독교인들은 '서유럽' 기독교인에게 날카로운 비판을 제기합니다. 즉, 유대인에 대한 죄책감 때문에 유대인의 행위를 무엇이든 지지하고 있다는 것입니다. 기독교인, 특히 서유럽 기독교는 사실상 유대인의 운명에 깊이 관여하고 있기 때문에, 중동 분쟁과는 무관하다고 결코 말할 수 없습니다. 특히 독일 신학자들 사이에서는 홀로코스트에 대한 깊은 죄책감 때문에 지금까지 이스라엘 국가에 대한 연대의식을 이상할 정도로 강하게 드러내는 경향이 있었습니다.

프리드리히 W. 마르크바르트

여기에서는 그 대표자로서 베를린 자유 대학교의 조직신학자 프리드리히 W. 마르크바르트(Friedrich W. Marquardt)를 들어봅시다. 그는 원래 바르트 학파 중 좌파에 속하는 인물로, 급진적인 정치윤리를 제창한 것으로 유명했습니다. 그러한 가운데 기독교와 유대교의 대화의 길을 연 선구자로서 시오니즘의 기독교적·신학적 해석을 위해 30여 년에 걸쳐 필봉을 휘둘러왔습니다.

마르크바르트는 일찍이 『기독교인에게 있어서의 성서적 토지(취득)의 약속의 의미』(1964)를 저술하고, "팔레스타인에서의 이스라엘 사건(건국)은, (신의 약속의) '징표'와 연관 지을 수 있다"고 명언하고 있습니다. 이 경우 "'토지'란 신학적 사고로부터 말소하거나, 임의로 내용을 정할 수 있는 암호와 같은 것이 아니라 팔레스타인을 말한다"라고 말입니다. 1967년의 6일 전쟁 이후, 그는 이러한 선상에서 독일 좌익의 반시오니즘이나 보수적인 개신교 신학에 반대하여 싸워왔습니다. "유대인에게 약속된 토지에서 이스라엘이 추구하는 정의와 유대인의 자기주장"을 위해 "기도하고 오늘 함께 싸우는" 것이야말로 기독교인으로서의 증표라는 것입니다(Marquardt, 1975).

이러한 해석을 한층 체계적으로 내세운 것은 마르크바르트의 『신학의 비참과 시련』(제2판, 1992), 나아가 종말론 『우리는 무엇을 희망할 수 있는가』(전3권, 1993~1996)입니다. 마르크바르트에 의하면, 토지(국토)는 신에 의해 이집트 노예의 집에서 해방된 이스라엘이 가야 할 목적의 땅입니다. 게다가 성서적으로 보면, 아브라함에 대한 약속만이 아니라, 이미 천지창조 이야기 그 자체도 토지부여와 토지취득의 이야기로 읽혀야 한다고 합니다. 물론 마르크바르트도 토지와 함께 신으로부터 부여받은 책임, 즉 토라를 실행하는 것이야말로 이스라엘이 토지에 계속 머무르는 것을 가능하게 하는 조건이라고 명언하고 있습니다. "우리의 신학이 필연적으로 인식하게 된 것은, 그것에 의해 무엇인가를 정치적으로 정당화할 수 있는 권능을 부여받은 것은 아니라는 사실이다. 신학적 인식은 신앙의 인식이고 그 표명은 신앙고백이다. …… 이스라엘 [국가]의 토지 요구도, 그 정책도, 신학적으로 정당화되는 것이 아니다"라고.

  이러한 원리적 유보는 대단히 바른 지적이라고 할 수 있습니다. 문제는 그것이 실제로 관철되는가의 여부입니다.

  그렇다고 해도 마르크바르트가 토지에 대한 성서적 약속을 오늘날의 이스라엘에게 부여하기 위해 구약 텍스트를 직접적으로 현대사에 적용하는 것은 매우 도발적입니다. 그는 시오니즘에 대한 팔레스타인 민중의 저항을 성서적 이스라엘에 대한 저항으로 해석하여 이스라엘의 존재를 위협하는 것으로서 거부하고 있기 때문입니다. 실제로 그는 이 성서적 약속에 대해 예수 그리스도부터 설명하기 시작하여 마태복음의 크리스마스 이야기를 통해 유대라는 토지의 중요성을 지적한 뒤, "그(아기 예수) …… 의 '토지취득'"이라고 부르고 있을 정도입니다(Marquardt, 1975).

  물론 마르크바르트 또한 팔레스타인 민중을 포함한 '정치적 이성에 의한 해결'의 여지가 있음을 인정하고는 있습니다. 그러나 중동의 '공정하고 영속적인 평화' 상태에 대한 마르크바르트의 관심은 그다지 높지 않은 듯합니다. 심지어 그는 국제정치를 통한 협정에 회의적인 태도를 갖고 있는 것처럼 보이기까지 합니다. 여러 민족은 "서로 위협하며 제국을 형성한다. 확실히 상품교환, 무역, 블록형성이나 동맹, 정치협정 등으로 서로를 지탱하고 있다. 그것들이 유지되는 한에서만"이라는 것입니다. 이러한 마르크바르트의 소극적인 태도는, 일체의 평화정책에 대해서도 나타납니다. 그 때문에 예언자가 호출됩니다!!

이미 이스라엘 예언자들은 일체의 외견에 저항하여, 또한 안심하고 싶다는 일상의식에 저항하여 그리 드물지 않게 신의 심판을 고지하지 않았는가.

즉, '평화! 평화!'를 입에 올리는 것은 거짓 예언자의 행동이라고 말하는 것 같습니다. 그러나 이것은 명백히 성서 텍스트의 문맥을 뒤엎은 남용입니다. 마르크바르트에게 국제정치의 상황 판단, 그 중에서도 중동정책을 생각할 때 여러 국민의 태도를 평가하는 기준이 되는 것은 파탄 나기 쉬운 평화의 약속이 아닙니다. 오로지 '이스라엘과 어떤 관계를 맺는가?'만이 기준입니다. "신이 여러 국민을 측정하는 기준은 이스라엘이다"라는 것입니다.

지금까지 팔레스타인 분쟁을 평화적으로 해결하기 위해 국제연합에 의한 팔레스타인 분할안을 비롯해 예루살렘의 국제화나 점령지로부터의 철수 등 다양한 결의가 행해져왔습니다. 그러나 마르크바르트의 논리에 따르면, 이러한 분쟁해결을 위한 수단은 제한된 것에 지나지 않고 팔레스타인 분쟁은 이미 해결이 불가능한 상태에 놓인 것이 되겠지요.

마르크바르트는 팔레스타인 난민의 발생을 "명령에 의거하지 않은 자발적인 대량의 도망"이라고 부르고 있습니다. 그러나 이스라엘 측이 가했던 당초의 학살 사건에 의한 '공포'야말로 난민을 야기한 요인이었음은 확실합니다. 또한 이스라엘군에 의한 강제적 추방정책이 가능한 한 인구통계적으로 동질적인 영토를 만들어내려는 의도에서 이루어졌음도 부정할 수 없습니다. 그것을 '성전(聖戰)'으로 평가하는 것은 성서의 복음에 적합하다고 도저히 생각되지 않습니다.

'토지취득' 약속은 지금까지 팔레스타인에서 살고 있던 아랍 사람들의 토지 몰수로 귀결되었습니다. 마르크바르트는 거기에서 일어나고 있는 일이 강제추방 사건이 아니라 "뿌리내리는 것을 막는" "소유의 전환"(!)이라고 말합니다. 이 전환에 의해 전 소유자는 '무권리'가 되는 것은 아니나, "이제는 그 국토에서 상속인이 아닌 종속자"로서의 권리밖에 용인되지 않는다고 합니다. 여기에는 성서의 신의 약속을 근본주의적으로 해석한 오류가 있는 것이 아닐까요.

이미 보았듯이 유대인은 토라를 실행하고 "국민으로서, 그 여러 제도를 통해" 신에게 봉사한다는 조건으로 한 조각의 토지를 허락받았으며, 마르크바르트 또한 이 조건이 '토지취득'의 약속에서 중요한 사항이라고 했습니다. 그러나 이 약속은 1947년 국제연합의 팔레스타인 분할결의에서 이미 충분히 실현되었습니다. 마르크바르트가 1967년 이후 이루어진 이스라엘 정부의 식민지 건설 정책을 "새로운 메시아적 의무"에서 발로한 정치행동으로서 긍정한 것은 참으로 놀랍습니다. 실제로 그것은 팔레스타인인의 증오와 복수심을 강하게 하고, 현재에 이르기까지 화해와 이해의 조정을 불가능하게 해왔기 때문입니다.

이러한 마르크바르트의 시점은 이스라엘 종교 우익의 언설과 중복됨을 부정할 수 없습니다. 특히 마르크바르트가 홀로코스트의 고난을 팔레스타인 난민의 고난과 구별하여 존재론적으로 '성별(聖別)'하는 듯이 보는 이해방식도 날카롭게 비판되지 않으면 안 됩니다. 이러한 '토지취득의 신학'에 팔레스타인 기독교인이 항의하는 것은 당연합니다.

미트리 라헵

그 목소리를 대표하는 한 사람이 미트리 라헵(Mitri Raheb)입니다. 베들레헴 출신의 그는 마르부르크 대학교에서 신학을 배우고, 현재 팔레스타인 자치구에 있는 아랍인 루터주의 교회의 목사로 일하고 있습니다. 거기에는 결코 체계적으로 구축된 신학적 구상이 있는 것은 아닙니다. 실천에 따른 그 신학은 어느 쪽인가 하면 목회적이면서 동시에 윤리적인 성격을 가지고 있습니다. 그러나 그의 정치비판적인 발언은 많은 시사적인 논점을 내포하고 있습니다(Raheb, 1994).

라헵의 기본적 인식에 따르면, 기독교와 유대교의 '대화'에서 많은 경우 이스라엘의 '신격화'와 함께 팔레스타인인과 PLO(팔레스타인 해방기구)의 '악마화'가 일어난다고 합니다. 아우슈비츠 이전의 '그리스도론'은 반유대교적 경향을 가지고 있었는데, 아우슈비츠 이후의 그것은 친이스라엘 내지 반팔레스타인적 태도가 지배적이라는 것입니다.

팔레스타인 기독교인의 신학은 그들이 서 있는 역사적·정치적 맥락에 따라 논의를 진행합니다. 팔레스타인인은 그들의 구체적인 상황, 즉 이스라엘 국가의 종교적 정당화에 기반을 둔 토지의 수탈, 이스라엘군에 의한 점령이나 인권침해, 나아가 이에 대항하는 정치적 해방투쟁으로서의 '인티파다' 등의 사건 가운데 성서의 복음을 듣고자 하는 것입니다.

구약성서의 이른바 '토지취득'의 약속에 관해서 팔레스타인 기독교인들의 성서 해석을 살펴봅시다. 라헵에 의하면, 구약성서의 특정 부분이 오늘날 이스라엘 국가나 요단 강 서안, 가자지구의 점령 정책과 결부되는 경우가 적지 않다고 합니다. 그러나 이러한 연결은 "역사적으로는 순진해빠졌고, 신학적으로는 의심스러우며, 성서적으로는 즉시 행할 수 있는 것이 아니다". 오히려 성서를 잘 읽어보면, 약속된 토지의 경계는 성서 기자에 의해 쓰인 시대와 상황에 따라 다릅니다. 또한 여호수아기나 사사기의 기술을 정확하게 더듬어보면, '토지취득' 전후에 가나안 땅에서 이스라엘 백성은 비이스라엘 백성과 서로 병존하고 있었음을 알 수 있습니다. 순수하게 유대인으로 이루어진 국가라는 것은, 처음에도 토지취득 이후에도 존재하지 않았고, 그것은 미래에 대해서도 성서에 약속되어 있는 것이 아니라는 것입니다. 이 점에 관해서 라헵은 예레미야나 이사야 등의 예언자를 인용하고 있습니다.

이러한 라헵의 지적에서 한층 중요한 것은 '토지취득'이 신에 대한 이스라엘의 신앙적 복종과 연결되어 있다는 점입니다. 거기에서 요구되고 있는 것은 제1계명을 지키는 것과 죄 없는 자의 피를 흘리지 않는다는 율법 규정이었습니다. 여기에서 이를테면 신의 계명과 인권이 서로 연결되는 것입니다. 예를 들어 미가나 이사야의 예언에 의하면, 신의 은혜로서의 '토지취득'은 이스라엘과 여러 국민이 정의와 평화에 봉사하기 위한 것이었습니다. 국가 이스라엘은 이 예언자적 유산에 따라 평가되어야 할 것입니다.

구약성서의 '토지취득'에 대한 신의 약속은 족장 시대 혹은 포로 시대, 즉 이스라엘이 국가를 자유로이 지배할 수 없었던 시대로부터 유래하는 것이 많다는 점도 주목할 만합니다. 이러한 약속은 국가를 가지지 않았던 약소한 사람들에 대한, 이를테면 희망의 말이었던 것입니다. 따라서 이 약속의 성취는 신의 기적의 행위로서 기록되어 있습니다. '토지취득'의 약속은 여기에 '삶의 정황(Sitz im Leben)'을 두고 있는 것입니다.

'토지취득'은 결코 요구로서 제기되어서는 안 되는 것입니다. 이스라엘이 국가나 국토나 군대를 가지게 되었던 상황에서 정의를 실행하라는 신의 경고가 나옵니다. 왜냐하면 여기에서는 율법의 규정에 나오는 "토지는 나의 것으로 너희들은 나의 토지에 기류하고 체재하는 자에 지나지 않는다"(레위기 25:23)라는 원칙이 타당하기 때문입니다. 오늘날 급진적인 국가주의적 종교 세력이 추진하는 '토지취득'의 절대화=불법적 식민지 건설 정책의 강행이 이스라엘 예언자들의 정신에 위반된 것은 명백합니다. 그것은 확실히 이스라엘 국민과 주변 아랍 이웃과의 평화 공존의 노력을 위협하는 것입니다.

현존하는 이스라엘 국가가 신의 약속의 성취를 보는 입장에 대해서, 라헵은 그것은 성서적으로도 신학적으로도 정당화될 수 없다고 잘라 말합니다. 오늘날 이스라엘 국가는 19세기와 20세기의 역사에서 태어난 정치적 필연성의 소산인 것입니다. 이 세속적인 국가가 진정으로 인정받기를 바란다면, 국제법에 따라 살면서 국제법을 기준으로 평가되도록 행동하지 않으면 안 될 것입니다. 이스라엘 국가와 연결된 유대교는 국제법의 구속으로부터 이스라엘을 벗어나게 하는 수단이 아니며, 오히려 그것을 준수할 의무를 한층 강하게 만드는 것이라고 라헵은 결론짓고 있습니다.

"예언의 빛 아래에서"

이 라헵의 저서에 대한 추천서를 썼던 베를린 브란덴부르크 교회 감독 볼프강 후버(Wolfgang Huber)는 라헵의 주장에 대해 일정한 유보, 즉 '비판적 반문'의 여지를 남기고 있습니다. 예를 들면, 현재의 팔레스타인 '점령지역'의 상황에 대한 팔레스타인 공동의 정치적 책임', 즉 이스라엘 건국선언과 동시에 중동전쟁을 시작했던 아랍 측의 죄책의 문제 등은 독자의 비판에 맡기고 싶다는 것입니다.

팔레스타인=아랍 측을 오로지 희생자로서만 파악해 현재 발생하고 있는 정치적·군사적 과정에서의 불법이나 불의를 이스라엘 측에게만 전가하는 것에 대해 '유보'를 두고 있는 것입니다. 그렇다 해도 오슬로 협정 이후의 화평 프로세스가 막다른 골목에 이른 것에는, 이스라엘 측의 책임이 한층 크다는 것은 분명합니다. 이스라엘 정부는 화평이 성립하지 못해도 국내여론이 부정적으로 반응하지 않을 것임을 명확하게 계산했던 것입니다.

어쨌든 앞서 본 '유보'와 관계없이, 후버는 라헵의 신학적·정치적 주장에 관해서 기본적으로 팔레스타인 기독교인이 홀로코스트로부터 서유럽 특히 독일의 기독교인과는 다른 결론을 도출하고 있다는 점과, 유대 민족의 운명을 억압받고 박해받았던 다른 여러 민족의 그것과 어느 정도까지 비교할 수 있느냐는 원칙적인 문제제기의 중요성을 지적하고 있습니다. 그리고 기독교와 유대교의 '대화'는 그것이 동시에 팔레스타인 기독교인의 독자적 발언에 귀를 기울이는 에큐메니컬한 대화가 될 때에 비로소 그 목적을 달성할 수 있을 것이라고 주장하고 있습니다.

홀로코스트 죄책으로 인해 신경과민이 된 독일 교회는 이 20~30년간 유대교와의 대화에 열심이었고, 이스라엘 국가의 행동에 관해서도 비판적인 목소리를 의식적으로 자제해온 듯이 보입니다. 지금 다시 한 번 메츠의 말을 인용해봅시다.

> 어쨌든 우리는 유대인들 — 그들은 독일 현대사에서 전면적인 멸절의 처지에까지 빠졌던 사람들인 것이다 — 의 안전보장 요구가 과잉하다고 비난하는 가장 마지막 사람이 되어야 한다. 우리는 유대인들의 행동이 시오니즘적 제국주의의 발로가 아니라 그 국가를 '죽음으로부터 지키는 집'으로서, 즉 몇 세기에 걸쳐 박해받아왔던 백성의 최후의 도피처로서 방위하기 위함임을 신뢰하지 않으면 안 될 것이다(Kogon, 1981).

그러나 최근 공표된 독일 복음주의 교회의 『기독교인과 유대인—유대교에 대한 관계개선의 발걸음』(2000)은, 이 '토지취득'이 "신의 계명에 따라 '여러 민족의 빛'(이사야서 42:6)으로서 살아가는 장소"라는 조건과 연결되어 있음을 확실히 지적하고 있습니다. "성서는 그 토지가 신으로부터 대여받은 것이라는 점을 주장한다"라고 표명하고, 나아가 "실제로 예언자들은 이스라엘이 이러한 신의 종교적·윤리적인 요구에 위반할 때 국토를 상실할 것임을 경고했다"라고 예레미야서를 인용하고 있습니다.

> 너희의 생활 태도를 깨끗이 고쳐라. 너희 사이에 억울한 일이 없게 하여라. 유랑인과 고아와 과부를 억누르지 마라. 이곳에서 죄 없는 사람을 죽여 피를 흘리지 마라. 다른 신을 따라가 재앙을 불러들이지 마라. 그래야만 옛날에 너희 조상에게 길이 살라고 준 이 땅에서 너희를 살게 하리라.
>
> (예레미야서 7:5~7)

구약학자 발터 치멀리(Walther Zimmerli)도 이스라엘의 '토지와 소유'의 관계를 다음과 같이 명확하게 규정한 바 있습니다.

> 구약성서는 이스라엘이 사는 국토를 긍정한다. 야훼는 토지 없이 가난한 백성으로 사는 것을 바라지 않으신다. 그러나 이 백성이 토지를 소유함에 있어서, 신을 언제나 주님, 즉 주시는 분으로 인정하고, 그것을 실제 행동에서 표현하기를 바라신다(Zimmerli, 1971).

따라서 이스라엘 국가에 대한 기독교인의 연대는 항상 비판적인 관점을 동시에 가져야 합니다.

최근 『가해자의 나라에서 신에 관해 말하다―쇼아 이후의 제3세대에 의

한 신학적 발언』(Kellenbach et al., 2001)이라는 논문집을 읽었습니다. 처음 제목을 보았을 때, 독일의 젊은 세대까지 괴롭히는 트라우마의 깊이를 생각하며 측은한 마음이 들었습니다. 그러나 거기에 나와 있는 것은 이미 새로운 문제의식이었습니다. 즉, 과거의 반유대주의로 인한 죄책감 때문에 친유대주의(Pro-Semitism)에 가까운 이스라엘 일변도여서는 안 되며, 오히려 여기에서 벗어나 기독교—유대교—이슬람교 간의 대화에 의한 팔레스타인 문제의 평화적 해결을 요구하자는 시각이었습니다.

거기에서는 예를 들면, 전술한 마르크바르트에 관해서도 그가 유대교와의 대화를 통해 토라를 배우고, 그로부터 풍부한 정보를 도출해내고 있는 점은 평가되고 있습니다. 그러나 이슬람에 대한 배려가 너무나도 결핍되어 있다는 지적도 있습니다. 이러한 날카로운 비판과 반성이 전후 출생한 젊은 세대로부터 나오고 있는 것은 주목할 만한 일입니다.

(2) '샬롬'의 희망에 살다

'홀로코스트의 신학'을 넘어

이러한 목소리에 호응하여 역으로 팔레스타인 민중이 현재 겪고 있는 고난의 역사를 유대인 자신의 고난의 역사 속에 포괄하여 동일시할 것을 설파하는 '유대교적 해방 신학'이 제기되고 있습니다. 그것은 이스라엘 옹호론에서 기회가 있을 때마다 발견되는 홀로코스트를 특수하게 '성별화(聖別化)'하려고 하는 이데올로기적 발상에 반대하는 견해입니다.

미국에서 에큐메니컬한 활동을 계속하고 있는 유대교 신학자 마크 엘리스는 이미 소개했습니다. 중동 분쟁에 대해 그가 가진 대전제는 팔레스타인이 '자립적인 주체'로서 이스라엘과 '마주 보는 존재'라는 것입니다.

유대교적 해방 신학은 이스라엘과 팔레스타인을 함께 논하는 것에서 시작된다. 이스라엘이 하나의 국가라는 사실은 종교적인 원리와 관련이 있다기보다는, 현대 세계의 국민적 조직으로서 관련이 있다. 팔레스타인 민중도 마찬가지로 하나의 국가를 가지는 것은 당연하며, 이스라엘은 팔레스타인인이 바란다면 — 승인과 물질적 원조를 통해 — 그 재생에 관여해야 할 것이다(Ellis, 1992).

엘리스에게는 이스라엘 건국이나 영토 점령으로 인해 팔레스타인 민중에게 '심각한 불의'가 행해져왔음은 '의문의 여지가 없는' 사실입니다. 그러나 '유대교적 홀로코스트의 신학'에서 그것은 결코 자명한 일이 아니었던 것입니다(Brocke and Jochum, 1982).

이미 그 이름을 언급했던 대표자 중 한 사람인 리처드 루벤스타인은 아우슈비츠 이후 '신의 죽음'을 선언함으로써 '세속성'을 전면적으로 긍정하는 길을 열고, 이스라엘 국가를 강화하는 것이야말로 유대교의 사활을 건 과제로 간주하고 있습니다. 루벤스타인에게 신의 부재는 너무나도 명백하고, 공포가 너무나도 컸던 것입니다. 동시에 인류의 진보에 신뢰를 거는 것도 의심스럽게 되었습니다. 근대 기술과 결부된 나치 독일의 야만적 지배가 절대적인 권력행사의 범례를 제시했기 때문입니다. 신과 인간다움이 없는 현대에 남겨진 것은 권력밖에 없다는 것입니다. 홀로코스트의 생생한 기억은 유대인이 적의를 가진 주변 세계에서 살아남기 위해 결집하고 권력을 강화할 것을 요구했습니다.

엘리스가 비판의 대상으로 한 어빙 그린버그(Irving Greenberg)는 '신의 죽음'이라는 입장에는 동의하지 않지만, 홀로코스트를 앞에 두고 권력을 지향하는 움직임은 역사적으로 불가피하다고 생각하고 있습니다. "유대인이 권력을 가지지 않는 것은 비도덕적이다. 왜냐하면 유대인은 더 이상 권력 없이는 살아남을 수 없기 때문이다". 엘리스에 의하면, 그린버그는 미국 유대교 신보수주의에 정치적·신학적 근거를 제공한 신학자 중 한 사람입니다. 이 그룹 안에서 국가 이스라엘에 대한 비판은 ─ 정당한 비판도 포함해 ─ 싹일 때 조속히 제거되어야 합니다. 이스라엘의 강대함과 미국의 권력이야말로 '중동 평화의 2대 지주'로 여겨지고 있기 때문입니다.

엘리스에 의하면 '홀로코스트 신학자'들은 이스라엘의 선제공격으로 시작된 6일 전쟁을 더 큰 파국, 더 거대한 홀로코스트를 미연에 방지하기 위한 '죄 없는' 예방전쟁으로 여긴다고 합니다. 그들에게 팔레스타인 아랍인이나 아랍 세계는 '나치적 드라마'를 계승하는 것으로, 실제로 전쟁 직후의 출판물에서는 '이번에는 히틀러가 실패했다'라는 감정이 반영되어 있었습니다.

이와 관련해 이스라엘 국내의 일부 극우 세력은, 팔레스타인 문제의 '최종적 해결'(!)을 바란다는 점도 암시적입니다. 그들은 이스라엘의 지리적 경계가 메시아니즘적 중요성을 가진다는 신앙에 기초하여 행동하고 있습니다. 이 신앙대로라면, 목표를 달성하기 위해 그 어떤 수단과 방법을 써도 좋으며, 그로 인해 어떤 결과가 발생한다 해도 거리낄 필요가 없습니다. 그것은 신의 의지에 의해 정당화된 것이기 때문입니다.

일찍이 시오니스트들이 팔레스타인의 '토지'에서 구했던 국가 건설의 이념을 '세속적'인 인간의 시도로 강렬하게 거부해왔던 유대교 정통주의자들이, 지금은 이 '토지' 이데올로기에 고집하다니 참 아이러니한 현상이기도 합니다. 이 역설은 이스라엘 여론에서 '포스트·포스트·시오니즘'이라고 불리며, 분규를 더하는 현재의 '문화적 항쟁'의 일단을 보여주고 있습니다 (Segev, 2003).

실제로 엘리스에 의하면, 이스라엘은 현재 서기 70년의 예루살렘 신전 붕괴 이래 가장 곤란한 상황에 서 있다고 합니다. 지금 이스라엘은 예전과 같이 그들의 약함 때문이 아니라, 오히려 그들의 강함으로 인해 — 그 권력이 팔레스타인 사람들을 억압하기 위해 사용되고 남용되고 있는 것에 의해 — 평화적으로 살아남을 길이 위협받고 있다는 것입니다.

엘리스는 최근의 논문(2007)에서 이스라엘의 '아킬레스건'이라고도 할 만한 예언자의 목소리에 다시금 귀를 기울일 필요가 있다고 호소하고 있습니다. 그것은 지금까지 안이하게 밖을 향해, 자기주장과 자기정당화를 위해 인용되어왔습니다. 그러나 본래 그것은 안으로 향해졌던 것, 직접적으로 이스라엘의 심장에 향해졌던 것이라고 합니다. 그런데 '홀로코스트 신학자'인 루벤스타인이나 그린버그는 유대교 예언자들을 '이스라엘 국가가 강력하게 되는 것'에 대한 최대의 위험으로 간주하고 있습니다. 예언자의 목소리는 이스라엘을 약체화하고 유대인을 더욱더 홀로코스트로 인도할 수 있다고 하며 기피하고 있습니다.

그러나 엘리스에 의하면, 유대인에게 깊은 자기성찰을 촉구하는 것이야말로 예언의 본래적인 힘이라고 합니다. 예언의 힘은 이스라엘의 현재의 삶의 방식에 대한 냉엄한 비판이기 때문이라는 것입니다. 역사를 통틀어 예언은 이스라엘의 고난, 그 과부나 고아들, 기류민이나 가난한 사람들의 고난과 연결되는 것이었습니다.

히브리 성서가 다음의 것을 분명히 하고 있음은 오해의 여지가 없다. 즉, 사회에서 정의가 행해지지 않는 한 이스라엘의 구원은 없으며, 신의 보호도 요구할 수 없다는 사실이다. 아니, 더 나쁜 것은 그 정반대의 것, 즉 토지[국토]에서의 추방과 홀로코스트에 필적할 만한 고난이 기다리고 있다는 것이다(Wabbel, 2007).

이것은 이스라엘 국가의 미래에 대한 심판의 예언처럼 들립니다.

희망의 증표

확실히 '지하드'를 명목으로 일반 시민까지 끌어들이는 이슬람 과격파의 무차별 테러는 묵과할 수 없습니다. 본래 '지하드'의 원어는 군사적인 전투가 아니라, 신앙에 봉사하기 위한 헌신을 의미합니다. 이슬람 신앙을 위한 헌신을 '성전'과 일체화시킨 마호메트의 메디나 발언도 방위를 위한 싸움이라는 역사적인 문맥에서 파악되지 않으면 안 됩니다.

이슬람교의 근간에 대해 많은 사상가들이 어떠한 의심의 여지 없이 평화를 우선하는 것에 찬성하고, 이슬람 법체계에 있는 고전적인 성전 이론을 근본적으로 개혁하는 것에 찬성하고 있다(Khoury, 2007).

그러나 실제로 이렇다 해도 테러와 보복의 악순환 속에서 오늘날 팔레스타인 분쟁은 수렁에 빠진 상태입니다. 홀로코스트의 트라우마가 유대인에게 많은 불안을 불러일으켰다는 점과 그것이 극복되지 않으면 안 된다는 점은 분명합니다. 동시에 팔레스타인 난민은 지금도 피가 흐르는 상처를 부여잡고 그 치유를 요구하며 울부짖고 있습니다. 두 민족 사이에 가로놓인 불안과 불신, 아픔과 상처가 함께 치유되지 않으면 안 되는 것입니다.

이에 대해 이스라엘 정부는 탈레반 공격을 명목으로 시작한 미국의 아프가니스탄=이라크 전쟁에 편승하는 형태로 팔레스타인의 자폭테러를 진압하지 못하는 자치정부에 압력을 강화해왔습니다. EU나 아랍 여러 나라에서는 이러한 이스라엘의 군사행동을 멈출 것을 요청하며 국제연합 안보리 이사회에 되풀이하여 비난 결의안을 제출했지만, 미국은 거부권을 발동하여 그것을 부결하고 이스라엘을 편드는 자세를 바꾸지 않고 있습니다.

이슬람 쪽 여론 동향을 보면, 최근의 동시다발 테러는 중동에서 미국이 취하는 이중잣대가 큰 요인으로 작용함을 알 수 있습니다. 미국은 이라크에 대해서는 '징벌적'인 군사행동을 서슴지 않으면서, 이스라엘에 대해서는 그 부당한 점령=식민지 건설 정책을 오랫동안 방임하며 사실상 용인해왔습니다. 미국에 의한 이슬람 억압의 상징인 팔레스타인 문제를 해결하는 것이야말로 현대세계의 근본적인 과제라고 지적되는 이유입니다(クーリー, 2001).

실제로 오늘날에는 이스라엘 국민 중에서도 이스라엘과 팔레스타인의 관계에 마음 아파하는 목소리나 움직임이 조금씩 감지되고 있습니다. 국제법에 반하는 점령이나 점령지에서의 이스라엘군의 불의한 행동 — 토지의 접수, 가옥의 파괴, 자치구의 봉쇄, 재판 없는 체포나 처형, 고문 등 — 에 더 이상 참을 수 없게 된 장병들의 증언집도 나오고 있습니다. 거기에는 이대로 불의한 행동에 가담한다면 자신의 인격이 파괴될 뿐 아니라, 이스라엘 사회 자체도 부패해버릴 것이라는 위기감이 작용하고 있습니다(土井敏邦 2008).

이에 앞서 이스라엘의 고등학생들을 중심으로 한 '양심적 병역거부' 움직임도 전해지고 있습니다. 그들은 점령지역에서의 이스라엘군의 인권침해에 반대하여 도의적·정치적인 이유에서 인터넷이나 신문광고 등을 통해 병역거부를 호소하고 있습니다. 연장자인 예비역 중에는 특정 종류의 근무 혹은 특정한 작전에 참가하는 것을 거부하는 형태를 취한 '선택적 병역거부자'도

출현하고 있습니다. 거기에는 독일의 병사들이 '명령에 대한 절대적 복종'을 위해 할 수 없이 유대인을 대량 학살했던 홀로코스트 경험이 반영되어 있다고 여겨집니다. 비참한 현대사로부터 배운 교훈이 '비애국자'라는 비난이나 비판을 견디는 용감한 결단으로 이끌었던 것입니다(キドロン, 2003).

'분리 벽'으로 팔레스타인 민중을 둘러싸고, 그들의 인간다운 생존을 불가능하게 하는 정책은 나치 독일의 강제수용소나 게토 포위 정책과 너무나도 닮았기 때문입니다.

어쨌든 오늘날 한 치 앞을 예측할 수 없게 된 팔레스타인 분쟁에서, 미래를 열 미미하지만 중요한 희망의 증표가 여기에서 보이는 것은 아닐까요. 이스라엘 건국의 '예언자들의 예언의 빛'에 비추면 이 점은 더욱 분명합니다. 팔레스타인 사람들과의 분쟁만이 아니라 이스라엘 국내의 대립도 이스라엘 국가존립의 위협요소라고 보는 인식이 점차 확대되고 있는 듯합니다. 팔레스타인 문제 해결은 이스라엘 사회 내부의 합의점을 발견해가는 것과 직결되어 있습니다. 그런 의미에서 이들 두 충돌과 대립의 해결은, 그것이 동시적으로 진행되어야 함을 불가결한 전제로 하고 있다고 할 수 있습니다.

마지막으로 지금 다시 한 번 비젤로 돌아갑시다. 1986년의 노벨평화상 수상 강연에서 그는 이렇게 말하고 있습니다.

많은 불의와 고난이 있습니다. 그곳에서부터 우리의 관심을 촉구하며 외치는 목소리도 들립니다. 즉 기아, 인종주의, 정치적 박해의 희생자들, 사상가나 문학가, 많은 나라들의 포로들. 그것은 정권이 우이든 좌이든 관계없습니다. 어느 대륙에서나 인권침해가 계속되고 있습니다. 마지막으로 팔레스타인 사람들이 있습니다. 그들의 고난을 나는 민감하게 느낍니다. 그러나 그들의 방식은 유감스럽습니다. 폭력과 테러리즘은 답이 될 수 없습니다. 그들의 고난에 대해서는 어떠한 수단을 쓰지 않으면 안 됩니다. 그것도 지금 즉시. 나는 이스라엘을 신뢰하고 있습니다. 왜냐하면 나는 유대의 백성을 믿고 있기 때문입니다. 이스라엘에게 기회를 줍시다. 그들이 사는 곳에서 증오와 위험을 소멸시킵시다. 그렇게 하면 이 성지 안과 주변에 평화가 찾아올 것입니다. 나는 신앙을 가지고 있습니다. 신에 대한, 나아가 신의 피조물에 대한 신앙을. 이 신앙 없이는 행동하는 것 자체가 불가능합니다. 그리고 행동하는 것이야말로 만인을 은밀히 위협하는 위험, 즉 무관심에 대한 단 하나의 치료약입니다.

비젤도 또한 팔레스타인 민중의 고난을 시야에 넣고 있습니다. 그러나 이 현대정치의 초미의 문제에 관해서 홀로코스트의 증인인 비젤은 한층 더 큰 '외침'을 외쳐야 하는 것은 아닐까요.
엘리스는 앞의 논문에서 홀로코스트를 회고하며 매일 유대인 아이들이 불태워지고 있던 것이 신을 믿는 것을 곤란하게 했음을 언급하면서 이렇게 말합니다.

[유대인 이외의] 다른 아이들 ─ 팔레스타인이나 레바논 아이도 포함해 ─ 이 불태워지고 있을 때, 유대인에게 신에 대한 물음은 어떠한 의미도 없는 것은 아닐까. 하물며 우리의 손으로, 우리의 무기로, 우리의 국가 지도자들의 명령으로, 심지어 미국에서 혜택을 누리며 살고 있는 유대인에게 지원을 받아 태워지고 있을 때는? …… 화염 속에서 타고 있는 아이들을 구해내지 않는 한, 오늘날의 신의 이미지는 거짓이다. 따라서 아이들을 구하지 않고 신에 관해 말하는 것은 우상숭배나 다름없다.

이 '화염 속의 아이'라는 표현은 비젤에 대한 통렬한 비판이라고 할 수 있습니다. 엘리스 자신은 이러한 이스라엘=유대인 비판이 반유대주의적 입장의 사람들에게 이용될 수 있는 위험성을 충분히 자각한 상태에서 다음과 같이 발언하고 있습니다.

우리가 스스로가 강해지는 것에 기뻐하고 있을 때, 우리는 도를 넘은 우리의 죄과를 뉘우치고, 곧장 그것을 중지하지 않으면 안 된다. 오늘날 이것이 가능하다면 어쩌면 100년쯤 후에 우리는 이스라엘과 팔레스타인의 연합에 관해 이야기하는 것이 가능할지 모른다. 비극적인 분쟁에서 치유의 프로세스로 다시 태어나 양쪽의 공동체를 유익하게 만들 수 있을지 모른다(Ellis, 1992).

나에게는 꿈이 있다

전술했던 라헵은 그 저서의 마지막에 마틴 루서 킹을 연상시키는 어조로 '나에게는 꿈이 있다'라고 기록하고 있습니다.

나에게는 꿈이 있다. 어느 날 나는 잠에서 깨어 지중해와 요르단 강 사이의 팔레스타인 토지에 두 동등한 권한의 민족이 서로 나란히 공존하고 있는 것을 발견한다. 두 민족은 이 좁고 긴 지대를 서로 나누어 가지는 것을 배우는 것이다. 그들은 확신하고 있다. 그들의 운명은 더 이상 서로 나눌 수 없다는 것, 서로 함께 살고 서로 함께 멸망할 수밖에 없다는 것을.
　내가 꿈꾸는 이스라엘은 더 이상 거짓 예언자들의 목소리에 현혹되는 이스라엘이 아니다. 즉, 대(大)이스라엘을 몽상하는 것이 아니라 더 이상 중동에서 팽창주의적인 식민지 권력으로서 행세하려 하지 않는 이스라엘이다. 내가 꿈꾸는 팔레스타인은 더 이상 아랍이나 서구의 어떠한 국가에 의해서도 장래를 규정당하는 일이 없는 팔레스타인이다. 그것은 역사를 원래로 돌리려 하는 것이 아니라, 이스라엘이 현재의 또한 장래의 역사의 일부인 것을 배운 팔레스타인이다…….

두 민족의 안전은 정당한 평화에 의해서만 보장될 수 있다. 평화 없이는 안전보장도 생존도 없다. 내가 꿈꾸는 예루살렘은 동부지구와 서부지구를 나누는 벽을 가지지 않은 예루살렘이다. 그것은 열린 도시, 그 날개 안에 두 민족이 평온하게 머물 수 있을 만큼 충분히 큰 마을이다. 그 골목이나 큰길에서 일신교를 믿는 사람들이나 모든 나라 사람들이 왕래할 수 있다. 그때 이 마을은 시편의 시인이 노래했듯이 거기에서 모든 사람들이 서로 이어지는(시편 122:12) 마을이 될 것이다.

그 뒤 이사야서의 마지막 예언(이사야서 65:18~25)이 인용되고 있습니다.

> 보라 나는 예루살렘을 기뻐 춤추는 도성으로 만들고
> 그 주민을 기뻐 즐거워하는 백성으로 창조하겠다.
> ……
> 이리와 어린양은 함께 풀을 뜯고
> 사자는 소처럼 짚을 먹으며 뱀은 진흙을 양식으로 하고
> 나의 성스러운 산 어디에서도
> 해하는 것도 망하는 것도 없다, 라고 주는 말씀하신다.

지은이 후기

1.

나치연구에 종사해온 사람으로서, 나에게 홀로코스트는 오랜 관심사였습니다. 아우슈비츠는 확실히 나치 독일의 '중대한 범죄'이지만, 히틀러 내지 그 일당에게만 책임을 전가할 수는 없습니다. 반유대주의의 긴 역사적 배경과 편견의 축적을 무시할 수 없기 때문입니다. 거기에는 고대와 중세 이래의 기독교적 죄책이 가로놓여 있습니다.

이 책 제1부 '홀로코스트를 넘어서'에서는, 이러한 배경 아래에서 홀로코스트 '이전'—한복판에서—'이후'의 유대교의 역사를 간단히 살펴보고, 나아가 신약성서 텍스트의 기술로 거슬러 올라가 편견의 유래와 그것을 극복하기 위한 대화의 실마리를 찾아봤습니다.

제2부 '성서 이야기 다시 읽기'에서는 '신앙의 아버지' 아브라함의 이야기에서 '출애굽' 사건에 이르기까지 유대인의 정체성을 형성하는 원체험에 입각하여 구약성서의 유명한 세 가지 이야기를 다시 읽고, — 코란의 기술과도 비교하면서 — 종교 간 대화의 가능성을 탐구하며, 그 영향사를 더듬는 가운

데 현대의 문제까지 언급했습니다.

이러한 성서 '텍스트 다시 읽기'의 방법은, 최근 제3세계를 비롯한 각 지역에서 왕성하게 행해지고 있습니다. 성서 이야기를 주체적으로 '동시성'의 질문으로 파악하고, 이른바 '동시대사적' 원점으로 해독함으로써 새로운 시대 비판의 시점도 열리게 되는 것이 아닐까요.

제3부 '홀로코스트가 묻는 것'에서는 홀로코스트를 다루었던 엘리 비젤의 고전적 작품 『밤』을 가지고 비젤과 토론하는 가운데, 홀로코스트에서 끌어낸 세 가지 물음을 검토했습니다. 즉, 홀로코스트에 직면한 신(神) 신앙의 가능성을 검토하고, 마찬가지로 기독교 신앙의 혁신을 이루며, 나아가 아우슈비츠의 고난의 역사를 마음에 새기고 현대사에서 인간의 정의를 추구한다는 과제입니다.

이 최후의 물음은 특히 현재의 중동 분쟁과 깊은 관련이 있습니다. 9·11 테러로 막을 열었던 21세기는 세계화와 국제적 테러리즘이 얽혀, 심각한 양상을 드리우고 있습니다. 그러한 초점의 한복판에 서 있는 것은 중동에서의 '평화' 프로세스로 집약되는 이슬람 세계와의 공존 가능성에 대한 물음이 아닐까요. 여기에서는 특히 홀로코스트와 관련하여 이스라엘 국가의 점령 정책의 문제성에 대해 사상사적 관점에서 비판의 빛을 비추어 보았습니다.

2.

본문에서도 인용했던 '유대교적 해방 신학'에 선 마크 엘리스의 최근 저서 『이스라엘과 팔레스타인 - 저 잿더미 속에서』(2002)는, 길이 막힌 중동의 상황을 직시하는 가운데 21세기의 '유대교적 정체성'의 새로운 가능성을 모색한 예언자적 작업입니다. 엘리스는 이렇게 논합니다. 이스라엘의 현실을 홀로코스트의 '잿더미로 귀착시키는' 것은, 결코 국민을 고귀하게 하는 것이 아니다. 다른 이를 '잿더미 가운데 놓아둔 채 방치하는' 것은 이스라엘의 오래된 트라우마를 치유하는 것이 아니다. 그것은 오히려 '존엄성을 가지고 살아남는' 것을 가능하게 하는 원천 자체를 완전히 마르게 하고, 그럼으로써 트라우마를 더욱 증진시킬 뿐이다. 존엄성을 가지지 않고 살아남는 것은 의미도 없고 그저 살아가는 것에 지나지 않는다. '미래의 세대는 이 살아남은 이들의 무의미함을 발견하고, 역사를 비판적으로 평가하는 그들 자신의 여행을 시작할 것이다'라고.

많은 유대인은 팔레스타인인에 대한 잔인한 억압의 근거로 성서의 약속과 홀로코스트, 지금에 와서는 테러리즘을 끝낼 필요성을 제시하며, 이것들을 자기정당화의 윤리적 구실로 삼고 있습니다. 그러나 엘리스는, 일찍이 영국 위임통치 시대의 팔레스타인의 모든 땅 가운데 이스라엘 국가가 78퍼센트를 영유하고 팔레스타인 국가에 22퍼센트밖에 할당하지 않은 이국가(二國家) 분리론은, 거의 현실적 의미를 가질 수 없는 환상이며 '그 자체로 불의한 것, 패배다'라고 단언하고 있습니다.

그 후 확대된 이스라엘 정부의 식민지 건설 정책에 의해 지금은 22퍼센트의 반 이상이 반병합 상태에 있고, 팔레스타인에게는 국가가 되기 위해 필요한 기초가 거의 없어졌다고 합니다. 유명무실한 '평화' 프로세스의 미래에 우리를 기다리고 있는 것은 '이스라엘을 포함한 지역 전체가 장기적으로 위기적인 상황이 된다'라는 긴박한 사태입니다(「평화 프로세스가 평화를 멀어지게 한다」, ≪世界≫ 2008년 10월호 수록).

전 아랍 세계에서는 이스라엘에 대한 강렬한 적의가 소용돌이치고 있으며, 그 반유대주의에는 나치적 인종론 이데올로기가 큰 영향을 주고 있다고 합니다. 19세기의 대표적 반유대주의 문서 『시온 현자들의 의정서(Protocols of the Wise men of Zion)』가 널리 신봉되고, 히틀러의 『나의 투쟁』도 끊임없이 비싸게 팔리고 있다는 것입니다.

물론 팔레스타인 민중 모두가 자폭테러 지원자가 아니듯, 이스라엘 민중도 모두가 다 종교 우익일 리는 없습니다. 분쟁의 양측에는 증오나 원한에서 벗어나 자기비판적으로 말하고 행동하려고 하는 사람들이 존재합니다. 예를 들면, 앞의 엘리스는 『잿더미 속에서』에서 이런 주장을 반복하고 있습니다. '시나이 산과 아우슈비츠의 교훈의 목소리'는, 폭력과 잔학행위의 악순환을 끊어내기 위한 눈에 보이는 투쟁을 통해 팔레스타인 사람들과 연대할 것을 명하고 있다고. 그리고 이 책의 결론으로 '양심적인 유대인'이 앞으로 걸어 나가야 할 올바른 삶의 방식에 대해서 대단히 대담한 예견을 말하고 있습니다.

즉 엘리스는, 현대 세계에 할라카(halakhah)를 내보이기 위해, '신의 계약을 체현하여 이산(離散)의 여행으로 나아간다'라는 암시적인 표현을 사용하고 있습니다. 이와 관련해서, 고대 로마 권력에서 몸을 뺐던 '야브네의 랍비들'이 언급되고 있는 것도 인상적입니다. '현대 유대교의 대성당으로부터 ― 즉, 시나고그와 홀로코스트 기념관으로부터 ― 이탈하여 길을 떠나는 것' ― 이스라엘의 권력으로 지킬 수 있었던 예루살렘으로부터의 이탈까지 ― 을 요구하고 있는 것입니다. '이것이 유대교사에서 최후의 이산의 여행이 될 것인가'라고 물으면서 말입니다. 이 책에서 인용했던 에리히 프롬이 야브네의 선택을 높이 평가하며 제시했던 '소유지향적 문명'에 대한 비판을 생각나게 합니다.

수렁에 빠진 팔레스타인 분쟁의 행방을 생각할 때, 이사야서에 나오는 저 유명한 에돔 파수꾼의 노래(21:11~12)가 생각납니다.

세일에서, 나를 부르는 자가 있다.
'파수꾼아, 밤이 얼마나 지났느냐?'
......
파수꾼은 말했다.
'새벽은 가까워지고 있다, 그러나 아직 밤이다.'

잘 알려져 있듯이 이 잠언은 '신은 멀리 떨어져 있고 예언자도 없는 시대'의 운명에 생각이 미쳤던 막스 베버 만년의 애송구로, 『직업으로서의 학문』 말미에서도 인용되고 있습니다.

이 이사야의 말을 둘러싼 하시디즘의 전승 중에는 이런 이야기가 있습니다. 이 밤이 끝나고 새벽과 더불어 하루가 시작되는 '때'를, 어떻게 결정할 수 있는가? 랍비 중 한 사람은 제자들에게 질문을 받았습니다.

"멀리서 개를 양과 구별할 수 있는 때입니까?" 첫 번째 제자가 묻습니다.
"그렇지 않다"라고 랍비는 대답합니다.
"그것은, 포도나무를 무화과나무와 구별하는 것이 가능할 때입니까?" 두 번째 제자가 묻습니다.
"그렇지 않다"라고 랍비는 대답합니다.
"그렇다면 부디 우리에게 답을 가르쳐주십시오"라고 제자들이 말합니다.
현명한 교사는 말합니다.
"그것은, 너희가 한 사람 한 사람의 얼굴을 볼 수 있고, 그 사람들 가운데 너희의 형제를 알아볼 수 있을 정도로 충분한 빛이 비추는 때이다. 그때까지는 어둡고, 우리는 여전히 밤 속에 있는 것이다"(Lapide, 1982).

그것은, 말하자면 우리가 지구 시민의 구성원으로서 자각하고 서로 연대하며 살 때라고 할 수 있겠지요. 팔레스타인 분쟁의 행방을 생각할 때, 이 랍비 전승이 살아나게 되기를 마음으로부터 기도하게 됩니다.

3.
이 책의 각 장은, 모두 이미 발표된 원고에 근거한 것입니다. 이 책에 수록하기 위해 전체를 새롭게 재구성한 다음, 약간의 가필과 수정을 했습니다. 처음 발표되었을 때의 원제와 게재지를 표시하면, 다음과 같습니다.

1 「쇼아를 넘어서-이스라엘에 대한 물음(ショアーを越えて-イスラエルへの問い) 上」, ≪복음과 세계(福音と世界)≫, 2002년 5월호.
2·3 「쇼아를 넘어서-이스라엘에 대한 물음 下」, ≪복음과 세계≫, 2002년 6월호.
4 「새로운 여행-아브라함 이야기(新しい旅立ち-アブラハム物語)」, ≪세계(世界)≫, 1998년 2월호.
5 「희생-모리아 산에서 아우슈비츠까지(犠牲-モリヤの山からアウシュヴィッツまで)」, ≪세계≫, 2000년 2월호.
6 「출애굽-'선민의식'의 빛과 그림자(出エジプト-'選民意識'の光と影)」, ≪세계≫, 2004년 2월호.
7 「홀로코스트가 묻는 것(ホロコーストの問いかけるもの)」, ≪도호쿠 학원대학 기독교연구소 기요(東北学院大学キリスト教研究所紀要)≫, 21호 2003년 6월.
8 「에클레시아와 시나고그(エクレシアとシナゴーグ)」, ≪도서(図書)≫, 2003년 6월.
9 「홀로코스트를 넘어서-이스라엘을 묻다(ホロコーストを越えて-イスラエルを問う)」, ≪세계≫, 2002년 2월호.

사상사적인 시점에서 시대비판을 시도한다고 하는, 현대정치와는 다소 거리가 먼 논고의 연재를 받아주시고, 단행본을 기획·편집하시며 수고해주신 이와나미 출판사 ≪세계(世界)≫ 편집장 오카모토(岡本厚) 씨 ― 그리고 이 책에 전재하는 것을 흔쾌히 허락해준 신교 출판사, 도호쿠 학원대학 기독교연구소 ― 의 호의에 진심으로 감사드립니다.

2008년 초가을 센다이에서
미야타 미쓰오

옮긴이 후기

2009년 이스라엘 여행을 갔을 때였습니다. 이스라엘은 저에게 예수가 직접 걸으며 활동한 바로 그 장소라는 점에서, 또한 근대 계몽주의 시대 이래의 인간 이성과 과학의 진보에 대한 낙관적 확신에 종지부를 찍은 나치 독일의 대량 학살을 경험한 유대인들의 나라라는 점에서 다른 여행지와는 사뭇 다른 감회를 가지게 했습니다.

그러나 이러한 지극히 주관적인 감회는 여행 중 경험한 우연한 사건들을 통해 점점 복잡하게 변했습니다. 가자에 서 있는 거대한 '분리 벽'을 보면서, 저는 한때 나치의 피해자였던 이스라엘이 이번에는 팔레스타인인들에게 가해자로서 군림하며 지난날의 분노를 폭발시키고 있다는 인상을 받았습니다. 한번은 우연히 '통곡의 벽' 광장에서 이스라엘 군인들의 총기 수여식을 목격하게 되었습니다. 일정 기간의 훈련을 마친 병사들에게 총기가 수여되는 이날은, 남녀 모두가 의무 징병제인 이스라엘에서 축제와 같은 날이었습니다. 이스라엘의 국민 가수가 나와 축가를 불렀고 당사자들의 가족 모두가 나와 총기 수여를 축하했습니다. 제게는 마치 이스라엘 식 성인식처럼 보였습니다. 그런데 이날의 열기 속에서 저는 '내 나라는 내가 지킨다'라는 의지를 넘어선 무언가를 느꼈습니다. 그것은 생존을 위협당한 사람들 특유의 과잉된 '힘의 숭배'였습니다. 그리고 그 느낌은 유대인들이 이스라엘 멸망을 슬퍼하며 무너진 성벽을 붙잡고 눈물 흘리며 기도하던 '통곡의 벽'의 상징적 의미와 겹쳐져 참으로 이질적으로 다가왔습니다.

이 느낌은 마지막 날 공항에서 절정에 달했습니다. 전날 헤스본(Heshbon)에서 팔레스타인인의 저항 사건이 있어 검색이 강화되었습니다. 이스라엘 젊은 병사들은 구두 밑창까지 검사하며 2시간 넘게 짐을 검색했고, 그러면서도 한마디 설명을 해주거나 하다못해 미안한 기색을 보이지도 않았습니다. 저는 그들을 보며 문득 이런 생각이 들었습니다. 아우슈비츠의 아픔을 겪은 민족의 후예들이 보여주는, 이 타자에 대한 철저한 적대감과 감정 마비는 도대체 무엇일까. 이 나라가 그리는 자기 정체성이나 국가상은 무엇일까. 갑자기 그것이 무척 궁금해졌습니다.

돌아온 이후에도 이 의문은 머리에서 계속 맴돌았습니다. 빅토르 프랑클이나 엘리 비젤 등이 증언하는 나치의 만행, 즉 제2차 세계대전 중 자행된 유대인 대량 학살은 결코 잊어서는 안 되는 일입니다. 이 체험자들의 증언을 경청하지 않고는, 우리는 인류의 현재를 올바르게 볼 수 없을 것입니다. 그러나 동시에 팔레스타인인들의 관점에서 보면, 가자의 '분리 벽'은 나치 시대의 유대인 게토나 다름없을 것입니다. 그들의 저항 운동은 나치에 대한 유대인들의 저항 봉기와 마찬가지일 것입니다. 그렇다면 유대인뿐만 아니라 팔레스타인인까지 아우르기 위해서는, 그럼으로써 예루살렘을 모두의 성지로 만들기 위해서는 어떠한 사상적·정치적 모색이 필요한 것일까. 이스라엘을 다녀온 사람들 모두가 — 실제로 분쟁을 겪었든 겪지 않았든 — 한번쯤 생각해보게 되는 문제를, 저도 고민하게 된 것입니다. 특히 구약성서를 유대교 못지않게 귀중한 유산으로 다루고 있는 기독교의 신자로서, 이것은 한두 번 생각하고 머릿속에서 지울 수 있는 종류의 문제가 아니었습니다. 그러던 중에 미야타 선생님의 이 책을 알게 되었습니다.

저자는 일본에서 반나치 투쟁의 사상적 연구자로서 잘 알려진 저명한 정치학자입니다. 이러한 학문적 공헌으로 2011년 독일 정부로부터 학술 문화 훈장을 수여받기도 했습니다. 그러한 학문적 경력의 소유자인 저자는 이 책에서 유대인과 유대인의 사상에 시선을 고정하며 아우슈비츠의 대학살에 이르기까지 유대인이 걸어왔던 고난과 박해의 운명을 추적합니다. 또한 유대인이 어떤 과정을 거쳐 나치 독일에 의해 자행된 유대인 대학살을 그들 자신의 종교 언어인 '홀로코스트' – 제단에 바쳐진 희생양을 불태우는 의식 – 라고 표현했는지를 되짚어 보며 그들의 사상을 해석하는 데 혼신의 힘을 기울입니다.

동시에, 유대인을 아우슈비츠에 이르게 한 나치의 범죄와 서구 기독교의 죄책은 결코 용서받을 수 없는 원죄와 같이 크게 부각되는 반면, 홀로코스트 이후 유대인이 팔레스타인에서 일으키고 있는 문제는 도외시되는 현실의 모순을 지적합니다. 이와 함께 유대교 원리주의, 즉 이스라엘 국가의 범죄에 반대하는 모든 비판 세력을 '반유대주의를 표방하는 나치의 후계자'로 간주하는 이들이 어떻게 '홀로코스트 신학'을 이용하여 유대인을 아랍 민족과의 투쟁으로 몰아가는지 보여줍니다.

이러한 문제를 해결하기 위해 저자는 유대교의 시원이 되는 사건들, 즉 아브라함의 여행, 이삭의 결박(아케다), 출애굽 사건을 이야기합니다. 그리고 '구약 이야기 새롭기 읽기'라는 작업으로 우리를 인도합니다. 여기에서 '홀로코스트'를 넘어서는 새로운 지평이 열립니다. 그것은 저자가 열심히 탐구한 유대인의 고난의 역사와 팔레스타인 민중의 비참한 현실이 하나로 겹

처지는 새로운 지평입니다. 저자는 이스라엘의 선민사상의 빛과 그림자를 분명히 하면서, 유대교와 기독교 그리고 이슬람교를 대화로 이끄는 '아브라함적 에큐메니즘'의 가능성을 시사합니다. 또한 '홀로코스트 신학'에 대해 분명하게 '아니오'라고 외치는 일군의 유대교 신학자들의 사상을 소개합니다. 그 한 사람인 유대교 해방 신학자 마크 엘리스는 말합니다. "[유대인 이외의] 다른 아이들 – 팔레스타인이나 레바논 아이도 포함해 – 이 불태워지고 있을 때, 유대인에게 신에 대한 물음은 어떠한 의미도 없는 것은 아닐까. …… 화염 속에서 타고 있는 아이들을 구해내지 않는 한, 오늘날의 신의 이미지는 거짓이다"라고.

바로 여기에서 '홀로코스트 신학'을 '홀로코스트 이후의 신학'으로 반전시키는 사상적 회로가 엿보입니다. 그리고 이를 추구하는 것이야말로 홀로코스트가 인류에게 부과한 정치적 과제라 할 수 있습니다. 물론 이 사상적 회로를 따라가는 것, '홀로코스트 이후의 세계'를 향해 나아가는 길은, 저자가 말하는 것처럼 희미한 서광과 같은 작은 징후에만 의지해 나아가는 길일 것입니다. 그러나 그 외에는 희망이 없는, 그렇기에 '기도'와 같은 길입니다. 이것을 저자는 유명한 에돔 척후병의 노래(이사야서 21:11~12)를 인용하며 말하고 있습니다. "세일에서, 나를 부르는 자가 있다. '파수꾼아, 밤이 얼마나 지났느냐?' …… 파수꾼은 말했다. '새벽은 가까워지고 있다, 그러나 아직 밤이다'"라고.

홀로코스트 이후의 팔레스타인에 대한 저자의 마음이 가장 간절히 드러나 있는 이 구절은 특별히 저에게도 커다란 감동으로 다가옵니다. 생각해보면, 경우와 처지는 다를지언정 인간사에는 미약한 서광처럼 너무나도 작은 징후밖에 의지할 것이 없지만, 그 외는 달리 희망이 없어 그저 나아가야 하는 '기도'와 같은 길들이 있는 것 같습니다. 한국과 이스라엘은 처한 상황이 너무나 다르지만, 언제나 전쟁 위협에 시달리고 있기에 그 국민들이 평화에 둔감하다는 공통점이 있습니다. 평화의 길이 멀어만 보이는 한반도에 살고 있기 때문에, 저 역시 이 '기도'와 같은 길에서 희망을 발견하곤 합니다.

또한 '종교 간 대화와 정치적 분쟁의 틈에서'라는 이 책의 부제가 시사하는 바와 같이, 현대의 '정치적 분쟁'을 해결하기 위해서는 세계 여러 종교들 간의 대화가 필요합니다. 현실에 대한 깊이 있는 자각 속에서 이루어지는 이 '대화'를 통해서만 갈등을 해결할 수 있다는 저자의 메시지는, 기독교인으로서 가슴 깊이 새기고 싶습니다. 전통과 표현은 다를지언정 이 세상의 모든 종교가 인류의 존속과 더 나은 시대의 창조를 목표로 하는 한, 이 길은 설령 그것이 아무리 멀고 험하다 해도 종교인으로서 결코 포기할 수 없는 길일 것입니다. 이 책은 그러한 가능성을 열어가는 데에도 커다란 영감과 도움을 줄 것입니다.

2013년 4월 양현혜

참고문헌(일어 번역본이 있을 경우 번역본만 표시)

『コーラン』. 1957. 井筒俊彦 訳. 岩波文庫.
『聖書−新共同訳』. 1996. 日本聖書協会.
アメリー, J.(Jean Améry). 1984.『罪と罰の彼岸』. 池内紀 訳. 法政大学出版局.
ヴィーゼル, E.(Elie Wiesel). 1970.『死者の歌』. 村上光彦 訳. 晶文社.
_____. 1974.『エルサレムの乞食』. 岡谷公二 訳. 新潮社.
_____. 1984.『夜・夜明け・昼』. 村上光彦 訳. みすず書房.
_____. 1985.『伝説を生きるユダヤ人』. 松村剛 訳. ヨルダン社.
_____. 1995.『そしてすべての川は海へ』. 村上光彦 訳. 朝日新聞社.
_____. 1999.『しかし海は満ちることなく』. 村上・平野 共訳. 朝日新聞社.
カツェネルソン, I.(Itskhak Katsenelson). 1999.『滅ぼされたユダヤの民の歌』. 飛鳥井・細見 共訳. みすず書房.
北村崇郎. 2000.『ニグロ・スピリチュアル』. みすず房.
キドロン, P.(Peretz Kidron). 2003.『イスラエル兵役拒否者からの手紙』. 田中好子 訳. NHK出版.
ギブソン, J. C. L.(John C. L. Gibson). 1995.『創世記II』. 加藤明子 訳. 新教出版社.
クーリー, J. K.(John K. Cooley). 2001.『非聖戦』. 平山健太郎 監訳. 筑摩書房.
グティエレス, G.(Gustavo Gutiérrez). 1985.『解放の神学』. 関・山田 共訳. 岩波書店.
グロスマン, D.(David Grossman). 1997.『ユダヤ国家のパレスチナ人』. 千本健一郎 訳. 晶文社.
コーン, J. H.(James H. Cone). 1983.『黒人霊歌とブルース』. 梶原寿 訳. 新教出版社.
芝健介. 2008.『ホロコースト』. 中公新書.
ショットロフ, W./ シュテーゲマン, W.(Willy Schottroff and Wolfgang Stegemann). 1981.『いと小さき者の神』. 柏井宣夫 訳. 新教出版社.
ゼンクハース, D.(Dieter Senghaas). 2006.『諸文明の内なる衝突』. 宮田・星野・本田 共訳. 岩波書店.
チャイルズ, B. S.(Brevard S. Childs). 1994.『出エジプト記・批判的注解』. 近藤十郎 訳. 日本基督教団出版社.
デ・ランジュ, N.(Nicholas de Lange). 2002.『ユダヤ教入門』. 柄谷凛 訳. 岩波書店.
土井敏邦. 2008.『沈黙を破る』. 岩波書店.
トゥウォルシュカ, U.(Udo Tworuschka). 1996.『遍歴』. 種村季弘 訳. 青土社.
トッド, E.(Emmanuel Todd). 2003.『帝国以後』. 石崎晴己 訳. 藤原書店.
パロ, A.(André Parrot). 1980.『アブラハムとその時代』. 波木居純一 訳. みすず書房.

ピラード, R. V./ リンダー, R. D.(Richard V. Pierard and Robert D. Linder). 2003.『アメリカの市民宗教と大統領』. 堀内・犬飼・日影 共訳. 麗澤大学出版会.
ブーバー, M.(Martin Buber). 1968a.『預言者の信仰』. 高橋虔 訳. みすず書房.
＿＿＿＿＿. 1968b.『かくれた神』. 三谷・山本 共訳. みすず書房.
＿＿＿＿＿. 2002.『モーセ』. 荒井・早乙女・山本 共訳. 日本キリスト教団出版局.
＿＿＿＿＿. 2006.『ひとつの土地にふたつの民』. 合田正人 訳. みすず書房.
ブラッドフォード, W.(William Bradford). 1976.『ピューリタニズム(アメリカ古典文庫)』. 大下尚一 訳. 研究社.
フランクル, V. E.(Viktor E. Frankl). 2002.『夜と霧』. 池田香代子 訳. みすず書房.
フルッサー, D.(David Flusser). 2000.『ユダヤ人イエス』. 武田武長・武田新 共訳. 新教出版社.
フロム―, E.(Erich Fromm). 1977.『生きるということ』. 佐野哲郎 訳. 紀伊國屋書店.
ヘッシェル―, A. J.(Abraham J. Heschel). 1992.『イスラエル預言者』. 並木浩一監修・森泉弘次 訳. 教文館.
＿＿＿＿＿. 1999.『イスラエル―永遠性のこだま』. 森泉弘次 訳. 教文館.
ベテルイム, B.(Bruno Bettelheim). 1992.『生き残ること』. 高尾利数 訳. 法政大学出版局.
ベリマン, P.(Philip Berryman). 1989.『解放の神学とラテンアメリカ』. 後藤政子 訳. 同文館出版.
ポリアコフ, L.(Léon Poliakov) 編. 2005.『反ユダヤ主義の歴史』. 管野・合田 他 訳. 筑摩書房.
マン, Th.(Thomas Mann). 1985.『ヨセフとその兄弟』. 小塩・望月 共訳. 筑摩書房.
三浦永光. 1997.『ジョン・ロックの市民的世界』. 未平社.
宮田光雄. 1996.『聖書の信仰I, III』. 岩波書店.
ミラー, W. R.(William R. Miller). 1971.『マーチン・ルーサー・キングの生涯』. 高橋正 訳. 角川文庫.
メツガー, M.(Martin Metzger). 1984.『古代イスラエル史』. 山我哲雄 訳. 新地書房.
森有正. 1980.『アブラハムの生涯』. 日本基督教団出版局.
ラート, G. v.(Gerhard von Rad). 1993.『創世記: 私訳と註解』. 山我哲雄 訳. ATD・NTD 聖書註解刊行会.
リード, E.(Eric Leed). 1993.『旅の思想史』. 伊藤誓 訳. 法政大学出版局.
リトナー, C.(Carol Rittner) 編. 1990.『ホロコーストの記憶』. 滝川義人 訳. サイマル出版会.
ルツ, U.(Ulrich Luz). 1990.『マタイによる福音書』. 小河陽 訳. 教文館.
＿＿＿＿＿. 1998.『マタイの神学』. 原口尚彰 訳. 教文館.
レーマ, Th. C.(Thomas C. Römer). 2008.『申命記史書』. 山我哲雄 訳. 日本キリスト教

団出版局.

ワット, W. M.(William M. Watt). 2002. 『ムハンマド』. 牧野・久保 共訳. みすず書房.

Alkier, St., H. Deuser and G. Linde(hg.). 2005. *Religiöser Fundamentalismus: Analysen und Kritiken*. Tübingen: Francke A. Verlag.

Ateek, N. S. 1989. *Justice and Only Justice: A Palestinian Theology of Liberation*. New York: Orbis Books.

Baeck, L. 1998. *Das Wesen des Judentums*. 8. A. Gütersloh: Gütersloher Verlagshaus.

Barber, B. R. 2003. *Fear's Empire: War, Terrorism, and Democracy*. New York: W. W. Norton & Company.

Barth, K. 1938. *Kirchliche Dogmatik*. Bd. I/2. Zürich: EVZ.

Ben-Chorin, S. 1969. *Bruder Jesus: Der Nazarener in jüdischer Sicht*. 2. A. München: List Verlag.

_____. 1970. *Paulus: Der Völkerapostel in jüdischer Sicht*. München: Paul List Verlag.

_____. 1975. *Jüdischer Glaube: Strukturen einer Theologie des Judentums anhand des Maimonidischen Credo*. Tübingen: Mohr.

_____. 1986. *Als Gott schwieg: Ein jüdisches Credo*. Mainz: Matthias-Grünewald--Verlag.

_____. 1993. *Die Erwählung Israels: Ein theologisch-politischer Traktat*. München: Piper.

Boschert-Kimming, R.(hg.). 1993. *Trotzdem hoffen: Mit J. B. Metz und E. Wiesel im Gespräch*. Mainz : Matthias-Grünewald-Verlag.

Boschki, R. 1994. *Der Schrei: Gott und Mensch im Werk von Elie Wiesel*. Mainz: Matthias--Grünewald-Verlag.

Brocke, M. and H. Jochum(hg.). 1982. *Wolkensäule und Feuerschein. Jüdische Theologie des Holocaust*. München: Chr. Kaiser.

Brown, R. M. 1983. *Elie Wiesel, Messenger to all humanity*. Notre Dame: University of Notre Dame Press.

Buder, M. 1963. *Der Jude und sein Judentum: Gesammelte Aufsätze und Reden*. Köln: J. Melzer.

Bujak, A.(hg.). 1989. *Auschwitz, Birkenau: eine Erinnerung, die brennt, aber sich niemals verzehrt*. Freiburg(im Breisgau): Herder.

Dehio, G. 1922. *Das Strassburger Münster*. München: R. Piper.

Dienberg, Th. 1997. *Ihre Tränen sind wie Gebete: Das Gebet nach Auschwitz in Theologie* und Literatur. Würzburg: Echter.

Drewermann, E. 1986. "Abrahams Opfer." *Bibel und Kirche*. Stuttgart: Verlag Katholisches Bibelwerk

Ebach, J. 1997. *Gott im Wort: Drei Studien zur biblischen Exegese und Hermeneutik*. Neukirchen-Vluyn: Neukirchener Verlag.

Egger, P. 1997. *"Crucifixus sub Pontio Pilato": Das "Crimen" Jesus von Nazareth im Spannungsfeld römischer und jüdischer Verwaltungs-und Rechtsstrukturen*. Münster: Aschendorff.

Ellis, M. H. 1987. *Toward a Jewish Theology of Liberation(Erw. dt. Ausgabe: Zwischen Hoffnung und Verrat, 1992)*. New York: Orbis Books.

—————. 2002. *Israel and Palestine. Out of the Ashes. The Search for Jewish Identity in the Twenty-First Century*. London: Pluto Press.

Evangelische Kirche in Deutschland. 2000. *Christen und Juden III: Schritte der Erneuerung im Verhältnis zum Judentum: Eine Studie der Evangelischen Kirche in Deutschland*. Gütersloh: Gütersloher Verlagshaus.

Finkelstein, I. and N. A. Silberman. 2001. *The Bible unearthed. Archaeology's New Vision of Ancient Israel and the Origins of Its Scared Texts*. New York: Free Press.

Fleischner, E.(ed.). 1977. *Auschwitz. Beginning of a New Era?* New York: Ktav Pub.

Frank, H. 1953. *Im Angesicht des Galgens: Deutung Hitlers und seiner Zeit auf Grund eigener Erlebnisse und Erkenntnisse*. München-Gräfelfing: F. A. Beck.

Frankl, V. E. 1995. *Was nicht in meinen Büchren steht: Lebenserinnerungen*. 2. A. München: Quintessenz.

Funkenstein, A. 1995. *Jüdische Geschichte und ihre Deutungen*. Frankfurt am Main: Jüdischer Verlag.

Ginzel, G. B.(hg.). 1980. *Auschwitz als Herausforderung für Juden und Christen*. Heidelberg: L. Schneider.

Gnilka, J. 2004. *Bibel und Koran: Was sie verbindet, was sie trennt*. 3. A. Freiburg(im Breisgau): Herder.

Gradwohl, R. 1995. *Bibelauslegungen aus jüdischen Quellen*. 2. A. Stuttgart: Calwer Verlag.

Harnack, A. v. 1924. *Die Mission und Ausbreitung des Christentums in den ersten drei Jahrhunderten*. 4. A. Leipzig: Hinrichs'sche Buchhandlung.

Hermann, S. 1981. *Geschichte Israels in alttestamentlicher Zeit*. Berlin: Evangelische Verlagsanstalt.

Heumann, J. 1983. *Symbol: Sprache der Religion*. Stuttgart: Kohlhammer.

Jaarsveld, F. A. v. 1964. *The Afrikaner's Interpretation of South African History*. Cape Town:

Simondium Publishers.
Jewett, R. and J. Sh. Lawrence. 2003. *Captain America and the Crusade against Evil: The Dilemma of Zealous Nationalism.* Grand Rapids: William B. Eerdmans Publishing Company.
Kassel, M. 1980. *Biblische Urbilder: Tiefenpsychologische Auslegung nach C. G. Jung.* 3. A. München: Pfeiffer.
Katz, J. 1993. *Zwischen Messianismus und Zionismus: Zur jüdischen Sozialgeschichte.* Frankfurt am Main: Jüdischer Verlag.
Kellenbach, K. v., B. Krondorfer and N. Reck(hg). 2001. *Von Gott reden im Lande der Täter. Theologische Stimmen der dritten Generation seit der Schoah.* Darmstadt: Wissenschaftliche Buchgesellschaft
Kellermann, U. 1971. *Messias und Gesetz: Grundlinien einer alttestamentlichen Heilserwartung.* Neukirchen-Vluyn: Neukirchener Verlag.
Khoury, A. Th. 2004. *Der Koran: Arabisch-Deutsch, Übers. und kommentiert von Adel Theodor Khoury.* Gütersloh: Gütersloher Verlagshaus.
_____. 2007. *Was sagt der Koran zum Heiligen Krieg?.* 2. A. Gütersloh: Gütersloher Verlagshaus.
Klappert, B. and H. Starck(hg.). 1980. *Umkehr und Erneuerung: Erläuterungen zum Synodalbeschluß der Rheinischen Landessynode 1980: "Zur Erneuerung des Verhältnisses von Christen und Juden."* Neukirchen-Vluyn: Neukirchener Verlag.
Köberle, A. 1972. *Biblischer Realismus: Beiträge zum Universalismus der christlicher Botschaft.* Wuppertal: Brockhaus.
Kogon, E.(hg.). 1981. *Gott nach Auschwitz: Dimensionen des Massenmords am jüdischen Volk.* 2. A. Freiburg(im Breisgau): Herder.
Kołakowski, L. 1966. *Der Himmelsschlüssel: Erbauliche Geschichten(Aus dem Polinischen von W. Bronskapampuch u. a.).* München: Piper.
Krupp, M. 1995. *Den Sohn opfern? Die Isaak-Überlieferung bei juden, Christen und Muslimen.* Gütersloh: Gütersloher Verlagshaus.
Kundert, L. 1998. *Die Opferung/ Bindung Isaaks. Bd. 2: Gen 22, 1-19 in frühen rabbinischen Texten.* Neukirchen-Vluyn: Neukirchener Verlag.
Küng, H. 1991. *Das Judentum. Wesen und Geschichte.* München: Piper.
_____. 2004. *Der Islam: Geschichte, Gegenwart, Zukunft.* München: Piper.
Kurth, Chr. and P. Schmid(hg.). 2000. *Das christlich-jüdische Gespräch: Standortbestimmungen.* Stuttgart: Kohlhammer
Kuschel, K.-J. 1996. *Streit um Abraham: Was Juden, Christen und Muslime trennt-und was*

sie eint. München: Piper.

Lamberty-Zielinski, H. 1993. *Das "Schilfmeer": Herkunft, Bedeutung und Funktion eines alttestamentlichen Exodusbegriffs.* Frankfurt am Main: A. Hain.

Langenhorst, G. 1995. *Hiob, Unser Zeitgenosse: Die literarische Hiob-Rezeption als theologische Herausforderung.* 2. A. Mainz: Matthias-Grünewald-Verlag.

Lapide, P. 1982. *Er predigte in ihren Synagogen: Jüdische Evangelienauslegung.* 3. A. Gütersloh: Gütersloher Verlagshaus.

Lapide, P. and U. Luz. 1979. *Der Jude Jesus. Thesen eines Juden, Antworten eins Christen.* Zürich: Benziger.

Lapide, P. and J. Moltmann. 1980. *Israel und Kirche: Ein gemeinsamer Weg? Ein Gespräch.* München: Chr. Kaiser.

Maier, J. 1978. *Jesus von Nazareth in der talmudischen Überlieferung.* Darmstadt: Wissenschaftliche Buchgesellschaft.

Marquardt, Fr.-W. 1964. *Die Bedeutung biblischen Landverheißungen für die Christen.* München: Chr. Kaiser.

_____. 1975. *Die Juden und ihr Land.* Hamburg: Siebenstern-Taschenbuch--Verlag.

_____. 1992. *Von Elend und Heimsuchung der Theologie: Prolegomena zur Dogmatik.* 2. A. München: Chr. Kaiser.

_____. 1993~1996. *Was dürfen wir hoffen, wenn wir hoffen dürfen?: Eine Eschatologie.* 3Bde. Gütersloh: Gütersloher Verlagshaus.

Mensink, D. and R. Boschki(hg.). 1995. *Das Gegenteil von Gleichgültigkeit ist Erinnerung. Versuche zu Elie Wiesel.* Mainz: Matthias-Grünewald-Verlag.

Metz, J. B. 1980. *Jenseits bürgerlicher Religion, Reden über die Zukunft des Christentums.* Mainz: Matthias-Grünewald-Verlag.

Münz, Chr. 1995. *Der Welt ein Gedächtnis geben. Geschichtstheologisches Denken im Judentum nach Auschwitz.* Gütersloh: Gütersloher Verlagshaus.

Nieswandt, R. 1998. *Abrahams umkämpftes Erbe: Ein kontextuelle Studie zum modernen Konflikt von Juden, Christen und Muslimen um Israel/ Palästina.* Stuttgart: Verlag Katholisches Bibelwerk.

Öhler, M.(hg.). 1999. *Alttestamentliche Gestalten im Neuen Testament.* Darmstadt: Wissenschaftliche Buchgesellschaft.

Ott, H. 1973. *Die Antwort des Glaubens.* 2. A. Stuttgart: Kreuz Verlag.

Pixley, J. V. 1987. *On Exodus. A Liberation Perspective.* New York: Orbis Books.

Preuß, H. D. 1991. *Theologie des Alten Testaments, Bd. 1: JHWHs erwählendes und*

verpflichtendes Handeln. Stuttgart: Kohlhammer.
Rad, G. v. 1969. *Der Heilige Krieg im alten Israel.* 5. A. Göttingen: Vandenhoeck und Ruprecht.
_____. 1976. *Das Opfer des Abrahams.* 2. A. München: Chr. Kaiser.
Rahe, Th. 1999. *"Höre Israel": Jüdische Religiosität in nationalsozialistischen Konzentrationslagern.* Göttingen: Vandenhoeck und Ruprecht.
Raheb, M. 1994. *Ich bin Christ und Palästinenser: Israel, seine Nachbarn und die Bible.* Gütersloh: Gütersloher Verlagshaus.
Rendtorff, R.(hg.). 1989. *Christen und Juden. Arbeitsbuch zur Studie des Rates der Evangelischen Kirche in Deutschland.* 4. A. Gütersloh: Gütersloher Verlagshaus.
Rothschild, F. A.(ed.). 1990. *Jewish perspectives on Christianity: Leo Baeck, Martin Buber, Franz Rosenzweig, Will Herberg, and Abraham J. Heschel.* New York: Crossroad.
Ruether, R. 1974. *Faith and Fratricide: The theological Roots of Anti-Semitism.* New York: Seabury Press.
Schmidt, K. 1978. *Religion, Versklavung und Befreiung: Von der englischen Reformation bis zur amerikanischen Revolution.* Stuttgart: Kohlhammer.
Schneider, H. W. 1958. *The Puritan Mind.* Ann Arbor: University of Michigan Press.
Schwencke, O.(hg.). 1987. *Erinnerung als Gegenwart: Elie Wiesel in Loccum.* Rehburg-Loccum: Evangelische Akademie Loccum, Protokollstelle.
Segev, T. 2001. *Elvis in Jerusalem: Post-Zionism and the Americanization of Israel(Erw. dt. Ausgabe, 2003).* New York: Metropolitan Books.
Stegemann, W.(hg.). 1990. *Kirche und Nationalsozialismus.* Stuttgart: Kohlhammer.
Tschuggnall, P. 1990. *Das Abraham-Opfer als Glaubensparadox.* Frankfurt am Main: Peter Lang.
Wabbel, T. D.(hg.). 2007. *Das Heilige Nichts: Gott nach dem Holocaust.* Düsseldorf: Patmos.
Weimar, P. and E. Zenger. 1975. *Exodus: Geschichten und Geschichte der Befreiung Israel.* Stuttgart: Verlag Katholisches Bibelwerk.
Wengst, K. 1992. *Bedrängte Gemeinde und verherrlichter Christus: Ein Versuch über das Johannesevangelium.* München: Chr. Kaiser.
Westermann, C. 1983. Genesis. 3. A. Neukirchen-Vluyn: Neukirchener Verlag.
Wiesel, E. 1973. Ani ma'amin: A song lost and found again. New York: Random House.
_____. 1980. Adam oder das Geheimnis das Anfangs: Brüderliche Urgestalten. Freiburg(im Breisgau): Herder.
_____. 1987. *Jude heute: Erzählungen, Essays, Dialoge(Aus dem Französischen von H. Linnert).* Wien: Hannibal.

_____. 1997. *Ethics and Memory*. Berlin: Gruyter.

Wiesel, E. and R. Boschert-Kimmig. 1991. *Den Frieden feiern*. Freiburg(im Breisgau): Herder.

Worschech, U. 1983. *Abraham: Eine sozialgeschichtliche Studie*. Frankfurt am Main: Peter Lang.

Zertal, I. 2003. *Nation und Tod. Der Holocaust in der israelischen Öffentlichkeit(Aus dem Hebräischen von M. Lemke)*. Göttingen: Wallstein.

Zimmerli, W. 1971. *Die Weltlichkeit des Alten Testaments*. Göttingen: Vandenhoeck und Ruprecht.

_____. 1976. *1. Mose 12~25: Abraham*. Zürich: Theologischer Verlag.

Zimmermann, M. 1998. *Wende in Israel: Zwischen Nation und Religion*. 3. A. Berlin: Aufbau-Taschenbuch-Verlag

Zuidema, W.(hg.). 1987. *Isaak wird wieder geopfert: Die "Bindung Isaaks" als Symbol des Leidens Israels: Versuche einer Deutung*. Neukirchen-Vluyn: Neukirchener Verlag.

지은이

미야타 미쓰오(宮田光雄)

1928년 일본 고치 현에서 출생했다. 도쿄 대학교 법학부를 졸업했으며, 전공은 정치학과 유럽 정치사상사이다. 현재는 도호쿠 대학교 명예교수를 맡고 있다. 주요 저서로는 『비무장 국민 저항의 사상』, 『나치 독일과 언어』, 『메르헨의 지혜』, 『宮田光雄 전집: 성서의 신앙』(전 7권), 『나치 독일의 정신 구조』(이상 岩波書店), 『본회퍼와 그의 시대』, 『십자가와 하켄크로이츠』, 『저항과 복종』(이상 新教出版社), 『宮田光雄 정치사상논집』(전 8권, 創文社) 등이 있다.

옮긴이

박은영

성균관대학교 동아시아학술원에서 근대일본사상사로 박사학위를 받았다. 일본 도시샤 대학교 대학원 신학연구과 박사과정을 수료했으며, 현재는 성균관대학교 대동문화연구원 선임연구원으로 재직 중이다. 「야나이하라 타다오의 조선 인식 연구」, 「근대 일본 기독교의 비전(非戰) 평화 사상에 관한 연구」 등 다수의 논문을 저술했다.

양현혜

이화여자대학교 기독교학과를 졸업하고 도쿄 대학교 대학원에서 종교사학으로 석사·박사학위를 받았다. 현재 이화여자대학교 기독교학부 교수로 재직 중이다. 주요 저서로는 『윤치호와 김교신: 근대 조선의 민족적 아이덴티티와 기독교』, 『빛과 소망의 숨결을 찾아: 이화여자대학교 대학교회 70년사』, 『근대 한일 관계사 속의 기독교』, 『김교신의 철학』 등이 있으며, 역서로는 『일본 사회의 인간관계』, 『기류민의 신학』, 『야스쿠니 신사』, 『전쟁인가 평화인가』, 『국가와 종교: 유럽 정신사에서의 로마서 13장』, 『메르헨: 자아를 찾아가는 빛』, 『눈으로 보는 성서의 시대』 외 다수가 있다.

한울아카데미 1645
홀로코스트 '이후'를 살다
종교 간 대화와 정치적 분쟁의 틈에서

ⓒ 박은영·양현혜, 2013

지은이 | 미야타 미쓰오
옮긴이 | 박은영·양현혜
펴낸이 | 김종수
펴낸곳 | 도서출판 한울

편집책임 | 이교혜
편   집 | 박준규

초판 1쇄 인쇄 | 2013년 11월 29일
초판 1쇄 발행 | 2013년 12월 13일

주소 | 413-756 경기도 파주시 광인사길 153 한울시소빌딩 3층
전화 | 031-955-0655
팩스 | 031-955-0656
홈페이지 | www.hanulbooks.co.kr
등록 | 제406-2003-000051호

Printed in Korea.
ISBN 978-89-460-5645-9 93230(양장)
      978-89-460-4800-3 93230(반양장)

* 가격은 겉표지에 표시되어 있습니다.
* 이 도서는 강의를 위한 학생판 교재를 따로 준비했습니다.
  강의 교재로 사용하실 때에는 본사로 연락해주십시오.